国家社科基金一般项目
“习近平总书记关于共享发展理念的哲学底蕴与实践路向研究”
（批准号：17BKS026）结项成果

新时代共享发展理念的
哲学底蕴与实践路向研究

罗 健 著

人 民 出 版 社

序　言

当下，关于共享发展问题研究是学术界的热点话题。把握共享发展理念的理论意蕴、实践指导以及对于推动我国治理现代化的实践意义，有利于增强人们对共享发展理念的意识自觉与科学践行。同时，也有利于增进共享发展理念在世界的影响力，为增强“四个自信”提供坚实的学理支撑。

本书为合肥工业大学马克思主义学院罗健教授主持的国家社科基金项目（批准号：17BKS026）的最终成果。本书以共享发展理念的科学内涵、唯物史观理论基石、唯物辩证思维以及实践路向、价值依循等为研究对象，深入把握共享发展理念的理论基础与实践策略。其主要内容有如下九个方面。

一是共享发展理念的科学内涵。共享发展理念有其基本内涵，可以基于有机统一性、唯物辩证性、权利平等性、参与过程性等不同视角深入认识。共享发展内在地包含着共建、共享、共富的关系；共享机会、共享能力、共享水平的关系；共享与发展的辩证关系等，各个方面也有其内在的逻辑。当下我国的共享发展是差异的共享，具有多个层次。可以将其划分为兜底型共享、普惠型共享、比例型共享以及道义型共享等。差异的共享是具体历史的，共享层次的划分也是具体历史的，随着社会生产力的发展必然呈现层次演进的趋势。

二是共享发展理念的民生意蕴。共享发展理念涵摄了多层次民生意蕴，包括普惠性民生、包容性民生、益贫性民生、正义性民生、共享性民生等。共享发展理念的提出，实现了民生与经济的互动双赢与协同共进，契合了人民群众对民生改善的诉求，开创了民生改善的路径，指出了发展的民生导向。

三是共享发展理念的理论定位。共享发展理念体现鲜明的系统思维，突出表现在科学把握五大发展理念相互贯通、相互促进的整体关联以及实践的协同推进上。围绕共享发展，创新、协调、绿色、开放发展具有各自独特的价值，对其都具有促进作用。同时，共享发展为创新、协调、绿色、开放发展提供了价值引领、需求动因与目标方向。共享发展从执政使命、执政基础、执政方式、执政能力等方面深化了对共产党执政规律的认识；从本质特征、科学发展、制度完善、人民主体等方面深化了对中国特色社会主义建设规律的认识；从发展目的论、整体论、合力论、阶段论等方面丰富、深化了对人类社会发展普遍规律的认识。

四是共享发展理念的理论基石。共享发展理念有其唯物主义的理论基石。马克思共享思想与我国新时代的共享发展理念有区别也有联系，以马克思共享思想来指导当代中国共享发展的实践，必须从中国实际出发，把握具体性、历史性的差异，对马克思共享思想进行创造性转化和运用。另外，共享发展理念继承和发展了马克思主义的社会公正理论、社会有机体理论、马克思主义社会矛盾思想等，具有重要的理论与实践意义。

五是共享发展理念的哲学意蕴。共享发展理念包含着深刻的唯物辩证思维，贯穿了战略思维、整体思维、协同思维、底线思维等思维方式；共享发展是"质、量、度"的辩证统一；共享发展是一个辩证发展过程，坚持了继承与创新、共享与发展、前进性与曲折性的辩证统一；基于张力视角，共享发展分别包含差异与均衡、整体与局部、需求与供给、公平与效率间的内在张力。

六是共享发展理念的历史经验。改革开放前和改革开放时期我国共享发展的基本经验主要有：立足社会主义本质要求，坚持社会主义共享发展之路；坚持以人民为中心的发展，全心全意为人民服务；推进全面深化改革，完善中国特色社会主义共享发展制度；以效率与公平有机统一为原则，加强市场调节与政府调控。

七是西方福利共享的启示价值。西方国家福利共享对我国的主要启示有：不能就社会问题谈社会政策，应从有利于生产力发展和生产效率提高视域推进共享进程。基于共享发展视域，可以拓展思路寻求“中等收入陷阱”的原因及提出相应对策。共享发展不仅可以有效地解决公权信任问题，而且体现了党同人民群众之间的血肉联系，联结了政府与群众之间的“心路”，是超越“塔西佗陷阱”的根本方略。

八是共享发展理念的实践理路。实践中，共享发展需以整体思维全面建设；需以人民为中心激发人际合力；需完善制度保障有序推进。改革开放以来，我国苏南地区全面、健康、快速发展，在推进共享发展方面突出公平正义、保障基本民生，积累了很多有益的经验，带给我们诸多有价值的启示。

九是共享发展理念的价值旨向。共享发展理念蕴含着多重价值旨向。基于人本向度，坚持以人民为中心的发展，体现了社会主体价值；基于和谐向度，坚持人、自然与社会间的协调发展，反映了社会客体价值；基于可持续向度，坚持科学发展，体现了自然环境价值；基于文明向度，以构建真实的共同体实现真正的共享为目标，反映了人类终极价值追求。

总体而言，本书具有以下几个特点：

力求从多个学科视域进行综合研究。共享发展问题关涉到多门学科、多个领域，而且各种问题相互交错、相互交织。课题对我国经济、政治、文化、社会、生态等共享问题的论述进行了梳理总结，特别是尝试了对共享发展理念的哲学内涵、唯物史观基础、哲学思维方法研究，这将有利于推动共享发展问题的深度研究。

注重理论与实践的结合。探究了共享发展理念的科学内涵、理论定位、理论基础、价值依循等理论问题，增强了研究成果的学理性。同时，也立足我国苏南地区发展的实践探索进程，探究了共享发展理念在贯彻落实中的具体路径与策略，使得研究成果具有明确的实践指向性。

注重历史与现实的结合。探索具有中国特色的共享发展之路，需以历史经验与现实问题的双重视域结合研究。课题着重探讨各个历史阶段的共享发展成效与问题，总结历史经验，以历史逻辑增强历史的启示性。同时，以现实问题域展开研究，加强对共享发展理念形成背景的国情考察，揭示实践中出现的矛盾和症结，为破解难题提出对策，具有鲜明的现实指导意义。

注重国外研究与国内探索的结合。中国特色社会主义共享发展没有成熟的模式、现成的经验，需要以世界眼光，借鉴国外的发展经验与启示；同时，又不能不迷信国外的做法，需要结合我国国情，反映中国特色。课题从社会主义本质高度出发进行比较研究，既借鉴资本主义国家的经验与教训，又结合具体国情对其有所发展和超越，揭示新时代我国共享发展理念在跨越一系列发展陷阱中的指导作用，阐释了共享发展理念在全球的影响力。

由于本书关涉到马克思主义理论、经济、政治、社会、伦理、哲学等多个学科，研究有一定的难度。课题总体完成度较好，具有一定的学术价值和应用价值。当然，对共享发展理念的哲学意蕴，还可以从马克思主义理论的多个方面进一步深化研究，对于实践领域的制度保障问题研究也有待进一步加强。

黄志斌

2020 年 10 月 28 日

目　录

导 论

一、研究缘起

（一）课题依据

中国特色社会主义进入新时代，我国的发展环境与条件、发展进程与要求等发生了很大变化。由此，社会的发展目标、发展布局、发展任务也必然会发生改变。面对经济社会发展新趋势、新机遇、新矛盾、新挑战，持续推动经济社会发展，需要确立新的发展理念。党的十八届五中全会指出：“共享是中国特色社会主义的本质要求”。党的十九大报告将保障和改善民生水平提到了一个全新的高度，“必须始终把人民利益摆在至高无上的地位，让改革发展成果更多、更公平惠及全体人民，朝着实现全体人民共同富裕不断迈进。”① 共享是五大发展理念的目的与归宿，这一新的科学理念对保持社会稳定、促进社会和谐、增强社会发展动力、实现社会发展目标具有重要的理论价值和现实意义。

共享发展理念是对发展实践的战略指引。一定的发展实践总是由一定的发展理念引领的。发展理念是否科学，从根本上决定着发展的成效如何。共享发展理念，是针对我国经济发展进入新常态、全面建成小康社

① 习近平：《决胜全面建成小康社会　夺取新时代中国特色社会主义伟大胜利——在中国共产党第十九次全国代表大会上的报告》，人民出版社2017年版，第45页。

会、新时代社会主要矛盾的变化以及世界经济复苏低迷形势提出的治本策略之一，集中体现了新形势下我国的发展思路与发展方向、发展重点与发展突破，是对发展实践的战略指引。

共享发展理念是对发展规律的实践遵循。发展是党执政兴国的第一要务，也是不断回应时代命题的要求。社会发展有其自身的运行规律。规律是发展过程中内在的、本质的、必然的联系，是客观存在并必然发生作用的，是不以人的意志为转移的。发展必须是遵循经济规律的科学发展、遵循自然规律的可持续发展、遵循社会规律的包容性发展。共享发展理念既是对国外发展实践的反思，也是对国内发展经验的总结，是对经济规律、自然规律、社会规律的深入认识与自觉运用，是对人类社会发展规律的进一步创新探索。

共享发展理念体现了党的根本宗旨。共享发展不仅体现了合规律性，还反映了合目的性。发展成果由谁享有，体现发展的价值取向，是发展观中最具根本意义的问题。发展为了谁、发展依靠谁、发展成果由谁享有，不同社会有着不同回答。维护最广大人民群众的根本利益，是我们党的基本立场。共享发展既有利于增添发展新动力，也有利于维护社会公平正义，体现了我们党全心全意为人民服务的根本宗旨，也体现了人民是推动历史发展之根本力量的唯物史观。

共享发展理念关系着发展全局的深刻变革。坚持包括共享发展在内的五大发展理念，是关系我国发展全局的一场深刻变革。改革开放 40 多年来，我国取得了巨大成就，但机遇与挑战并存、发展与问题同在。推进中国特色社会主义发展进程，既要发展生产力，又要完善生产关系；既要推进所有制改革，又要完善分配制度；既要推进社会发展，又要满足人的需求；既要立足于国内，又要着眼于全球；既要植根于现实，又要放眼未来。只有提高贯彻共享发展理念的能力和水平，才能更好地引领中国实现新发展，开辟中国特色社会主义新境界。

当然，提高贯彻共享发展理念的能力和水平，迫切需要理论上的深入研究，以便更好地指导发展实践。共享发展理念的科学内涵如何理解？共享发展理念蕴含的唯物史观理论基石、唯物辩证思维如何把握？共享发展理念的实践路向、价值遵循有哪些？目前研究现状如何？如何进一步推进这一研究？这些都是本课题需要重点回答的问题。

（二）课题意义

首先，理论与实践相结合，既弥补现有理论研究的薄弱之处，又把握共享发展理念的实践指导以及对于推动我国治理现代化的实践意义，有利于增强人们对共享发展理念的意识自觉与科学践行。

当下，学术界对共享发展理念鲜有系统、完整的梳理，涉及实践层面的对策研究往往局限于某一方面的具体领域，相关经验研究还很欠缺。理论具有抽象性，难以概括并反映丰富的社会发展现实。理论指导实践，但也必须从实践中丰富理论、发展理论、创新理论。我国的共享发展实践还处于初步阶段，很多问题随着实践的发展而产生，实践的发展需要理论发展。同时，由于一定时期，人们的理性认知水平也具有有限性，无法预判共享发展过程中的具体问题，不可的能获取详尽的实践对策。因此，应结合某些先进区域探索共享发展的实践历程，加强实践经验研究。为此，课题对经济、政治、文化、社会、生态等共享问题进行梳理总结，同时，也立足我国苏南地区发展的实践探索进程，探究共享发展理念在贯彻落实中的具体路径与策略。

其次，以马克思主义哲学视域研究共享发展问题，有利于将共享发展问题的理论研究引向深入，也可以更好地为实践中推进共享发展提供科学的思维方法指导。

共享发展问题关涉到经济学、政治学、社会学、历史学等多门学科，关涉到社会发展与人的发展，关涉到国际、国内等众多问题，而且各种问题相互交错、相互交织。这就需要多门学科紧密联合，加强综合研究。同时，深化共享发展问题探索，除了各专业学科的研究外，还需要上升到哲学层面。课题尝试加强关于共享发展理念的唯物史观基础、哲学思维方法研究，对共享与发展的内在逻辑、共享发展的思维方法、内在张力、价值依循等问题都进行一定程度的探究。

再次，横向研究与纵向研究结合，有利于在历史考察中以历史逻辑增强理论阐释的说服力与历史的启示性。同时，以现实问题域展开研究，有利于获得更多丰富的鲜活素材，使得研究成果具有明确的实践指向性。

课题尝试运用马克思主义社会发展理论，加强对共享发展理念形成背景的历史考察与梳理；结合国内发展背景、发展阶段、发展环境、发展条件，着重探讨各个阶段的共享发展政策、发展成效与问题等。同时，以问题为导向，加强对经济、政治、文化等各方面相互关联问题的探索，认清共享发展理念推进过程中出现的矛盾和症结，破解全面深化改革中的难题，为决策者和执行者提供理论、方法依据。

最后，坚持开放包容与自主创新相统一的辩证原则，以国外研究与国内探索相结合进行比较研究，既借鉴和吸收国际上包括资本主义国家先进的发展理念，又结合具体国情对其有所发展和超越。从社会主义本质高度出发研究共享发展，可以不断增强人们对共享发展理念的认同，为增强“四个自信”提供坚实的学理支撑，还可以增强我国共享发展理念在全球的影响力。

中国特色社会主义共享发展没有成熟的模式、现成的经验，需要在实践中探索总结。课题尝试以世界眼光，借鉴国外的发展经验与启示；同时，又提出不迷信国外的做法，立足国内，结合社会主义初级阶段的实际国情，反映社会主义本质要求，探索具有中国特色的共享发展之路。在理论与实践比较研究中获取有益的启示，揭示共享发展理念在跨越一系列发展陷阱中的指导作用。

二、研究现状

共享发展理念提出以来，学术界对此比较重视，不同学科基于不同视角进行了多方面研究，取得了较为丰富的成果。为了深化该理论研究，有必要对相关研究成果进行梳理，厘清共享发展问题的最新研究动态。

（一）关于共享发展的理论价值

共享发展理念的提出，在理论上具有重要的价值。学术界从马克思主义理论、政治经济学、伦理学等不同学科视角进行了概括与总结。

1. 马克思主义理论的当代运用与发展

很多学者提出，共享发展理念是马克思共享思想在中国当下的运用与发展。董振华认为，共享发展理念体现了马克思主义的基本立场，是唯物辩证法在发展问题上的科学运用。① 韩喜平等提出，共享发展是对中国化马克思主义关于发展理念的丰富与发展，是对西方共享经济思想的超越与创新。② 范迎春提出，共享发展理念是遵循马克思共产主义理论关于人与自然、人与社会以及人与人的关系问题对现时代的思考。③

2. 政治经济学的继承与发展

很多学者认为，共享发展具有制度属性。刘凤义等指出，资本主义生产关系的性质，在本质上与共享型劳动关系是不相容的。社会主义生产关系与劳动者共享之间存在内生关系，社会主义制度内生共享关系。④ 侯为民提出，共享发展是社会主义制度属性所固有的。重视公有制经济主体地位，使实现共享发展有了可靠的物质基础和制度保证。⑤ 刘灿指出，共享

① 董振华：《共享发展理念的马克思主义世界观方法论探析》，《哲学研究》2016 年第 6 期。
② 韩喜平、刘永梅：《中国共享发展理念的价值创新》，《理论学刊》2016 年第 3 期。
③ 范迎春：《共享发展：马克思社会学说的当代表达》，《河南社会科学》2017 年第 6 期。
④ 刘凤义、李臻：《共享发展的政治经济学解读》，《中国特色社会主义研究》2016 年第 2 期。
⑤ 侯为民：《立足完善基本经济制度实现共享发展》，《思想理论教育导刊》2016 年第 3 期。

发展理念“构成了中国特色社会主义政治经济学的逻辑主线，是整个体系借以形成和展开的核心”[①]。

3. 发展伦理的现实关照

一些学者从伦理、道德视域审视共享发展，指出了共享发展的伦理意蕴。张彦等指出，“对当下发展的伦理困境——单向度发展、透支式发展与数量式发展的理性反思与现实选择，也是基于现代性问题的中国表达，是建成中国特色社会主义的前瞻性思考。”[②] 向玉乔认为，共享伦理将“共享”“作为一个伦理价值目标来规定当代中华民族追求发展的目的性，从而使共享发展理念变成了能够引导当今中国社会发展的价值导航仪”。[③] 朱益飞提出，“共享发展具有现实及终极两重目标，现实目标是全面建成小康社会，终极价值是实现人的自由全面发展。”[④]

（二）关于共享发展面临的现实问题

在推动共享发展中，陷入诸多困境。改革发展必须着眼于共享发展的现实，揭示共享发展面临的各种问题。

1. 经济动力不足，社会发展进程受制约

王瑾认为，中国已嬗变为一个社会分化程度过大的国家，这种不合理、不公平的状态阻碍了经济发展。贫困导致居民消费率偏低，阻碍经济增长；中国二元经济结构已经成为影响和制约中国国民经济及现代化发展的障碍。[⑤] 臧乃康指出，改革已经进入深水区，任何一个改革举措都将影响现有人群的利益格局。一些有权者没有任何动力去努力改革，就会成为改革的阻力。[⑥]

---

① 刘灿：《中国特色社会主义政治经济学的共享发展研究》，《学术研究》2018 年第 6 期。
② 张彦、顾青青：《共享发展：当代发展伦理的中国表达》，《思想理论教育》2016 年第 7 期。
③ 向玉乔：《共享发展理念的伦理基础》，《伦理学研究》2016 年第 3 期。
④ 朱益飞：《论共享发展的社会主义伦理价值意蕴》，《理论月刊》2018 年第 2 期。
⑤ 王瑾：《共享发展：让群众有更多的获得感》，《当代世界与社会主义》2016 年第 2 期。
⑥ 臧乃康：《中国特色社会主义的价值立场与行动逻辑》，《南通大学学报》2016 年第 7 期。

高淑桂指出，倘若一个国家或地区达到中等收入水平之后，没有实现经济发展战略、增长方式和动力机制的转变，就会跌入“中等收入陷阱”。①

2. 各方面发展不协调，社会全面发展相对迟缓

张彦等指出，发展实践中日益呈现出单向度、透支式、数量式等特点，在发展结果上则是陷入物质的丰裕与资源的匮乏、财富的富足与人民幸福感降低的二元悖论。② 李红松指出，如何保证弱势群体共享政治发展成果、文化发展成果面临着诸多的困境与挑战。③ 杨建军等指出，“我国社会发展还存在生态主义的价值阙如，即政府基于短期经济利益的考量，忽视生态资源的社会价值……这种优先发展重工业的结构推动了经济发展，但也潜藏着巨大的生态风险。”④

3. 社会发展不均衡，社会公平正义受影响

我国社会发展不均衡。赵满华指出，共享发展还没有很好地得到实现，具体表现在基础教育、居民收入水平、城乡收入差距、贫富差距、就业压力、社会保障、医疗卫生服务体系、公共产品和公共服务供给等多个方面的问题。⑤ 韩喜平等指出，产生民生不公平现象的主要原因是人们共享发展成果的“数量”和“时间”上呈现出不均衡。⑥ 孙晓莉指出，“对于如何从制度和体制上保证基本公共服务的财政投入……还缺乏明确设计和清晰规定，这些对于基本公共服务的进一步发展起到了阻滞作用。”⑦

4. 人群分化严重，社会和谐稳定易破坏

王瑾指出，“社会分化使弱势群体逐步被边缘化，在政治、经济、社

① 高淑桂：《共享发展视野的跨越“中等收入陷阱”》，《改革》2016 年第 1 期。
② 张彦、顾青青：《共享发展：当代发展伦理的中国表达》，《思想理论教育》2016 年第 7 期。
③ 李红松：《共享发展理念的哲学基础与落实路径》，《求实》2016 年第 9 期。
④ 杨建军、闫仕杰：《共享发展理念视域下社会治理精细化：支撑、比照与推进》，《理论与改革》2016 年第 5 期。
⑤ 赵满华：《共享发展的科学内涵及实现机制研究》，《经济问题》2016 年第 3 期。
⑥ 韩喜平、孙贺：《共享发展理念的民生价值》，《红旗文稿》2016 年第 2 期。
⑦ 孙晓莉：《共享发展视域中的基本公共服务：困境与突破》，《新视野》2016 年第 6 期。

会地位上沦为最底层。这些都会使他们产生强烈的受挫感、被排斥感，激发他们的不满心理和反社会心理，进而危害社会的和谐发展。"① 刘玉安认为我国的收入差距较大，"迄今仍处在国际警戒线之上，属于世界上收入差距较大的国家。"② 杨建军等指出，"弱势群体的挫败感和相对剥夺感愈加强烈，社会改革的绝大部分成本由弱势群体承担，但发展的成果却远离他们，这使得两大群体间的对立和冲突加剧，社会不稳定因素急剧攀升。"③

（三）关于共享发展的实现路径

共享发展的实现不能从单一方面寻求答案，而需要基于多维向度综合运用不同的方略、措施。目前，国内学者围绕共享发展的实现路径作了有价值的探讨，主要体现在如下四个方面。

1. 提升公有经济的主体地位，发挥其主导作用

杨承训提出，消除两极分化"必须在深化改革中以多种形式壮大发展公有制经济，尤其要依靠创新等发挥国企的主导作用"。④ 郑有贵认为，推进共享发展要发挥好公有制经济的根基和引领作用。要完善股权结构，实现民有其股。⑤ 侯为民进一步提出，"实现'共享发展'要坚持'国民共进'格局，做强、做大公有制经济……用好并盘活国有资产，发挥国有资产的基础性和主体性作用。"⑥ 刘凤义等提出，从生产关系层面看，必须

① 王瑾：《共享发展：让群众有更多的获得感》，《当代世界与社会主义》2016 年第 2 期。
② 刘玉安、玄理：《从"让一部人分先富起来"到"共享发展"》，《当代世界社会主义问题》2016 年第 3 期。
③ 杨建军、闫仕杰：《共享发展理念视域下社会治理精细化：支撑、比照与推进》，《理论与改革》2016 年第 5 期。
④ 杨承训、李怡静：《共享发展：消除两极分化，实现共同富裕——新常态下优化公有制经济"主体"功能探析》，《思想理论教育导刊》2016 年第 3 期。
⑤ 郑有贵：《夯实共享发展的基础》，《红旗文稿》2016 年第 5 期。
⑥ 侯为民：《立足完善基本经济制度实现共享发展》，《思想理论教育导刊》2016 年第 3 期。

发挥公有制企业尤其是国有企业在共享发展中的引导作用。①

2. 加强和完善制度建设，发挥其保障作用

实现共享发展，制度设计是关键，需要构建完善的制度体系。许艳华提出，“坚持公有制为主体的基本经济制度，是实现共享发展的基本制度基础；健全人民民主的政治制度，是实现共享发展的基本权利保障；以公平为导向改革收入分配制度，是实现共享发展的基本形式；完善社会保障制度和基本公共服务体系，是实现共享发展的基础性工程。”② 刘武根等指出，要完善领导体制和工作机制；完善监督制度，完善评价制度，形成立体化的评价体系。③ 苏昕提出，社会保障制度的定型要法治化，社会保障制度要多层次，社会保障制度的落实要联动改革，社会保障制度要权利义务对等。④

3. 加强利益的整合与协调，缓解贫富分化

有学者认为，实现共享发展，要加强对人民群众利益的整合与协调，促进利益的相对均衡。何雪松等认为，建构共享发展型社会，需要超越利益集团的利益，注重不同群体利益、权利和他们的参与和表达。⑤ 王维平等指出，实现共享发展，应当完善以社会覆盖、资金筹措、待遇补偿为导向的社会保障机制，构建以“提低、扩中、调高”为导向的收入分配调节体系，建立以救助型、保护型、发展型多元综合为导向的教育分配体系。⑥ 孙婧芳等认为，需要促进基本公共服务均等化；增加在职培训和成人教育；促进劳动力市场发育。⑦

① 刘凤义、李臻：《共享发展的政治经济学解读》，《中国特色社会主义研究》2016 年第 2 期。
② 许艳华：《构建共享发展的制度保障体系》，《中国特色社会主义研究》2016 年第 4 期。
③ 刘武根、艾四林：《论共享发展理念》，《思想理论教育导刊》2016 年第 1 期。
④ 苏昕：《城市新移民社会保障权益完善探讨——共享发展理念的视角》，《马克思主义研究》2016 年第 6 期。
⑤ 何雪松、杨超：《共享发展：宏观社会工作的当代取向》，《学习与探索》2016 年第 7 期。
⑥ 王维平、张娜娜：《“共享”发展理念下的社会分配》，《西南民族大学学报》2016 年第 6 期。
⑦ 孙婧芳、张平、邓曲恒：《推动以人为中心的共享发展》，《学习与探索》2016 年第 10 期。

4. 开辟多维路径，整体推进共享发展

推进共享发展，需要以系统、整体视域，开辟多维路径。余达淮等提出，“一是初次分配效率与公平相协调，实现平衡的共享发展；二是共建共享生态文明，实现可持续的共享发展；三是发展责任共担、发展机会和利益共享，实现包容性的共享发展。”① 韩喜平等认为，实现共享发展，需改善共享发展的生态环境，释放民生红利；推进发展机会共享，增强民生改善的自生能力；保障发展成果共享，夯实基本民生；培育共享发展的新业态，大力发展民生产业。② 于昆提出，“实现共享发展，需着重从利益共享、服务共享和机会共享三个关键维度入手实现。”③ 张雪梅提出，实现共享发展，需要打造“利益、责任、命运”三维共享发展共同体。④

美国学者 Carl Riskin，Zhao Renwei and Li Shi 以及 Azizur Rahman Khan and Carl Riskin（2001）认为，中国政府应充分关注收入差距产生的重要影响，关注最贫穷的中国人所面临的问题。美国学者李侃如（2009）提出全面建成小康社会需要一种有助于保持社会一致的有意义的价值观共识。新加坡学者郑永年（2011）提出家庭收入和财富分配不均造成了严重的政治、经济和社会后果，需要加强体制改革和提高劳动者收入。美国学者黄亚生（2013）指出收入分配主要是一级市场的问题，需要进行彻底的经济改革和适宜的政治改革。

应该说，目前学术界对共享发展理念的科学内涵、理论与实践价值、存在问题以及主要对策都作了积极的探讨，这些方面为我国实践中的具体推进以及为后续理论研究者提供了有益的启示。深化共享发展理念研究，尚需在以下几个方面进一步探索。

① 余达淮、刘沛妤：《共享发展的思维方式、目标与实践路径》，《南京社会科学》2016 年第 5 期。

② 韩喜平、孙贺：《共享发展理念的民生价值》，《红旗文稿》2016 年第 2 期。

③ 于昆：《实现共享发展的三个维度》，《中国高校社会科学》2016 年第 5 期。

④ 张雪梅：《共享发展理念的时代规定与实践逻辑》，《人民论坛》2016 年第 9 期。

其一，当下各个专业学科的研究存在宏观层面研究多，中观、微观等具体问题研究还不够的状况；一些研究成果还停留在政治话语的诠释、宣传层面上，对我国共享发展的理论内涵认识不够深入。总体上来看，我国共享发展问题的理论构建还没有完成，难以全面、系统地为共享发展的制度安排提供相对完备的理论指导和政策建议。

其二，共享发展理论问题研究需要一定的深度，必须以哲学理论来指导。对策研究往往局限于单一学科视域。学者们主要对经济共享权益、社会共享权益展开研究，而对民主政治共享权益、生态共享权益等分析得少，而且对各种共享权益的相互影响、相互制约关系也缺乏足够的探讨，这实际上是一种机械的、线性的理解方式，导致研究成果对现实指导存在一定程度的局限或偏差。因此，推动共享发展研究，需要加强各专业学科之间以及与哲学学科研究的结合，以便更好地实现两者的互动与互补。

其三，学者们结合中国发展的现实，指出了推进共享发展面临的一些困境与难题，对一些问题形成的复杂原因也作了一些探讨。但对这些复杂原因还缺乏历史与现实相结合的研究维度，主要体现为从经验现象分析的多，缺少详尽的现实与历史相结合的材料支撑。虽然有一些实践探索的经验与启示，但总体上研究方法趋向单一。这就容易造成理论与实践未能紧密结合，一方面，理论因缺少经验探索的佐证而缺乏鲜活的论证力；另一方面，实践因没有相应理论观照而难以解决现实难题。

其四，我们对国外有关共享发展问题还缺乏深入、系统的探讨，至今理论与实践相结合方面的专著也不多见。对共享发展理念的研究应该要有宽广的世界视野，探讨他国在社会共享方面的经验教训，分析其利弊；同时，也要结合中国发展阶段、中国特色社会主义制度的本质与特征，研究国外发展成果对我们的借鉴启示价值。

三、主要研究内容

课题以共享发展理念的科学内涵、唯物史观理论基石、唯物辩证思维以及实践路向、价值依循等为研究对象，深入把握共享发展理念的理论基础与实践策略。

（一）研究内容

第一章主要研究共享发展理念的科学内涵与民生意蕴，揭示共享发展理念的形成背景、理论内涵、实现层次与民生意蕴。

第二章主要研究共享发展理念的理论定位与实践价值，揭示了创新发展、协调发展、绿色发展、开放发展与共享发展以及中国共产党执政规律与共享发展、中国特色社会主义建设规律与共享发展、人类社会发展普遍规律与共享发展的逻辑关联。

第三章主要研究共享发展理念的理论基石与当代启迪，揭示马克思共享思想、马克思社会公正理论、马克思社会有机体理论、马克思主义社会矛盾思想与新时代共享发展的理论关联。

第四章研究共享发展理念的哲学意蕴与实践指导，揭示共享发展系统思维的方法蕴含，质、量、度矛盾统一的实现原则，辩证发展的实现过程，内在张力的矛盾调适。

第五章研究国内外共享实践的历史经验与理论启迪，揭示我国共享发展的经验与反思、西方福利共享的经验与启示，探索“中等收入陷阱”“塔西佗陷阱”现象与共享发展的内在关联。

第六章研究共享发展理念的实践理路与现实个案，揭示共享发展全面建设的实践方式、整体推进的实践策略、系统完备的制度保障以及苏南经验的现实个案。

第七章研究共享发展理念的价值旨向与实践遵循，揭示共享发展人本

2. 学术观点特色和创新

（1）共享发展理念以系统思维为指导，从经济、政治、文化、社会、生态等各方面相互关联问题入手，重视五大发展理念的有机统一；以现实问题为导向，从理念更新、制度完善、动力积聚、方式转化、过程发展等方面破解实践中出现的矛盾和症结。

（2）西方国家福利共享对我国的主要启示有：不能仅就社会问题谈社会政策，应从有利于生产力发展和生产效率提高以及人的发展视域推进共享进程，从社会发展的整体视域来制定共享政策；从人的美好需求出发落实共享发展；发挥多个主体的协同作用统筹推进。

（3）共享发展是质、量、度的辩证统一，需要从区域发展的均衡性、制度安排的公正性、社会结构的合理性、幸福指数的适度性等方面来把握共享发展的“度”。

（4）共享发展理念既把握了共享与共建，又阐发了全面与全民；既立足现实实践，又面向未来构想；既着眼于国内建设，又放眼于全球发展，构成了系统、完整的思想内容，成为新时代中国特色社会主义理论体系的有机组成部分。

3. 研究方法特色和创新

（1）选题。将共享发展理念的哲学底蕴与实践路向结合起来进行研究，从理论、实践、价值三个方面进行分析，并将个案纳入分析框架，有利于理论与实践紧密结合的深层次研究，具有一定的创新意义。

（2）方法。在文献、调查、个案研究方法基础上，运用比较研究方法探究我国改革开放以来发展理念的调整变化以及我国与其他国家在共享发展方面的异同；同时运用唯物史观、唯物辩证法指导共享发展理念的实践推进。

（二）不足之处

课题瞄准现有理论研究的薄弱之处，对我国共享发展的历史进程与基本经验、对西方发达国家的福利共享与启示进行了研究。在理论与实践的结合上，课题对共享发展理念的理论内涵与实践路向进行了梳理与深化探讨，对苏南实践经验进行了总结。但课题关涉到马克思主义理论、经济、政治、社会、伦理、哲学等多个学科，由于课题组成员理论知识储备以及研究视野的有限性，研究成果的广度和深度还有待进一步加强。

另外，共享发展理念的哲学意蕴，还可以从马克思的资本批判视域、理想社会视域、价值论视域以及马克思的全球交往理论、社会共同体理论、生产力理论、人的本质理论等多个方面深化研究，限于时间与精力及课题内容，将在今后的研究中继续探索。

第一章 共享发展理念的科学内涵与民生意蕴

共享发展理念的提出不是偶然的，有其时代的必然性。经济社会发展的新阶段、全面小康社会的建成和我国转型期社会阶层结构的深刻变化等现实要求，均呼唤着共享发展理念。共享发展理念有其丰富、深刻的科学内涵，需要从多个角度深入把握并揭示其多层次特征。共享发展理念本身涵摄了民生伦理意蕴，体现了民生改善的目标导向，有其鲜明的民生价值。

第一节 共享发展理念形成的时代背景

“发展理念是战略性、纲领性、引领性的东西，是发展思路、发展方向、发展着力点的集中体现。”[①] 共享发展理念的提出有其社会发展的时代要求。经济社会发展的新阶段、全面小康社会的建成和我国转型期社会阶层结构的深刻变化等是共享发展理念提出的时代背景。

① 《习近平谈治国理政》第二卷，外文出版社 2017 年版，第 197 页。

进可持续发展的重要保障。蒋永穆提出，“进入新常态后，支撑我国经济高速增长的传统动力相继衰竭……在‘需求侧’要发挥消费对增长的主引擎作用；在‘供给侧’要优化要素配置，激发创新创业活力。”[①] 共享发展着眼于人民群众的需求变化，从需求侧发力，不断增加公共产品和公共服务供给、提高医疗服务水平、完善终身教育、完善养老服务等。在需求方面注入发展动力，扩大社会需求，更好地改善民生，可以增强人们消费的信心、欲望和能力，加大消费对经济增长的贡献，推动经济持续发展。

随着社会的不断发展，人们的需求水平也是不断变化的。在满足人民群众不断增长的美好生活需要基础上，以共享水平的提升创造出新的、更高层次的物质文化需要。新的、更高层次的物质文化需要，既激发人们对高质量生产的追求，也反过来促使人们生活水平和生活质量的普遍提高。这样，既增加内需，提升生活水平，也推进着经济发展方式的转变，不断引领社会发展，进而形成良性循环。

总之，共享发展着眼于人们的需求变化，为人们创造新的、更高层次的物质文化需要，有利于增强经济发展的消费支撑，使得经济增长的动力结构更加稳定合理，从而推动经济社会健康发展。

（三）共享发展是在遵循经济规律、自然规律和社会规律基础上循序渐进的过程，有利于增强发展的可持续性

很多学者指出，我们曾经的发展在一些领域因为没有很好地遵循经济规律、自然规律和社会规律，存在一些不平衡、不协调问题，不平衡、不协调的聚集连锁反应带来了种种发展难题。我国政治经济文化、城乡区域、人与自然、政府与市场等重大关系方面存在着发展的不平衡与不协调，这种不平衡、不协调问题日益严重，已经制约了社会整体的进一步发

① 蒋永穆、张晓磊：《共享发展与全面建成小康社会》，《思想理论教育导刊》2016 年第 3 期。

展和社会总体质量的提升。张彦等从发展伦理视域指出，传统发展观“在发展实践中日益呈现出单向度、透支式、数量式等特点，在发展结果上则是陷入物质的丰裕与资源的匮乏、财富的富足与人民幸福感降低的二元悖论。”① 李红松从共享的全面性、协调性视域指出，“社会发展的成果不仅包括经济成果，而且还包括民主政治成果和精神文化成果。”② 受我国的城乡差距、区域差距、行业差距、阶层分化等影响，部分弱势群体不仅物质方面的收入较低，而且在民主政治发展成果和精神文化发展成果方面也很难有公平分享。

共享发展是在遵循经济规律、自然规律和社会规律基础上循序渐进的过程，有利于增强发展的可持续性。首先，共享发展遵循经济规律。一是强调共享与发展的紧密相关性、注重它们之间的相互作用，促进共享与发展的良性互动；二是强调共享发展的渐进性，共享发展有一个从低级到高级、从不均衡到均衡的持续提升过程；三是强调共享与发展的一致性，强调共享的范围和水平、广度和深度都必须与生产力发展水平、经济社会发展阶段相适应，既不应落后也不能超越发展的客观进程。其次，共享发展遵循自然规律。一是追求高质量发展，共享发展要求改变落后的社会生产方式，提升生产效率，保护、节约自然资源；二是坚持全面发展，共享发展以人的全面发展为主线，追求经济建设、政治建设、文化建设、社会建设、生态文明建设“五位一体”的全面进步；三是坚持可持续发展，倡导绿色发展与共享发展相互关联，强化可持续共享。最后，共享发展遵循社会规律。一是以共享促进和谐，强化整个社会的公平正义，保持社会稳定有序发展；二是坚持包容性发展，保持社会的均衡、协调发展，推进社会发展沿着共同富裕方向前进；三是以共享引领社会发展，以保障人的全面发展权益为抓手，不断推进社会全面进步。

① 张彦、顾青青：《共享发展：当代发展伦理的中国表达》，《思想理论教育》2016 年第 7 期。
② 李红松：《共享发展理念的哲学基础与落实路径》，《求实》2016 年第 9 期。

总之，共享发展以遵循经济规律、自然规律和社会规律为前提，与可持续发展的主旨相通、过程相符、目标一致。因此，共享发展为我国经济社会发展提供了新的目标和方向，必将有利于增强经济社会发展的可持续性。

二、全面建成小康社会的“新目标”必须检视发展新成效

当下，全面建成小康社会还存在一些亟待解决的任务：一是社会的全面发展还很不够，社会建设、生态文明建设等方面相对滞后，严重影响了全面建成小康社会的整体推动力。二是不同人群收入分配、生活水平还存在一些差异。公共服务均等化水平不高，全面小康的“短板”亟待补齐。一些人的生活水平还很低下，与全面建成小康社会的要求还有不小的差距，发展的共享水平亟需提升。提高人民生活质量的压力还很大，保障和改善民生的任务还很艰巨。三是国民素质和整个社会文明程度还需要进一步加快提升。科技、教育、文化等方面的发展水平同发达国家相比还有一定差距，社会主义思想道德教育任重道远，国民素质和整个社会文明程度不甚理想，社会共享氛围还未形成。

共享发展理念的价值取向有利于增强人民更多的获得感。共享发展理念与共同富裕的价值取向高度契合。消除贫困，改善民生，逐步实现共同富裕，是社会主义的本质要求。收入分配公平合理直接关乎全面小康社会建成的目标实现，也必然关乎国家的发展大局与和谐稳定。我国经济总量虽然年均增长率比较高，但收入分配失衡，不合理的分配现象突出。共享发展理念蕴含着对公平、正义的追求，在发展过程中保障人们经济、政治、文化、社会、生态等方面的平等权益，能有效防止社会的两极分化，全面提高人民生活水平和质量。这既是共享发展的内在要求，也是全面建成小康社会的现实需要。

共享发展理念的制度安排为实现共同富裕提供了方法路径。坚持共享发展理念是共同迈入全面小康社会的基本保证，是实现共同富裕的必由之路。全面建成小康社会，必须大力改善人民生活，提高居民收入水平。尹庆双指出，共享发展核心理念的确立，“将为我国全面建成小康社会提出更明确的目标和更明确的方向……共享发展的相关具体要求将为全面建成小康社会作出更有效的制度安排。”① 全面建成小康社会的“新目标”是从解决好人民群众普遍关心的突出问题入手，普遍提高人民生活质量。共享发展理念为实现共同富裕提供了方法路径，即通过更有效的政策供给、制度安排，力求取得发展的新成效。通过深化脱贫攻坚、加强基本公共服务建设、缩小收入差距、建立更加完善的社会保障制度，推进教育、医疗、就业、文化等民生工程，促进人口均衡发展。共享发展理念的提出与践行，为实现共同富裕提供了新的思维与方法路径，是全面小康社会建设成效的重要标志。

共享发展理念的内在要求也有利于全面小康社会的实现。全面小康社会要求社会全面进步。共享发展理念的内在要求是保障人们的全面发展权益，促进人的全面发展。共享发展将发展手段与发展目的结合起来，以人的发展为目的检视社会发展存在的问题，从满足人的全面发展权益需求出发，形成改革的动力进而推进社会全面发展；共享发展将发展过程与发展目标结合起来，以社会全面发展为目标，检视发展过程中在协调、平衡、充分发展方面存在的成效与问题，充分重视经济、政治、文化、社会、生态的相互联系与相互作用，在发展过程中不断弥补社会发展的短板。

三、转型期社会阶层结构的深刻变化亟须化解社会新矛盾

改革开放 40 多年来，我国发展在成果创造和分配之间的问题，经过

① 尹庆双：《坚持共享发展理念　全面建成小康社会》，《经济学家》2015 年第 12 期。

多年积累，已经积重难返，必须在当下妥善解决。当下中国，低收入者占比仍然过大，近一半的人口都属于低收入者。梁理文以广东为例分析指出："中等收入群体成长速度过慢，橄榄型社会仍很遥远；社会成员向上流动机会减弱，教育对社会流动的正向效应在弱化，家庭地位代际传递在增强。"①

当下的中国，人民群体间还有很多矛盾或消极性质的矛盾诱因存在，一些不和谐或潜在的不和谐问题相互交织。主要可以归纳为三种情况。一是由于法治、制度不健全，尤其是执行不到位，部分群众合理、合法权益难以得到保障，少部分群体甚至连基本生存发展权益都可能受到侵害，不可避免地会引发一些利益矛盾。二是不公平的政策导向，导致社会贫富分化现象突出。人们对不公平的发展政策与收入分配制度不满，形成了对立的群体利益矛盾。三是人们全面的需求不断增长，社会发展离全面发展还有很大距离，发展成果不能满足民众的需求层次之提升。物质收入提高了但幸福感却没有得到增强，新的利益矛盾随之产生。随着经济社会的不断发展，人民群众对公平的利益分享问题日益关注。坚持共享发展，坚决破除影响、阻碍人民群众利益共享的体制、机制，才能消除不同群体利益矛盾产生之根源。我国社会历来有"不患寡而患不均"的观念。因此，需要我们在不断发展的基础上尽力促进社会公平正义，既尽力而为、又量力而行，努力使全体人民在民生利益上持续取得新进展。

改革分配制度是化解人民群体矛盾，调整社会阶层关系的一种重要手段。共享发展坚守公平正义、坚持全体人民公平分享经济社会发展成果，可以全面地调整阶层关系，不断化解人民群体之间的矛盾。苏昕指出，在中国经济发展和城镇化进程中，城市新移民作出了很多的贡献甚至牺牲，依托社会保障政策，保障城市新移民这个群体的基本权益，既维护了社会

① 梁理文：《走向共享社会：社会阶层结构与中等收入群体研究——以广东为例》，《广东社会科学》2017 年第 6 期。

公平的底线，也有利于化解转型期中国社会面临的风险和矛盾。[①] 公平正义基础上的利益协调是化解人民群体矛盾的重要环节。社会公平正义是中国特色社会主义的内在要求，共享发展必须以公平正义基础上的利益协调，化解人民群体矛盾，增进人民团结与社会和谐。换言之，人民团结、社会和谐是否得到了增进，就是看在共享发展中个人之间、群体之间、阶层之间、民族之间的利益是否得到了协调。当然，这种利益不仅指经济利益，也包括非经济利益。对此，王维平指出，“在‘共享’发展的情境中，社会分配不仅要注重工资、酬劳、福利、利润等经济性利益的分配公正，也要注重资质、权利、机会、荣誉和公共权力等非经济利益的分配公正。”[②]

转型期社会阶层结构的深刻变化极易引起少部分人对改革开放政策的怀疑和不满，影响人们对社会主义制度的政治认同。一是在经济领域，上层利益群体通过官商勾结等不正当手段控制或垄断了社会资源，不公平的竞争或者说扭曲的竞争环境侵害了中下层成员的利益。于是，社会中下层利益群体很容易产生相对剥夺感，对社会产生失望情绪，极容易造成政治认同的降低。二是在政治领域，干群间的矛盾冲突消解了人民群众的政治认同感。有些政府官员存在严重的官僚主义、形式主义等工作作风问题，脱离群众破坏了干群间的信任关系，直接影响到政治认同问题。三是在思想文化领域，马克思主义等社会主导性思潮若未很好地占领阵地，就易失去主导思想的引领，导致多样化思想的泛滥，成为人民群众政治认同的消极因素。现实中，一些消极、腐朽、没落甚至敌对的思想意识文化冲击着社会主义共享发展的主流意识形态。少部分人群的功利主义价值观影响着共享发展的共识达成，也严重影响着人民的政治认同。

① 参见苏昕：《城市新移民社会保障权益完善探讨——共享发展理念的视角》，《马克思主义研究》2016 年第 6 期。

② 王维平、张娜娜：《“共享”发展理念下的社会分配》，《西南民族大学学报》2016 年第 6 期。

如果人民不能共享改革发展成果，反而产生贫富分化，则必然会降低执政党和政府的公信力，降低社会主义的政治合法性。低收入群体极容易对国家的改革开放政策产生怀疑和不满，影响人们对社会主义制度的政治认同。对于少数人获得不合理甚至不合法的收入和财富，如果不加以规范惩治，广大群众就会对党的执政理念和执政能力产生怀疑。随着不信任感的增强，人们对党的路线、方针、政策会采取冷漠、消极的抵触态度，党的执政基础必然会受到弱化。余达淮指出，“党的执政能力如何，是否能够保证人民平等参与、平等发展的权利，维护社会公平正义，使发展成果更多更公平惠及全体人民，直接影响着人民对其执政地位的认可度，甚至会对党的公信力提出巨大挑战。”①

只有坚持共享发展，协调各方利益关系，缩小利益差别，解决发展不平衡问题，防止两极分化，才能以公平公正增进政治认同；只有坚持共享发展，消除干群间的矛盾，增进干群间的信任，保障基本民生，保障人民的各方面权益，才能以权利保障增进政治认同；只有坚持共享发展，建设饱含民生情结的共享文化，营造包容友好、互帮互助、平等相处的人文关怀氛围，才能以和谐文化增进政治认同。总之，共享发展带来的社会公正、权益分享和社会和谐可以有效化解社会中的消极矛盾，不断增强人们对改革发展的政治认同，为共享发展提供一个有益的社会环境。

四、推动中国特色社会主义制度更加成熟、更加定型的“新使命”需要升华发展价值

社会主义的根本制度和基本制度是适合我国国情和发展要求、具有独特优势的制度。改革发展的实践证明，中国特色社会主义的系列制度安

① 余达淮、刘沛妤：《共享发展的思维方式、目标与实践路径》，《南京社会科学》2016年第5期。

排，适合中国国情并推动了中国的快速发展。中国特色社会主义制度已经显示出其优越性，主要体现为：一方面，通过制度的改革与完善不断解放生产力和更好更快地发展生产力，快速提高我国的综合国力；另一方面，围绕实现共同富裕的目标，提高人民群众的生活水平和质量，最大限度地调动和发挥广大人民群众的积极性，依靠人民群众的合力推动中国特色社会主义的健康、持续发展。

当然，在明确社会主义制度具有独特优势的前提下，也要承认我们的制度还不完善与不成熟。应当看到，当前中国发展表现出的一个重要特征就是成就与问题同在、经验与教训共存，二者紧密联系甚至相互纠缠。敢于承认具体制度存在的一些问题也是我们制度自信的表现。中国特色社会主义制度还存在许多亟待改进的地方，一些具体的体制机制还有不少漏洞和薄弱环节。一些积重难返的、长期未解决的问题与制度的缺陷有直接关联，有些方面甚至成为制约进一步发展的重要因素。社会主义社会不是一成不变的，相反，其本身是一个不断变革的社会。推动中国特色社会主义制度更加成熟更加定型，不是要从根本上否定我们的制度，而是要坚定制度自信，不断革除体制机制弊端，完善制度体系。“社会主义社会是一个不断变革的社会，其不断变革，尽管有外在因素起作用，但就决定因素而言，是指这种制度内在的属性、内在的力量，是制度自身的一种优势。”①

推动中国特色社会主义制度更加成熟、更加定型是全党的“新使命”。共享发展是对发展价值的检视与升华，完善共享发展制度可以更好地推动中国特色社会主义制度走向成熟与定型。一是将共享发展理念融入系统化、科学化、规范化的制度建设中去，可以为现有制度提供科学的价值引领。加强制度建设，完善制度体系，要求我们要有战略定力和政治定力，善于明辨大是大非，不断增强政治敏锐性和政治鉴别力，绝不照搬西方政

① 常修泽：《全面深化改革 推动我们的制度更加成熟定型》，《光明日报》2016 年 8 月 10 日。

治制度模式。共享发展理念的新内涵集中体现了以人民为中心的价值取向、回应人民美好生活期待的目标追求，同以生产资料私有制为基础的西方“福利共享”制度有着本质的区别。二是共享发展制度紧密结合中国国情，解决中国经济、社会发展中的现实问题。“从制度视角看，当制度缺乏、制度无力或制度安排之间存在矛盾冲突从而产生了制度漏洞等情况出现时，也有可能会给恶行制造某种积极作用的空间。”① 共享发展制度的制定与完善可以直接弥补或完善现有制度体系上的某些缺陷甚至空白，防止有损共享发展行为的发生。三是围绕共享发展，加强经济、政治、文化、社会、生态等各方面的制度改革与完善，逐步建立相互衔接、相互契合、整体一致的体制与机制，有利于推动形成更加完备、更加稳定、更加成熟的中国特色社会主义制度体系。

“十三五”时期是全面建成小康社会的决胜阶段，是建成社会主义现代化国家和实现中华民族伟大复兴中国梦的关键一步。今后，我国将继续处在经济新常态的背景下，如期完成党的第一个百年奋斗目标的任务十分艰巨。提出共享发展理念，既有其深厚的历史基础，也有其鲜活的现实依据。共享发展升华了发展价值，表明我国对在新的历史背景下推动中国特色社会主义制度更加成熟、更加定型的认识达到了一个新的高度。

第二节　共享发展理念的理论内涵

“树立共享发展理念，就必须坚持发展为了人民、发展依靠人民、发展成果由人民共享，作出更有效的制度安排，使全体人民在共建共享

① 刘森林：《重思发展——马克思发展理论的当代价值》，人民出版社2003年版，第220页。

发展中有更多获得感，增强发展动力，增进人民团结，朝着共同富裕方向稳步前进。”① 共享发展作为科学的发展理念，包含着深刻的理论内涵。深入认识共享发展的理论内涵，需要从多个角度予以揭示。我们这里从基本内涵、主要内容、内在逻辑等几个方面来解读共享发展的理论内涵。

一、共享发展的基本内涵

共享发展有其基本内涵，学术界对共享发展的内涵认识也有一些争论。我们认为，把握共享发展的基本内涵，需要从有机统一性、唯物辩证性、权利平等性、参与过程性等不同视角深入认识。

共享发展既可以理解为一种发展理念，也可以理解为一种发展方式；既可以认为是一种发展手段，也可以认为是发展的目的；既表明是发展成果的共享，也是参与发展过程中的共享。

（一）共享发展具有有机统一性

共享发展包括全民共享、全面共享、共建共享、渐进共享等四个方面。这实际上从共享发展的主体、客体、原则、过程等视域揭示了共享发展有机统一的完整内涵。

就主体来说，共享发展不是少数人共享、一部分人共享，而是人人享有、各得其所。全体人民是共享发展的价值指向主体、实践主体、享有主体。就客体来说，共享发展要求人人共享国家经济、政治、文化、社会、生态文明各方面的建设成果，全面保障人民在各方面的合法权益。共享发展要实现各个方面建设成果的共享，所涉内容与人民需求发展相一致。马

① 《习近平总书记系列重要讲话读本》，学习出版社、人民出版社 2016 年版，第 136 页。

（四）共享发展强调参与的过程性

共享不仅是分配的共享，还意味着参与过程中的共享性。强调参与的过程性，一方面，表明人的需求不仅停留于物质方面的享受，还强调了人的需求有一个能力提升、价值实现的精神享有过程。在参与共建的过程中，发挥每个人的聪明才智，增强共建的生活与生产体验，在过程中享受价值创造的愉悦感、获得感、幸福感。同时，在经历的过程中不断提高社会主体的素质与能力，在共建的社会群体中得到社会、他人的价值承认，实现每一个人的价值成就感。另一方面，只有强调参与与分配的一致性，才能体现整个共享过程从起点到分配的公平与正义。对此，刘凤义指出，“就共享而言，如果没有生产领域的共享，只是分配领域的共享，就不是真正意义上的共享。”①

（五）共享发展内蕴发展的包容性

共享发展实质上是一种包容性发展，包容性发展抛弃了唯 GDP 增长发展模式的现代单一主体发展观。“‘平等、共赢、协调、共享’是对具有中国特色的包容性发展理念的最好的概括和体现。”② 共享发展同样内蕴着平等、共赢、协调、共享的内核。首先，共享发展强调人与人之间的平等性，要求尊重他人人格尊严，保障人们的平等发展权益，尤其是保护弱势或者相对弱势群体，是包容各类群体的平等发展观。其次，共享发展强调发展的共赢性，发展社会主义市场经济，在公平竞争中促进互利共赢；倡导以先富带动后富，以均衡的共享为目标，最终实现人与人之间的利益增进与共同富裕。再次，共享发展强调协调性，要求遵循社会发展客观规

① 刘凤义、李臻：《共享发展的政治经济学解读》，《中国特色社会主义研究》2016 年第 2 期。
② 汤志华、吕剑枫、刘晓华：《包容性发展：中国模式的内在价值分析》，《党政研究》2017 年第 2 期。

律，既协调人与自然的关系，也协调人与人、人与社会的关系，是坚持人与自然、社会和谐一致的可持续发展观。最后，共享发展体现发展过程与成果的共享性，以共同体的建设促进共建共享，以共享机制化解利益冲突，是机会平等、公平分配、利益共享的均衡发展观。

二、共享发展的内在逻辑

共享发展本身包含着各个层面的关系，其内在地包含着共建、共享、共富的关系；共享机会、共享能力、共享水平的关系；共享与发展的辩证关系等，各个方面也有其内在的逻辑。

（一）共建、共享、共富的关系

就共建与共享、共富的关系来看，共建是共享、共富的基础和前提，共享、共富是共建的目的，也是共建的保障。只有社会发展到一定程度，才可能产生共享的意识和共享的需求。离开共建的共享只能是空享，共富也只能是“乌托邦”。在实现共享、共富的过程中激发人们的凝聚力，发挥人民的主动性、创造性，反过来有利于人们的共建行动。当然，共建后达到共享、共富，还需要中介环节。学者熊晓琳认为，“共建并不必然产生共享、共富，要在共建后实现共享和共富，有赖于完善的制度、体制、机制做支撑和保障。”①共建并不必然产生共享、共富，但共建是通往共享、共富的必由之路。共享作为手段，为实现共建、共富提供动力；共富作为目标，为共建、共享指明发展方向。

就共享发展与共同富裕而言，共享发展与共同富裕既有区别又有联系。就区别而言，一是二者涵盖的内容并不完全一致。左鹏提出，“共同

① 熊晓琳、王丹：《共享发展理念的多维探究》，《思想理论教育导刊》2016年第8期。

富裕侧重于‘富’，即经济方面的内容；共享发展侧重于‘享’，其对象可以是经济方面的内容，但又不限于经济方面。”① 当然，共同富裕侧重于经济方面，但也绝不是局限于经济方面。二是二者关注侧重点不一样。“共享发展理念是关于发展问题和规律的认识，而共同富裕是关于发展目标的规定”。② 就二者的相互关系而言，首先，共享发展和共同富裕贯穿着社会主体人的需求发展与理想追求。离开了社会主体人的需求以及对美好生活的追求，就无所谓共享发展和共同富裕。其次，二者是过程与结果的关系。相对于共同富裕，共享发展是一个长期的过程，而共同富裕是共享发展的结果。共享发展的实现目标是逐步提升的，有一个渐进的提升过程，而共同富裕是社会主义发展到一定阶段才能实现的目标。若无法借助共享发展的历程来寻求量变，共同富裕的美好结果也难以实现。最后，二者是手段与目的的关系。共享发展的历史趋势是共同富裕，共同富裕为共享发展指明方向。共享发展作为一种手段或路径，不是独立运作的，不能偏离社会主义共同富裕的方向。实践中必须切合共同富裕这一根本目的、方向，以社会主义共同富裕的根本性质规制共享发展在实践中的具体落实。

（二）共享机会、共享能力、共享水平的关系

共享发展以平等的共享机会与发展权利为前提，以人们共享能力的不断增强为发展的动力基础，以社会共享水平的逐步提升为根本保障。就个体而言，在相对平等的共享机会与发展权利前提下，由于人们先天的发展条件与发展基础等方面存在差异性，必然导致个体发展能力呈现差异性，带来的结果就是实际享有的共享水平具有差异性。刘武根、艾四林指出，

① 左鹏：《共享发展的理论蕴涵和实践指向》，《思想理论教育导刊》2016 年第 1 期。

② 韩步江：《共同富裕：中国特色社会主义共享发展理念的目标指向》，《云南民族大学学报（哲学社会科学版）》2017 年第 4 期。

“在切实保障共享机会平等的前提下，共享能力和共享水平的差异须限于共富范围之内。”[①] 共享水平差异的限度规定，规制了共享机会与共享权利享有的平等性。

（三）共享与发展的辩证关系

归根结底而言，共享发展一方面要解决“蛋糕”如何做大、做好的问题，即发展问题；另一方面要解决如何分配好“蛋糕”的问题，即共享问题。而且，这两个方面的问题也是紧密联系的，即共享与发展的关系问题。其一，共享和发展是一种相互制约关系。一方面，发展是共享的前提。“所谓发展，应当理解为基于全体居民精神涵养与物质财富增长下的，整体社会的向前推进，其中还应囊括同自然‘和睦相处’的构成要素。”[②] 没有发展就没有足够丰富的成果，也就无法实现共享。另一方面，发展是为了共享，最终必然服务于人的发展。若人们无法享有发展成果，既影响人的素质、能力提升，也影响人的积极性发挥，从而必然影响社会的发展。其二，共享和发展是一种相互促进关系。一方面，共享是发展的手段。发展成果为了人民的共享，有益于提升人力资本质量，化“人口红利”为“人才红利”；发展成果由人民共享，有利于逐步缩小居民收入差距，进而有效刺激消费需求。另一方面，发展有利于共享。社会的全面发展水平与共享水平根本上是一致的，社会的全面发展必然有利于全面共享。其三，共享与发展是一种总体的平衡关系。从共享质量与发展水平而言，共享质量的提升同社会发展水平总体上是一致的，不能离开社会发展水平孤立地讨论共享质量的提升，也不能离开共享质量孤立地研究社会发展。共享与发展本质上是人的需求发展与社会发展的关系。离开社会发展水平，

① 刘武根、艾四林：《论共享发展理念》，《思想理论教育导刊》2016年第1期。
② 唐秀华、王海飞：《中共十八届五中全会以来“共享发展”新理念研究述评》，《科学社会主义》2017年第1期。

片面地提升共享质量，最终不利于社会发展，必然导致共享质量的提升成为昙花一现。离开共享质量提升，片面促进社会发展，最终社会发展偏离人的需求而容易失去正确的轨道与方向，社会病态、异化问题也就油然而生。

第三节 共享发展理念的实现层次

当代中国，必须面对这样“一个重大的基本事实：我国已经进入了一个差异性社会”。[①] 社会主义初级阶段的现实，存在着生产力水平差异、地区差异、人的素质能力差异等。我国的共享一定是差异的共享，这是因为，一方面，共享发展应植根于社会主义初级阶段区域、人群差异发展的现实国情；另一方面，我们应依据于社会主义市场经济发展的需要，而不能追求完全的平均主义，否则无法促进生产力的发展。“差异共享既是全社会范围内保障人民的生产生活，坚持人民主体地位的体现，又尊重了资本在人民主体规范下有限发展的历史规律。对各阶层人民主体地位的承认，对资本占有形式的历史合理性承认，对各种所有制形式的合法性承认等等都构成了现阶段社会主义共享的差异性。”[②]

差异的共享表明当下我国的共享发展是多层次的。当下，我们可以将共享划分为兜底型共享、普惠型共享、比例型共享以及道义型共享等多个层次。差异的共享是具体历史的，共享层次的划分也是具体历史的，随着社会生产力的发展必然有其变化的方面。

① 任平：《论差异性社会的正义逻辑》，《江海学刊》2011 年第 2 期。
② 吕鸣章：《共享发展：从包容性发展到差异共享》，《苏州大学学报》2017 年第 6 期。

一、兜底型共享

所谓兜底型共享，主要是针对绝对贫困人口或相对贫困人口，为保障其基本的生存与发展而实施的共享方式。这些特别困难的群众、弱势群体由于所处的区域环境恶劣、历史发展基础差以及个人遭遇的各种风险而陷入了贫困状态。如果仅仅依靠自己的力量，难以享有同全国其他区域、人群一样的发展成果，难以发家致富。也就是说，这部分人群不要说发展问题难以解决，连基本的吃、穿等生存问题都遭遇到一些困难。因此，只有依赖国家、企业、社会等各方面的帮助，才能保障他们享有基本的生产和生活资料条件。社会主义共享发展理念必然包含关系着人们生存问题的基本生产资料和生活资料的共享。因此，对于绝对贫困人口或相对贫困人口而言，由国家、社会等提供必要条件以满足他们基本的生存需要即为兜底型共享，这也是共享发展的最基本要义。

重点开展扶贫、脱贫工作是当下我国兜底型共享的主要体现。"'十三五'期间脱贫攻坚的目标是，到2020年稳定实现农村贫困人口不愁吃、不愁穿，农村贫困人口义务教育、基本医疗、住房安全有保障；同时实现贫困地区农民人均可支配收入增长幅度高于全国平均水平、基本公共服务主要领域指标接近全国平均水平。"① 目前，在贫困人群中，完全或部分丧失劳动能力的有2000多万人。到2020年难免还有完全或部分丧失劳动能力的贫困人口，这些必须由社会保障来兜底。按照贫困地区及其人口的实际情况，实施"五个一批"工程，即分别通过发展生产、易地搬迁、生态补偿、发展教育、社会保障来让群众脱贫。当然，兜底型共享应该区别对待，贫困地区中一些深度贫困地区遇到的发展瓶颈最大、遭遇的困难最多，因而对其资助、扶持力度要更大。

① 《习近平谈治国理政》第二卷，外文出版社2017年版，第84页。

兜底型共享也可视为生存型共享，是共享发展理念最基本的层次，也是当前理论中关注的焦点与实践中亟须解决的难题。如果连起码的兜底型共享都难以解决，共享发展就是一句空话。这样，不仅全面建成小康社会的目标难以达成，也背离了社会主义共同富裕的价值追求。全面建成小康社会，最艰巨最繁重的任务是农村的贫困地区。帮助贫困群众脱贫致富是兜底型共享的重要体现。党的十八届五中全会将“共享”提高到中国特色社会主义本质属性的高度来加以认识，凸显了兜底型共享的现实紧迫性，体现出我们党对社会均衡发展与全民幸福安康之间关系认识上的深化。

做好兜底型共享，一是要有好的思路，做到实事求是。要加大贫困地区的基础设施建设，抓好贫困地区教育、卫生等民生工作。因地制宜、因势利导，绝不搞表面工作。一定要从实际出发，真正使老百姓得到实惠，要重点发展贫困人口能够受益的产业。二是要做到精准扶贫。扶贫开发成败系于是否精准，因此要找准‘穷根’。精准扶贫、精准脱贫要在精准施策上出实招、在精准推进上下实功、在精准落地上见实效，解决好“扶持谁”“谁来扶”“怎么扶”问题。三是强调贫困群众的自力更生。发挥贫困群众的主体地位，激发他们的首创精神。扶贫要同扶智、扶志结合起来。要加强对贫困群众的教育技能培训，注重提高贫困地区和贫困群众自我发展能力。四是要广泛发动各方面力量，形成脱贫攻坚的强大合力。鼓励各类企业、社会组织以及个人发挥各自优势、采取多种形式广泛参与深度贫困地区的脱贫攻坚。

二、普惠型共享

所谓普惠型共享，是指对于那些已经解决了生存问题的人群，但在发展方面还存在很多问题，尤其是在收入分配、公共服务等方面同其他群体还存在很大差距，为保障其平等发展而实施的共享形态。这种发展方面的很多问题并不是仅因个体原因所造成的，而主要是因为不公平的收入分配制度、公共服务安排、社会发展机会造成的。当前，受发展水平制约，我国东中西部之间、城市与农村的人群之间在收入分配、基本公共服务水平、就业机会方面差距较大，影响了人民普遍共享发展成果。普惠型共享就是基于社会公平视角，保障这些人群全面、普遍、公平地享有收入分配与公共服务等，进而保障人群的平等发展。

就收入分配而言，缩小收入分配差距是普惠型共享的重要内容。共享发展就是要不断增进人民的利益，缩小收入分配是增进人民利益的直接体现。当前，我国在初次分配中，个体劳动报酬占比偏低，整个社会贫富差距日益拉大。“造成这一问题的首要原因就是分配制度中按资分配逻辑的存在，其次是土地、矿产资源、国有企业、公共产品等领域在市场化、资本化过程中所产生的巨大收益很大一部分被少数人甚至极少数人凭借其拥有的经营权或实际控制权所瓜分和占有所致。”[①] 从再分配角度来看，也存在着很多不尽合理的方面。一是再分配在国民收入中占比太小，社会调节力度还很不够。二是社会保障水平总体较低，社会保障覆盖面还有待于进一步扩大，对特殊的低收入群体的援助尚有待加强。三是税收调节机制不健全、不规范。对高、中、低收入群体的税收调节不尽合理，高收入群体漏税逃税现象较多，而对中低收入阶层没很好地做到必要的减税、免税。因此，做好普惠型共享，必须深化收入分配制度改革，以分配领域的共享促进民生建设。

就公共服务建设来说，构建全民均等享有的基本公共服务体系可以在一定程度上弥补市场机制在公共服务资源配置方面的失灵或者局限，能够最大限度满足社会成员生活服务共享的价值诉求，避免因供给不足或供给不均衡所导致的不公正，是消除社会发展不平衡，实现普惠型共享的重要举措。但目前一些地方政府在教育、医疗、住房、交通等方面公共支出严

① 郭建、申莎莎：《实现共享发展的四个层次》，《思想理论教育导刊》2016 年第 8 期。

重不足，造成基本公共服务严重失衡。高度重视基本公共服务体系建设问题，应该把加强和优化公共服务作为促进社会公平正义、促进共同富裕的重要抓手。普惠型共享要求基本公共服务均等化，围绕关系群众切实利益的热点、难点问题，切实转变地方政府的职能定位，政府应当按照群众需要公平地进行公共服务资源配置，保障每个人都实际获得基本公共服务。从制度上保障基本公共服务的投入，保障全体社会成员能够公平获得大致均等的基本公共服务。

做好普惠型共享，需要坚持普惠性、保基本、均等化、可持续的公共服务供给发展方向，增加公共服务供给。社会公众对于公共服务发展提出了更高的要求，改善全社会的民生状况，必须注重公共服务供给的普惠性。一是供给主体的多元化。政府不是万能的，以往单一的政府供给主体地位限制了公共服务的进一步发展。应坚持政府主导，鼓励企业和社会组织积极参与、协同合作。二是保障资金的多元化。改善公共服务项目投资方式，加强政府资本与社会资本合作，充分利用社会资本，挖掘公共服务供给的资金渠道。三是供给方式的多元化。加大政府购买公共服务力度，进一步拓展公共服务供给方式。提高公共服务市场化水平，政府购买公共服务应始终坚持公开透明、公平正义的基本原则。构建与发展阶段相适应的公共服务供给方案，既积极而为，又量力而行。

三、比例型共享

所谓比例型共享，是相对于基本共享而言的，它是指对于社会主义初级阶段的中国而言，除了基本共享之外，要依据人们能力的大小、贡献的程度来分配财富，反对平均主义，为保障多层次的差异发展而实施的共享形态。比例型共享是差异共享的最鲜明、最主要的体现。

社会发展的经验和规律都告诉我们，虽然市场经济有其一定的消极效应，但市场经济是目前推动社会发展最有效率的经济模式。市场经济能够实现资源的最优化配置，最大限度地提高人们参与生产的积极性，发挥人们的潜能。依据人们能力的大小、贡献的程度来进行分配，也才能体现市场经济的公平性。社会主义初级阶段，由于生产力发展水平的限制，我们还无法做到按需分配。同以公有制为主体、多种所有制共同发展相适应的分配制度是以按劳分配为主体多种分配方式并存的制度。这就是说，共享发展不可能做到齐步共享。“共享发展的共享包括基本共享与比例共享，必须实行基本共享与比例共享的有机结合。……在稀缺资源、高端服务、精细商品、奢侈产品等无关人类社会基本生活保障方面，允许根据价值规律的原则，由市场需求来实施比例共享。”①

就共享发展本身而言，必须以发展为前提。实行比例型共享，才能激发人们的动力，释放社会的活力，从而推动社会生产力的巨大进步。做好比例型共享，关键是不断推进社会主义市场经济的完善。具体而言，一是加快完善产权制度，尤其是知识产权制度，实现产权有效激励。“实行以增加知识价值为导向的分配政策，探索对科研人员实施股权、期权和分红激励，发挥知识产权对科技创新和成果转化的长期激励作用”②在此基础上，实现各种所有制经济依法平等使用生产要素、公平参与市场竞争。二是加快完善公平竞争的市场环境。“全面实施市场准入负面清单制度，清理废除妨碍统一市场和公平竞争的各种规定和做法。”③完善相关法律制度，按照统一、规范、效能原则，完善市场监管体制。三是创新和完善宏观调控，更好发挥政府作用。尊重市场作用和企业主体地位，进一步简政放权。政府对市场干预过多、监管不到位和市场体系不完善，影响经济发展的活力和资源配置效率。深化行政体制改革，要在尊重市场规律的基础

① 任平、吕鸣章：《走向共享发展：中国发展正义道路的出场逻辑》，《南京社会科学》2017年第8期。

② 穆虹：《加快完善社会主义市场经济体制》，《理论导报》2017年第12期。

③ 穆虹：《加快完善社会主义市场经济体制》，《理论导报》2017年第12期。

上，转变政府职能、简政放权、放管结合、优化服务力度，集中精力抓好宏观调控、政策引导、市场监管、社会管理、公共服务和环境保护，最大限度减少政府对市场活动的干预。

做好比例型共享，要消除社会中不正当的仇富心理，处理好先富与共富的关系。一是要培养包容的社会文化。致富愿望是社会成员积极参与社会发展的内在动力，也是营造一种充满活力社会氛围的重要心理基础。整个社会加强培育宽容、理性、秩序等观念，大力营造正确的财富观和人生观，引导人们正确评价合理致富行为，倡导积极进取、开拓创新的精神。二是要积极推进法治国家建设进程。大力完善与人民群众劳动权益相关的法律法规，切实保护劳动者的权益，对不合法的致富行为、不合法的剥削行为、肆意侵犯劳动者权益的行为要坚决打击。进一步规范市场秩序，提倡公平竞争，严厉禁止各种坑蒙拐骗和市场欺诈行为。大力惩治各种形式的腐败，坚决杜绝官商勾结、以权谋私现象。三是基于国情处理好基本共享与比例共享之间的关系，保持好二者之间的适度张力。对于处于社会弱势的群体，应提供更到位、更人本的关怀，消除极度失衡的心理，不断完善促进社会公平感和人们生活满意度的政策措施和机制。

四、道义型共享

所谓道义型共享，是指除了政府或市场、社会主导的兜底型共享、普惠型共享、比例型共享之外，进行的以慈善捐助为主要内容的社会公益性活动，是公民自主自愿基础上的财产直接或间接转移以供社会弱势群体共享财富的一种共享类型。这种以自愿为前提的民间捐赠、慈善活动和志愿服务等被称为国民收入的第三次分配。

初次分配主要依据于效率，容易导致贫富不均，而通过政府主导的再分配来促进社会公平，主要就是为了弥补第一次分配的不公。但政府不是万能的，市场也不可能总是有效的，第三次分配可以作为前两次分配的有益补充。因此，道义型共享成为实现共享发展的第四个层次。在世界一些发达国家，贫富差距拉大是不争的事实，但社会形成了成熟的慈善文化、捐助机制，规模庞大的慈善捐助机构既改善了富裕阶层的社会形象，也化解了一些矛盾。总体而言，在西方社会收入分配社会机制已经发育得比较成熟，获得了广泛的认可。我国已经形成了政府主导型的慈善捐助机制，社会性公益慈善捐助活动迅速发展，成为重要的社会力量，对社会分配格局产生了不可低估的重要影响，也成为社会共享的有力促进因素。但总体上，我国的道义型共享发展还有很大的提升空间。"根据中华慈善总会统计，我国每年接受捐赠的75%来自于国外，国内捐赠只占25%，我国企业捐赠只占1%。"①

推进道义型共享，需要加强对道义型共享的重要性认识，引导社会力量的自发生成，防止政府的过度干预；应注重对慈善组织工作人员进行专业系统化的培训，以提高管理水平和专业技能水平；要建立慈善文化，引导富有阶层人们正确的价值导向，对于富有阶层的社会慈善行为给予及时的褒奖，鼓励更多的成功人士投入到社会慈善活动之中；建立和完善慈善立法，建立和完善相关政策法规，明确慈善组织的权利、责任和义务；要加强慈善组织自身建设，完善内部监督和自律机制，规范慈善组织活动，加强慈善活动的监督，防止慈善事业偏离道义共享的正确方向。

第四节　共享发展理念的民生意蕴

全面建成小康社会要求全体人民生活水平普遍提高，但全面建成小

① 孙迎联：《收入分配机制：共享发展视野下的理论新思》，《理论与改革》2016年第5期。

康社会突出的短板主要在民生领域，发展不全面的问题很大程度上也表现在不同社会群体的民生保障方面。推进共享发展，解决民生问题是一项紧迫的任务和要求。我国的发展成就已经为民生问题的解决提供了物质与精神条件。马克思说："任务本身，只有在解决它的物质条件已经存在或者至少是在生成过程中的时候，才会产生。"① 民生问题只有通过不断的发展才能解决。共享发展理念本身涵摄了民生意蕴，直接现实来源是民生矛盾问题，可以说是民生难题倒逼了共享发展理念的产生；共享发展理念的提出体现了民生改善的目标导向，明确了破解民生难题的途径和方法。

一、共享发展理念涵摄的多层次民生意蕴

共享发展理念涵摄了多层次的民生意蕴，需要基于不同层次的理论内涵予以认识。

（一）让最大多数人受益的普惠性民生

共享发展不是少数人的共享，而是全民共享，是让绝大多数人都能受益的共享。普惠性民生是对人们生存发展等基本权益的关怀，蕴含着对人性的尊重。"享有共同发展的权利和机会，是获得与自我实现相关的尊严价值的必要手段"②，是对人们切身利益的道德调节，蕴含着平等性。只有集中力量做好普惠性、基础性、兜底性民生建设，不断提高公共服务共建能力和共享水平，才能消除各种隐患，确保人民群众安居乐业、社会秩序安定有序。实践中，扩大普惠性民生要补齐公共服务、社会保障、社会治理方面的民生短板，不断提高公共服务共建能力，确保人民群众安居乐

① 《马克思恩格斯选集》第 2 卷，人民出版社 1995 年版，第 33 页。
② 张艳涛、张瑶：《"共享发展"：当代中国发展的目标和归宿》，《前线》2017 年第 6 期。

业、社会面貌安定有序，促进人群间的友好与和谐。

（二）以宽容和妥协为核心的包容性民生

共享发展是要纠偏现实中改革发展成果的不平衡、不协调之状况，协调不同利益主体的矛盾与冲突，特别是要惠及弱势群体和欠发达地区。共享是人际宽容、妥协、友善的内在诉求。协调各种矛盾与冲突，除了依靠法治、制度等强制性的手段之外，大量的社会生活内容还需要道德协调等柔性手段。“共享发展理念蕴含‘和’的传统文化基因，体现了中华文明谦和、包容、自强的宝贵品质与帮扶济世的传统精神。”① 法治与德治是相互制约、相互补充的。也就是说共享发展的利益协调不能完全依靠法治、制度等强制性要求，而需要人群间充分的疏导与协商，以宽容和妥协为核心的包容性民生是处理共享发展过程中利益问题的一种重要手段。但宽容和妥协不是无原则的，没有底线的。因此，要“明确宽容妥协的限度，培养宽容妥协的意识与自觉，并建立健全相应的制度框架，以维护平等、自由原则，保证宽容妥协在有序的状态下得以彰显。”②

（三）以提升发展能力为关键的益贫性民生

不容否认的是，当下的中国，出现了一些弱势群体，尤其是贫困地区的贫困人口，其生产生活还很困难。推进共享发展，必须坚决打赢脱贫攻坚战。如果贫困地区长期贫困，人民群众生活长期得不到明显提高，那么社会主义制度的优越性就难以真正体现。打赢脱贫攻坚战，不能停留于表面，而要帮助贫困人口脱贫，这就必须将脱贫与致富统一起来。“个人在社会分配、制度设计等方面受到了制度上的差别对待，以至于个人‘免于

① 玉素萍、林春逸：《共享发展的发展伦理意蕴及实践》，《广西师范大学学报》2017年第6期。

② 张喜红：《包容性改革：改革发展成果共享的内在情怀》，《学习与探索》2017年第12期。

贫困’的能力欠缺。”[①] 提升贫困人口发展能力，要考量是否有利于贫困户真正脱贫。益贫性民生关注如何充分调动贫困户的积极性，让其充分参与到产业中来，在发展中提升能力；加强教育扶贫，排除阻碍劳动者参与发展、分享发展成果的障碍，让劳动者实现自我创造、体面劳动、全面发展。益贫性民生注重提升弱势群体的发展能力，是要真正保障人们在经济利益基础上的发展权利平等，让所有社会成员都被其他成员一视同仁地对待。

（四）以保障人们共享成果的公平正义性民生

共享发展就是为了追求公平正义，增进人民福祉，实现共享成果。反过来说，没有公平正义的制度安排，也就不可能实现共享发展。如果社会发展、物质丰富，但贫富悬殊很大，社会不公平，两极分化，就难以凝聚人心。共享发展必然蕴含着公平正义性的民生。从社会层面看，需要建立公平正义的制度。在民主的社会里，公平正义的制度要经过社会成员的平等协商，反映不同群体的意愿和利益需求。民主的发展有助于民生的实现，要“通过发展民主来促进和改善民生，通过权力的共享和权利的保障来促进发展成果的共享。”[②] 公平的制度实质在于保障所有社会群体在公共事务中享有平等的话语权、参与权和监督权。但再好的制度一旦制定出来，也需要人的内心遵从与执行，更何况社会生活内容是变化发展的，一定时期制度也难以涵摄全部的社会生活领域。“制度善为个体善提供一个现实的环境与基础，制度善又有赖于个体善，制度善与个体善是一体两面之存在。”[③] 因此，从个体层面看，需要加强道德建设，强化共享发

① 刘晶：《共享发展理念的民生导向》，《人民论坛》2017 年第 12 期。

② 虞崇胜、周理：《民主与民生——共享发展政治学的深层逻辑》，《江苏行政学院学报》2017 年第 1 期。

③ 高兆明：《制度公正论——变革时期道德失范研究》，上海文艺出版社 2011 年版，第 355 页。

展、公平正义的宣传教育，促使每个人保持并不断增强共享成果的公平正义感。共享发展蕴含的公平正义性的民生观，有利于全社会公平正义感的培育。

（五）以提升生活幸福感、获得感的共享性民生

共享发展需要倡导共享性民生。从动物属性看，人本身就是群体性动物；从社会属性看，人不是抽象的存在。动物属性是人性之基础，人的本质属性是其社会属性。共生是共享的基础，共享则是人们更高级的具有社会意义的生活方式。人的原初意义上的动物属性决定了人只有保持群体性的共生、相互依存才能存活延续；人的本质意义上的社会属性决定了人不能没有自己所属的某种共同体或集团，不能缺乏理想的共享生活之追求。社会属性决定了人走向社会生活的必然性，这也决定了人与人之间除了利益竞争外，还需要利益上的合作互惠与道德情感上的融通互助。只有在互利互惠的体系中才能认同自我对社会的归属；只有在社会交往合作中相互满足各自需求实现自我愿望，才能产生获得感、满足感、幸福感。共享发展谋求建立共同体意识，谋求人们在相互协作中共生、共享、共赢。人们必须在群体中、在合作中才能得以生存发展，但“合作创造了更大收益，却又因此引发分配不公而导致冲突。”① 共享发展机制要求人们在合作中追求自我利益的同时兼顾他人的权益和需求，以共享来化解矛盾冲突。既通过市场经济保护人们各个层次的民生需求，着力构建公平公正、共建共享的发展新机制，确保平等的发展机会让人们自我选择中实现个体价值，让经济发展更具包容性，又为人们提供基本的民生保障，确保人们享有更高层次民生水平的机会和能力。

① 赵汀阳：《天下的当代性：世界秩序的实践和想象》，中信出版社 2016 年版，第 9 页。

二、共享发展理念契合了民生改善的诉求

改革开放以来，中国的发展成就是举世瞩目的。但与此同时，快速发展的中国，也出现了许多难以预料或一时无法解决的难题。其中一个突出的问题是民生建设形势严峻、问题繁杂，呈现出结构性、累积性等问题。同时，随着经济的快速发展，人民群众民生需求的水平也在不断提升，主要体现在需求质量的提升与需求内容的拓展两个方面，但社会的整体发展难以满足人民群众不断提升的民生需求。

就经济发展本身而言，出现了经济发展的不平衡问题，尤其是人们收入和财产上的不平等问题比较突出。2015 年 12 月 31 日，北京大学中国社会科学调查中心发布了《中国民生发展报告 2015》，该报告显示，据 CFPS2012 资料估算，2012 年，全国居民收入基尼系数约为 0.49，大大超出 0.4 的警戒线。财产不平等的程度更加严重。中国的贫富差距在快速拉大，利益公平分配问题日益凸显，物质上的差异直接影响到部分人群的民生基本需求。

相对于经济的快速发展而言，政治、文化、社会、生态发展显得相对滞后。这就造成了人们的民生需求发生了很大变化。民生工作面临的宏观环境和内在条件都在发生变化，过去主要是满足人民群众的基本需求，而现在人民群众有收入、医疗、教育、住房、环境等更多高层次的需求。在民主政治权利方面，民主政治、法治建设还不完善，导致人们合理权利、合法权益还没有完全得到保证；在教育机会、文化产品方面，教育、文化资源分配不均，导致部分群体没有享受公平的教育机会和文化产品供给；在社会保障、医疗健康方面，社会保障覆盖面尚不够宽、保障水平不够高，直接影响到人们生活水平的提升；在生态环境、安全生产方面，生态污染问题比较严重、安全生产问题也频频产生，人们的生态权益、食品安全、劳动者的生命保障等问题还没有完全得以解决；在就业方面，整个社

会尤其是大学生的就业形势还很严峻，存在很多大学生“被就业”的问题。

我国的民生建设问题越来越凸显。从民主政治权利、教育机会、文化产品、社会保障、医疗、生态环境、安全生产、就业保障等方面的现实问题看，民生需要与民生供给之间的矛盾愈发凸显。从社会民生建设实践看，客观上存在着对民生工作轻视、短视的现象，存在民生不公、民生寻租等一系列问题，民生建设效果不甚显著。因此，如何破解民生难题成为当前及今后一段时间我国发展中面临的重大课题。

当下，有很多学者将民生问题视为社会（狭义）建设的重要内容，寻求解决的路径也主要局限于社会视域，这种看法是很狭隘的。我们认为，社会建设只能解决民生建设的一部分问题，但难以化解民生领域的深层次矛盾、无法解决人们日益增长的民生需求。应该说，我国民生问题本质上是一个经济、政治、文化、社会、生态、法治等多方面相互交织、相互渗透、相互影响的问题，解决中国面临的民生问题是一个系统的工程，这一工程需要科学理论的指导以及先进理念的引导，需要系统的改革去推动，需以整体的发展为前提。

共享发展理念的提出，契合了人民群众对民生改善的诉求。共享发展强调了共享与发展的统一，表明经济社会发展的目的就是共享，而共享在根本意义上主要就是民生领域的共享。“共享发展把发展和民生纳入到整体协同的框架，兼顾了发展与民生的个性与共性、对立性与统一性，实现了发展与民生的统筹兼顾、共融共生。”[①] 这样，共享发展将国民素质的提高、民生的改善与经济社会发展、科技进步等紧密联系起来，既凸显民生建设的重要性，又提出应对民生问题的方法与路径，实现民生与经济的互动双赢与协同共进。因此，在整个发展过程中，都要注重民生、保障民生与改善民生。

① 韩喜平、孙贺:《共享发展理念的民生价值》,《红旗文稿》2016 年第 2 期。

三、共享发展理念指出了发展的民生导向

习近平同志指出，保障和改善民生是一项长期工作。共享发展理念指出了发展的民生导向，正确处理好利益关系，着力解决好人民群众最关心最直接最现实的利益问题；改变重经济增长轻民众福利的倾向，重点解决好民生困境；提升发展质量，尽力满足人们美好生活的需要。

（一）民生问题的根本在于利益，共享发展就是处理好利益关系，着力解决人民最关心最直接最现实的利益问题

民生问题的根本在于利益的满足与协调。从现实层面而言，要切实解决人民群众反映强烈的利益需求、利益矛盾问题，对民生领域的难题进行突破，对民生领域的改革发展进行新的布局。

以民生导向的要求推动改革、促进发展，必须处理好利益关系。一是利益的整合协调，使其达到大致的均衡。共享发展中着力支持贫困地区、落后区域加快发展，把革命老区、民族地区、边疆地区等作为脱贫攻坚重点，加大对特殊困难地区的投入、对特殊贫困人群的支持力度。均衡配置各个区域教育、医疗、福利保障、交通信息资源，保障公共利益。二是利益的法治规范。在生态、医疗健康、食品等关系民生利益的领域加大法治规范力度，加大查处民生领域违法犯罪的力度，对民生利益受到损害的民众及时给予补偿。三是利益的增进共赢。发展是解决一切问题的根本，共享发展坚持一切从实际出发，以共建共享加快关系群众切身利益等方面的民生建设，使得人民群众在共建共享中获得共赢。

（二）民生问题的目的在于提高生活水平，共享发展就是改变重经济增长轻民众福利的倾向，着力解决民生困境

关注民生、保障民生、改善民生，是共享发展的重要内容。“中国共

产党人干革命、搞建设、抓改革，从来都是为了解决中国的现实问题。”[①]共享发展从解决好人民群众的民生难题、破除民生困境出发，以发展促进共享，改变重经济增长轻民众福利的倾向，努力提高人民群众的生活水平。

民生连着民心，民心关系国运。中国社会主义制度自建立以来，始终坚持民生导向，不断改善人民生活，也由此赢得了人民的信任与拥护。但与此同时，新时代我国经济社会发展中，对于民生保障与改善一些人还存在落后的思想，实践上也存在与时代发展、人民需求相滞后的问题。突出体现缺乏正确的民生利益观，经济发展至上、利润导向盛行，对民生保障、民生改善重视不够，民生问题解决还任重道远。国内外经济发展的经验教训也表明，单纯追求经济增长的发展模式，而不重视收入分配和改善民生，经济发展不可能具有持续性。当然，民生保障改善问题是长期积累的，其解决过程也不是短期所为。共享发展将共享与发展紧密联系起来，将民生保障与改善提升到同经济发展一样的高度对待，增强了民生问题解决的重要性与紧迫性。随着我国共享发展的逐步推进，可以有效扭转脱离民众基本利益、片面追求发展速度的错误倾向，扎实推进民生建设。

民生领域的制度困境是共享发展中的攻坚重点。一方面，应通过发展经济，为持续改善民生奠定坚实的物质基础；另一方面，应通过持续不断改善民生，为经济发展创造更多有效需求，实现两者间的良性循环。改革与发展紧密关联，深化民生领域的改革，是保障和改善民生的重要动力。共享发展的过程，就是要通过改革，敢于涉险滩、破难题，克服民生陷阱和民生困境，完善教育、医疗、住房、社会保障、养老等多方面的制度体系。

① 《十八大以来重要文献选编》上，中央文献出版社 2014 年版，第 497 页。

（三）民生问题的目标在于实现人民幸福，共享发展就是提升发展质量，满足人们美好生活的需要

民生问题的目标在于实现人民幸福。共享发展要不断提升发展质量，增强人们的满意度、获得感、幸福感，满足人们的美好生活需要。

满足人们美好生活的需要，前提是要有充分的高质量的物质与精神产品。协调推进“四个全面”战略布局，才能更好地保障高质量的发展。从民生建设的视角看，“四个全面”战略布局的提出，就是要解决有碍于满足人们美好生活需要的经济发展方式问题，更突出地解决以改善民生为重点的社会建设问题。全面建成小康社会是民生建设的阶段性目标，是全国各族人民物质生活和精神生活都显著改善的全面小康；全面深化改革破除民生建设体制机制弊端，是民生建设的根本动力；全面依法治国是促进社会公平正义、增进人民福祉的重要保障；全面从严治党是坚定实现中国梦、实现人民群众民生幸福的组织领导保证。只有按照“四个全面”的战略布局，才能更加扎实提升发展质量、推进民生发展、实现人民幸福。

四、共享发展理念开创了民生改善的路径

共享发展理念不仅指出了当前民生建设的基本思路和推进路径，而且对于未来我国民生发展的态势具有前瞻性的预测和战略性的安排。

（一）民生建设的战略性安排

首先，民生建设的科学规划。民生工程不是一句口号，而需要基于战略高度进行科学规划，增强民生事业的自觉性展开。党的十九大报告首次把民生事业上升到国家治理层面的战略高度上，提出了新时代民生建设的任务和目标。

共享发展内在地包含着科学规划民生建设事业，从全局高度观察和处理问题，统筹推进各项民生事业。一是努力补齐民生建设的短板。在当下缺乏的但人民群众亟须的民生项目上不断取得新进展。二是缩小民生建设的差距。对地区之间、群体之间差距过大的民生项目，通过深化改革使之缩小到更加合理的范围，减少社会排斥与社会对立，着力解决民生事业发展不平衡不充分问题。三是拓展民生建设的范围。积极回应人民群众对美好生活需要的期盼，促使民生项目实现全面覆盖与全员覆盖，促进民生事业更加公平、更可持续的建设。

其次，民生建设的持续推进。民生建设不能是短期行为。一段时期以来，人们往往从经济发展的补充、社会矛盾的化解、社会问题的解决等方面去理解并开展民生建设，似乎民生事业只是为了解决下岗职工再就业问题，认为经济发展了民生问题自然就不存在了。观念的落后导致行动的偏差或迟缓，进而导致民生事业发展不持续，民生建设滞后于经济的发展。

共享发展将民生建设视为重要内容。将民生事业视为经济、社会、文化等建设不可分割的常态组成部分，有利于全面推进民生建设。共享发展将民生建设贯穿其全部过程，有利于民生事业的可持续推进。共享发展将民生建设作为检测其成效的重要方面，有利于增强各级政府的责任心，主动积极地推进，防止民生建设上的失误、弯路甚至错误。

最后，民生建设的稳健实施。民生建设不是完全靠主体热情、更不是完全靠主观愿望去推动实现的。首先，民生建设需要准确的定位。民生建设的目标要因时而为、因地制宜，依据财力，切合实际，既不可盲目攀高，也不可滞后时代步伐。其次，民生建设应该稳步地推进，需要有具体的规划、适宜的步骤、适当的措施，注重贯彻执行、落实到位。最后，民生建设应讲究效益。民生建设要与经济、社会建设结合起来，争取以最小的成本达成最大实效。通过稳健实施，推进民生事业渐进发展，避免各种形式主义的做法。

（二）民生保障的协调性推进

对于民生保障，过去我们都仅强调政府的作用，但政府的力量是有限的，仅依靠政府的作用发挥是远远不够的，必须借助于市场的力量。共享发展拓宽了实践视野，将政府的作用与市场的功能结合起来，协调推进民生保障工作。

政府的作用有其明确定位。政府主要是在坚持社会政策托底方面发挥主导作用，“要按照人人参与、人人尽力、人人享有的要求，坚守底线、突出重点、完善制度、引导预期，注重机会公平，着力保障基本民生。”① 党的十九大报告明确提出保障和改善民生必须“坚守底线”，尤其要守住政府的责任底线，明确政府在社会保障项目及其待遇与水平等方面承担的责任，使得民生项目覆盖民众生活的各个方面，民生待遇解决人们的基本生活需要。突出重点，就是对重点群体和重点地区要有所侧重，在民生项目全覆盖、地区全覆盖的基础上努力实现人员全覆盖及服务全覆盖。完善制度，就是形成系统全面的制度保障，使得制度更加公平、普惠与可持续，切实保障民众权利。“要从根本上解决民生和民富问题，必须充分认识到权利是实现民生和民富的前提和保障”。② 引导预期，就是形成良好的社会氛围，使得民生建设成为党和政府工作的方向，成为人民群众的奋斗目标，不断增强民众的获得感。

市场有其特殊的功能，市场调节机制在民生改善问题方面发挥补充和完善作用。有学者指出，“一方面，市场经济自身运行机制客观上促使发展成果按照‘中心—外围’的路径惯性反作用于市场中的参与体，经

① 《习近平总书记系列重要讲话读本》，学习出版社、人民出版社 2016 年版，第 215 页。

② 虞崇胜、周理：《民主与民生——共享发展政治学的深层逻辑》，《江苏行政学院学报》2017 年第 1 期。

济发展带来的外溢效应、益贫效应和涓滴效应减缓了政府保障民生的财政压力；另一方面，市场产品的丰富性刺激了民生需求的多元化，并在一定程度上提升了民生发展的层次和格局。”[①] 但市场受着资本的控制、牵引，完全依靠市场不可能主动改善民生。如果没有对市场的合理规制与引导，市场在一定时期很有可能偏离民生发展的轨迹，甚至违背民生发展的方向。提出共享发展理念，可以更好地发挥政府的宏观调控作用，保障市场经济沿着有利于民生改善的方向发展。这样，既可以发挥政府在民生保障中的主导作用，又可以发挥市场在民生改善中的基础性作用。总之，要依靠市场与政府两大机制的协同推进，实现经济发展和民生改善的良性循环。

① 韩喜平、孙贺：《共享发展理念的民生价值》，《红旗文稿》2016 年第 2 期。

第二章　共享发展理念的理论定位与实践价值

共享是中国特色社会主义的本质要求，共享发展以创新、协调、绿色、开放发展为前提，其本身也成为其他发展方式的目的与归宿。探索规律、认识规律、遵循规律，才能更好地改造社会、改造世界。共享发展理念从执政使命、执政基础、执政方式、执政能力等方面深化了共产党执政规律认识，成为我们党执政兴国的行动纲领；从本质特征、科学发展、制度完善、人民主体等方面深化了对中国特色社会主义建设规律的认识，成为社会主义建设的实践遵循；从发展目的论、整体论、合力论、阶段论等方面丰富、深化了人类社会发展的普遍规律，为人类探索科学社会主义道路提供了中国智慧、中国经验与中国方案。

第一节　创新、协调、绿色、开放发展与共享发展

党的十九大报告指出："发展是解决我国一切问题的基础和关键，发展必须是科学发展，必须坚定不移贯彻创新、协调、绿色、开放、共享的发展理念。"[①] 共享发展理念具有鲜明的系统思维，突出体现在科学把握五

① 习近平：《决胜全面建成小康社会　夺取新时代中国特色社会主义伟大胜利——在中国共产党第十九次全国代表大会上的报告》，人民出版社 2017 年版，第 21 页。

大发展理念相互贯通、相互促进的整体关联以及实践中的全面、协同和整体推进上。

一、共享发展以创新、协调、绿色、开放发展为前提

坚持新的发展理念、实施新的发展方式，是关系我国发展全局的一场深刻变革。共享是中国特色社会主义的本质要求，围绕共享发展，创新、协调、绿色、开放发展具有各自独特的价值，对其都具有促进作用。

（一）创新为共享发展提供内生动力

第一，共享发展要求社会发展有“量”的积累。共享发展总是以社会物质生产力发展到一定程度为前提。只有在生产力发展水平达到满足所有人基本需求的前提下，才有真正意义上的共享可能。没有生产力的发展，没有物质、精神财富“量”的一定程度的积累，共享发展就只能是奢谈。创新是引领发展的第一动力，是建设现代化经济体系的战略支撑。创新为共享发展提供恒久的内生动力，只有依靠创新，才能更好地推进社会快速、高效、持续发展。“抓住了创新，就抓住了牵动经济社会发展全局的‘牛鼻子’。”[①] 因此，要依托创新发展，不断推进理论、制度、科技、文化等各方面的创新，以创新引领、推动社会发展，不断增进共享发展所需的物质财富与精神财富。

第二，共享发展要求社会发展有“质”的提升。随着社会的发展，人们对生活质量要求越来越高，共享发展有个不断提升的过程。目前，我国经济整体素质还不高，离人们对高质量生活水平的要求还有一些距离。我国科技创新能力还不够强大，粗放型的生产方式亟待扭转。只有以重大科

① 《十八大以来重要文献选编》下，中央文献出版社 2018 年版，第 157 页。

技创新为引领，加快科技创新成果向现实生产力转化，才能不断增强我国经济整体素质；只有以创新驱动推动社会发展，不断提高经济发展质量和效益，才能生产出更多更好的物质与精神产品，从而满足人们对共享质量不断提升的需求。

（二）协调为共享发展提供平衡路径

第一，共享发展要求全民共享，需要解决区域、城乡、行业等发展不平衡问题。我国发展中不平衡、不充分是一个突出问题，严重制约了全民共享的实现。在我国经济发展水平落后的情况下，为了解决人民群众的温饱问题，主要任务是经济的快速发展，但经济快速发展后，就要注重社会发展的整体关系、整体效能，否则“木桶”效应就会愈加显现，出现一系列社会矛盾。实现全民共享，需要基于当前突出的问题，着力推动区域、城乡的协调发展，以均衡发展促进共享发展。当然，平衡是相对的，不平衡是绝对的。协调发展注重发展的机会公平、资源的配置均衡。

第二，共享发展是全面的共享，需解决经济、社会、文化、生态，物质文明和精神文明等发展不平衡问题。全面共享以社会的全面发展为前提，而当下我国社会、生态文明等方面的建设还相对滞后，尤其是生态建设是一个短板，严重制约了共享发展的实现。实施协调发展，既要善于破解难题、及时补齐短板，又要巩固和厚植原有优势，使得两方面相辅相成、相得益彰。协调发展主要是找出发展中的短板问题，努力补齐短板，通过补齐短板挖掘发展潜力、增强发展后劲。因此，从全面共享出发，需以各方面的平衡缓和冲突与矛盾，以协调发展为共享发展提供平衡路径。

（三）绿色为共享发展提供环境支撑

第一，共享发展以生态生产所指向的自然资源为根本前提。社会生产力的发展离不开人们的生产实践活动、离不开全面生产。有学者曾指出，

“既然自然界对人的生存和发展包括对人的物质生产活动起着前提性的基础作用，这就意味着，在马克思全面生产的理论中，应当包括着生态生产。”[①] 生态生产所指向的自然资源是全面生产的基础，只有全面生产，方可推动生产力的进步，促进共享发展。因此，自然资源是共享发展的前提。要正确处理好经济发展同生态环境保护的关系，不能以牺牲环境为代价去换取所谓的经济增长。只有依托绿色发展，把生态文明建设融入经济建设、政治建设、文化建设、社会建设各方面和全过程，才能更好地推进共享发展。

第二，共享发展的质量提升以优美的自然环境为保障。随着社会发展水平的提升，人们对自然环境质量、对适宜人居环境、对生态美的要求越来越高。绿色发展是人类社会发展的核心和本质，没有绿色发展就没有人类的幸福。共享发展的质量提升以优美的自然环境为保障，优美的自然环境为人们提供生态美的精神享受。生态环境在群众生活幸福指数中的地位不断凸显，成为人民生活质量的增长点。“我们要建设的现代化是人与自然和谐共生的现代化，既要创造更多物质财富和精神财富以满足人民日益增长的美好生活需要，也要提供更多优质生态产品以满足人民日益增长的优美生态环境需要。”[②]

（四）开放为共享发展提供共赢空间

第一，共享发展要求国家发展顺应时代潮流，深度融入经济全球化。经济全球化是人类社会发展的必然趋势。开放是国家繁荣发展的必由之路。作为一个发展中国家，我国应坚持开放发展理念，更加注重学习吸收世界各国人民创造的优秀文明成果；构建广泛的利益共同体，同世界各国

① 邱耕田：《从全面生产理论看“绿色化”》，《学习时报》2015年11月2日。

② 习近平：《决胜全面建成小康社会 夺取新时代中国特色社会主义伟大胜利——在中国共产党第十九次全国代表大会上的报告》，人民出版社2017年版，第50页。

相互借鉴、取长补短、资源共享，充分运用人类社会创造的先进科学技术成果和有益管理经验，获取互利共赢的国际环境。坚持开放发展理念，积极参与全球经济治理，以开放带动创新、推动改革，进一步推进共享发展。

第二，共享发展要求拓展共赢空间，为每个人的发展创造条件。共享发展不仅应满足人的物质、精神需求，还应为人的素质提升、能力增强、价值成就感的获得创设条件。马克思指出，“一个人的发展取决于和他直接或间接进行交往的其他一切人的发展”。[①] 坚持开放发展，在普遍交往的过程中有利于克服狭隘的地域性的局限，扩大人的自由度和发展程度。在开放的共赢空间里，让人们广泛参与全球化的生产和消费，共享全球经济、科技、文化等成果，利用人类文明成果发展自己，实现文明共享。“人的发展的全面性必然包含着社会交往的普遍性。”[②] 在开放发展中扩大人们的社会交往，丰富人们的社会关系，拓展人们的发展舞台；在交往中促进人与人之间的相互学习、相互促进，更好地促进人的发展。

二、创新、协调、绿色、开放发展以共享发展为归宿

社会发展不是目的，不能为了发展而发展，发展是为了让人们更好地共享。因此，创新、协调、绿色、开放发展以共享发展为目的与归宿，共享发展为创新、协调、绿色、开放发展提供了价值引领、需求动因与目标方向。

（一）共享发展为创新、协调、绿色、开放发展提供价值引领

共享发展理念坚持了以人民为中心的发展思想，反映了坚持人民主体

① 《马克思恩格斯全集》第 3 卷，人民出版社 1960 年版，第 515 页。
② 丰子义：《马克思主义社会发展理论研究》，北京师范大学出版社 2012 年版，第 262 页。

地位的内在要求，彰显了人民至上的价值取向。共享发展理念科学回答了在新的历史条件下人是发展的根本目的问题，解决了发展为了人民、发展依靠人民、发展成果由人民共享的紧密联系的三个方面问题。

首先，发展为了人民的价值追求。坚持创新、协调、绿色、开放发展新理念，必须贯穿发展为了人民的价值追求。共享发展以保障和改善民生为重点，保证人民平等参与、平等发展权利，把实现人民幸福作为发展的目的和归宿，把人民是否共享作为衡量一切工作是非得失的标准。坚持创新、协调、绿色、开放发展新理念，必须以共享发展为价值引领，贯穿发展为了人民的价值追求。要把保障和改善民生、促进公平正义、实现人民幸福作为衡量创新、协调、开放、绿色发展成效的重要标准。

其次，发展依靠人民的价值依循。坚持创新、协调、绿色、开放发展新理念，必须贯穿发展依靠人民的价值追求。共享发展包含着共享共建，共享与共建内在统一。坚持人民的主体地位内在要求要相信人民群众、紧紧依靠人民群众。“把人民对美好生活的向往作为奋斗目标，依靠人民创造历史伟业。”① 人民群众是我们力量的源泉，共享发展内在要求全民参与共建。坚持创新、协调、绿色、开放发展新理念，必须以共享发展作为价值引领，贯穿发展依靠人民的价值追求。只有充分调动全体人民参与推动各个领域发展的积极性、主动性、创造性，国家发展才能具有最深厚的伟力。

最后，发展成果由人民共享的价值诉求。坚持创新、协调、绿色、开放发展新理念，必须贯穿发展成果由人民共享的价值追求。共享发展要求从解决群众最关心最直接最现实的利益问题入手，全面提高共建能力和共享水平，满足老百姓多样化的民生需求。共享发展坚持社会公平正义，着力解决人们共建共享过程中的机会公平、规则公平、分配公平问题。坚持

① 习近平：《决胜全面建成小康社会　夺取新时代中国特色社会主义伟大胜利——在中国共产党第十九次全国代表大会上的报告》，人民出版社2017年版，第21页。

创新、协调、绿色、开放发展新理念，必须以共享发展作为价值引领，贯穿发展成果由人民共享的价值追求。通过创新、协调、绿色、开放发展，提高经济发展质量和效益，做出“大蛋糕”，也做出“好蛋糕”，不断满足人民日益增长的物质文化需要。

（二）共享发展为创新、协调、绿色、开放发展提供需求动因

人是社会发展的主体，历史是人自己创造的，社会发展是人的发展的具体体现。“创造这一切、拥有这一切并为这一切而斗争的，不是‘历史’，而正是人，现实的、活生生的人。”[①] 所有的发展都需由现实的人这一主体而推动。人的利益需求是社会发展的内在动因，离开了人的利益需求，就无法理解社会的发展。共享发展强调人人共享，最为根本的是共享一定时期社会所创造的物质和精神利益。正是共享发展所“共享”的物质和精神利益成为创新、协调、绿色、开放发展内在的需求动因。

人的利益需求不是静止不变的。从总体上看，人们的利益需求水平与社会发展进程呈现一致的关系。“人的发展总是通过利益的维护和肯定而得以实现的。……利益被维护到什么程度，人的发展也就达到什么程度。”[②] 随着社会的发展，人们的利益需求也在不断增长。在社会主义初级阶段，共享发展首先要满足所有人的基本需求、基本共享，其次还要解决比例共享问题，满足市场经济条件下人们多样化、多层次的需求。提出创新、协调、绿色、开放发展新理念，就是为了落实以人民为中心的发展思想，更好地促进社会发展与人的发展的有机统一，满足人们利益需求不断增长的要求。

人的需要首先是物质需要，但物质需要不是人的需要的全部，还有很多其他方面的需要。马克思说：“吃、喝、性行为等等，固然也是真正

① 《马克思恩格斯全集》第2卷，人民出版社1957年版，第118页。
② 丰子义：《马克思主义社会发展理论研究》，北京师范大学出版社2012年版，第258页。

的人的机能。但是，如果使这些机能脱离了人的其他活动，并使它们成为最后的和唯一的终极目的，那么，在这种抽象中，它们就是动物的机能。”[①] 社会发展不可能仅仅是经济发展，而必然是政治、文化、社会、生态等全面的发展。提出创新、协调、绿色、开放发展理念，就是为了遵循社会的全面性、开放性、持续性、发展性要求，充分尊重人的自然属性和社会属性，满足个人在政治、经济、文化、社会、生态等各方面的利益需求。

（三）共享发展为创新、协调、绿色、开放发展提供目标方向

改革开放近40年以来，经济发展的“蛋糕”虽然做大了，但收入分配不公问题比较突出，人群间存在很多不和谐因素。同时，在人与自然关系方面也存在突出的矛盾与冲突。“我们也积累了大量生态环境问题，成为明显的短板，成为人民群众反映强烈的突出问题。”[②] 提出共享发展就是为了促进人与人、人与自然的和谐，进而促进人的全面发展。

共享发展追求人与人的和谐。实现人与人的和谐，需要在贯彻落实新发展理念中夯实实现和谐问题的基础，创设充足条件来化解矛盾和风险。当今世界，经济社会发展越来越依赖于理论、制度、科技、文化等领域的创新。创新发展的一个重要目标是提高发展的质量和效益，为解决人与人的和谐问题奠定雄厚的物质基础；当下时代，社会发展的整体性越来越高，需要全面、协调、平衡、兼容发展。协调发展的重要任务是着重处理好局部和全局、当前和长远、重点和非重点的关系，着力推动区域协调发展、城乡协调发展、物质文明和精神文明协调发展，解决因“木桶”效应而带来的一系列社会矛盾。如今世界，全球联系越来越紧密，人类实际上是一个利益攸关的命运共同体。开放发展的主要目标就是努力构建人类命

① 《马克思恩格斯全集》第42卷，人民出版社1979年版，第94页。
② 《十八大以来重要文献选编》下，中央文献出版社2018年版，第164页。

运共同体，大力提升对外开放水平，用好国际国内两个市场、两种资源，在互利共赢的国际环境中促进人与人的和谐。

共享发展追求人与自然的和谐。人与自然是一种共生关系，没有人与自然的和谐就无法实现共享发展。我国资源约束趋紧、环境污染严重、生态系统退化问题十分严峻，在环境领域产生了众多民生矛盾。提出绿色发展，就是为了坚持节约资源和保护环境的基本国策，走生产发展、生活富裕、生态良好的文明发展道路，加快推进美丽中国建设。这些完全符合共享发展对构建人与自然和谐关系的目标追求。另外，实施创新发展，逐步改变粗放型的落后生产方式，实现集约型生产方式，有利于消除人与自然的紧张关系；实施协调发展，有利于经济、文化、社会、生态建设的有机统一，为绿色发展提供合力支撑，进而促进人与自然的和谐；实施开放发展，有利于充分发挥人类的智慧与能量，通力合作共同治理全球环境问题，也能为我国环境问题的综合治理提供便利条件，从而缓解人与自然的矛盾。

共享发展追求人的全面发展。共享发展最根本的目的是在人与人、人与自然和谐基础上促进人的全面发展。促进人的全面发展，需要通过创新、协调、绿色、开放发展来着力创设丰富的资源、扩大人的活动空间、增进人自由选择的权利和能力。马克思和恩格斯提出："只有在共同体中，个人才能获得全面发展其才能的手段，也就是说，只有在共同体中才可能有个人自由。"① 马克思阐述的是未来共产主义社会共同体对实现人的全面发展的价值，对于当今时代促进人的发展具有重要启示意义。共享发展要求人们以利益为基础而联结形成紧密的享用共同体，创新、协调、开放、绿色发展同样要求构建责任共同体、利益共同体、发展共同体等不同类型的共同体。在共同体中发挥人际合力努力增进社会整体利益，促使个人、

① 《马克思恩格斯选集》第1卷，人民出版社1995年版，第119页。

社会、国家利益相互统一，以服务于促进人的全面发展这一根本目的。

第二节　共享发展理念与中国共产党执政规律

探索规律、认识规律、依循规律，才能更好地改造社会、改造世界。中国共产党在长期执政实践中积累了丰富的执政经验，形成了系统的执政理论，不断深化了对共产党执政规律认识。党的十八大以来，我国全面推进共享发展，取得了历史性成就。共享发展从执政使命、执政基础、执政方式、执政能力等方面运用并深化了共产党执政规律认识，进一步赢得了党心民心，为新时代党的建设提供了新的价值遵循和新的实践思路。

一、坚持共享发展以决胜全面建成小康社会、进而实现中华民族伟大复兴中国梦，深化了对党的执政使命认识

执政使命是中国共产党最为远大、崇高的理想追求。如何建设一个崭新的社会主义强国，带领人民走向共同富裕、增进人民幸福，始终是中国共产党人肩负的历史责任与承载的伟大使命。中国共产党的执政使命与其他政党的执政使命有着最为本质的区别，这是深化对执政规律认识必须掌握的首要问题。

（一）执政必须将党的历史使命与社会发展现实结合起来

理想信念是共产党人“政治灵魂”“安身立命的根本”“精神上的钙”。中国共产党人的初心和使命，就是为中国人民谋幸福、为中华民族谋复兴。“中国共产党一经成立，就把实现共产主义作为党的最高理想和最终

目标，义无反顾肩负起实现中华民族伟大复兴的历史使命”。① 这一历史使命感召人心、激发斗志、凝聚力量，是激励中国共产党人不断前进的根本动力。改革开放近40年来，在中国共产党的领导下，我国经济社会发生了历史性的巨变，取得了举世瞩目的成就，把曾经落后的中国建设成为一个对全世界具有重要影响力的现代中国。共享发展是全面建成小康社会的必由之路，是通向共同富裕的必经过程，也是实现中华民族伟大复兴之路中应有的科学发展方式。

“政党最核心的能力，是思想领导能力，就在它鲜明的宗旨信仰上面。”② 执政必须不忘初心，牢记使命，努力实现中华民族伟大复兴之路，但通向中华民族伟大复兴之路并不是一条平坦的大道。共享发展的推进过程，一是将坚定党的历史使命与社会发展现实有机结合起来。随着社会发展进程与社会历史时期的新变化，党的执政必须善于运用先进的理念引领发展、指导发展，避免掉入各种发展陷阱，为实现党的历史使命提供强大的物质基础与智慧之引。二是将客观规律与社会价值结合起来。发展必须遵循社会客观规律，以科学发展促使社会又好又快发展；发展必须坚持正确的价值取向，以包容性发展建立一个更加公平正义的社会。这样，将坚定党的历史使命与社会发展现实有机结合起来，最大程度实现合规律性与合目的性的辩证统一，使得通向中华民族伟大复兴之路更加坚实、更加开阔、更加顺畅，这些方面都是对党的执政使命认识的进一步深化。

（二）执政必须致力于实现人民对美好生活的向往

中国共产党永远把人民对美好生活的向往作为奋斗目标。中国特色社会主义进入新时代，社会主要矛盾发生了变化。实现人民对美好生活的向

① 习近平：《决胜全面建成小康社会　夺取新时代中国特色社会主义伟大胜利——在中国共产党第十九次全国代表大会上的报告》，人民出版社2017年版，第13页。

② 柴尚金：《变革中政党：国内外政党建设的经验与教训》，经济科学出版社2013年版，第71页。

往，必须逐步解决发展中的矛盾。坚持共享发展理念，依据人民需求的变化，确立差异发展的适度性推动均衡共享，不断缩小差距；实施创新、集约型发展方式，大力提升发展质量和效益，以全面、高质量的发展解决好发展不充分问题，不断满足人民群众美好生活的需要。

实现人民对美好生活的向往是党的历史使命应有之义。推进共享发展的过程，一是将目标与过程紧密结合起来。实现党的历史使命既面向未来崇高目标，也立足于现实人民的利益需求。“党代表最广大人民群众的根本利益”不是一句空话，而是贯穿于带领人民不断促进共享发展进而实现共同富裕的实际行动过程中。二是将理论与实践结合起来。党的伟大历史使命是党的执政理论构成内容，但并不是停留于抽象的理论宣传，而是将其贯穿于新时代中国特色社会主义发展的实践过程中。中华民族伟大复兴的进程植根于现实、扎根在当下，人民幸福的增进落实在群众实际行动中、现实生活里。

（三）执政必须保障人民的全面发展权益

历史唯物主义认为，社会发展的根本目的是实现人的全面发展。党的十九大报告指出，在全面建成小康社会的基础上，分两步走在本世纪中叶建成富强民主文明和谐美丽的社会主义现代化强国。全面建成小康社会是社会主义现代化强国的基础，这一“小康”必须是全民的小康、全面的小康、高质量的小康。共享发展作为全面建成小康社会的内在要求，是人民群众公平享受改革发展成果，每个人都会有获得感的全民共享；是经济、政治、文化、社会、生态等任何方面都不能缺位的全面共享；是保障人民群众拥有公平发展机会、平等参与权利的共建共享；是以提升人民共享水平为目的，促进生活质量不断提升的渐进共享。共享发展根本目的是促进人的全面发展，以共享发展引领社会的全面进步，保障人民全面发展的权益，渐进推动人的全面发展。

社会发展与人的发展是互为前提和基础的，社会发展推进人的全面发展，而人的发展反过来也利于推进社会走向全面发展。实际上，为中华民族谋复兴的进程同时就是不断促进社会全面发展与进步的进程；为中国人民谋幸福的进程同时也是不断促进人的全面发展的进程。推进共享发展，强调了发展与共享的紧密联系。一是阐清了党执政的动力来自于发展先进生产力，追求高效益、高质量的社会发展；二是阐明了党执政的根本目的是提升全民共享水平，保障全面的权益，不断促进人的全面发展；三是阐释了党执政的根本要求是以发展促进共享，以共享引领发展，实现发展手段与发展目的相统一、发展目标与发展动力相结合，保障一定时期社会发展与人的全面发展总体进程的一致性。共享发展的这些思想内涵既反映了中国共产党对发展理论的新突破，也深化了对党的执政使命认识。

二、共享发展坚持以人民为中心的发展，深化了对党的执政基础认识

坚持以人民为中心，立党为公、执政为民，践行全心全意为人民服务的根本宗旨，依靠人民创造历史伟业是党的根本价值立场。“一个政党，一个政权，其前途命运取决于人心向背。”[①] 一个全心全意为人民服务的政党、一个为了人民利益而奋斗的政党、一个与人民保持紧密血肉联系的政党必然地拥有人民群众最广泛的支持和最牢固的执政基础。如果失去正确的价值立场，党的工作出发点和落脚点会发生偏离，就难以得到人民内在、持久的支持。实践中要警惕“塔西佗陷阱”的效应，否则将危及党的执政基础和执政地位。

---

① 习近平：《决胜全面建成小康社会　夺取新时代中国特色社会主义伟大胜利——在中国共产党第十九次全国代表大会上的报告》，人民出版社 2017 年版，第 61 页。

（一）为了人民的执政价值

立党为公、执政为民作为中国共产党最根本的坚守，是中国共产党执政的本质体现。共享发展鲜明地体现了为了人民的执政价值。首先，共享发展体现了党在性质上的人民立场。中国共产党始终代表中国最广大人民的根本利益，坚持共享发展，站在发展为了人民的价值立场，是我们党始终代表最广大人民根本利益的鲜明体现。其次，共享发展体现了党在宗旨上的人民立场。全心全意为人民服务是党的根本宗旨，共享发展的过程就是全心全意为人民服务的过程。再次，共享发展体现了党的工作路线的人民立场。共享发展贯穿了“一切为了群众，一切依靠群众，从群众中来，到群众中去”的人民路线。最后，共享发展体现了党的政策的人民立场。党在不同历史时期所制定和实施的路线、方针、政策，反映了当时人民群众的根本利益诉求，共享发展正是对人民群众公平正义诉求的时代回应。

党的感召力、执政的正当性“首先在于构建一套清晰有效的价值体系。”[①] 在新的历史起点上，共享发展坚守“把人放在发展的最高位置”，既体现了执政理念的民生导向，也体现了党增进人民福祉的执政担当。共享发展立足于公平正义、促进共同富裕、提升人民幸福的价值立场，把坚持以人民为中心的发展作为一切发展的归宿；共享发展坚持在发展中保障和改善民生，把一切为了人民福祉作为发展不可动摇的目标；共享发展坚持走好服务群众“最后一公里”的实践导向，了解民情、反映民意、珍惜民力，把坚持以人为本作为发展的根本遵循。这些思想与实践都是对执政必须坚持为了人民内涵的具体化，丰富、深化了对党的执政基础认识。

---

① 柴尚金：《变革中政党：国内外政党建设的经验与教训》，经济科学出版社2013年版，第71页。

（二）依靠人民创造历史伟业的执政根基

唯物史观认为，人民群众对历史发展起决定作用。人民群众的支持和拥护是中国共产党的伟力之源。共享发展是共享与发展、共享与共建的统一，以共建推动发展，进而促进共享。首先，共享发展包含人们共建的责任意识。人民群众的价值共识、责任共识是自觉行动之前提。在全面推进共享发展过程中，以共享引领共建，让人们在利益一致的基础上形成内在的责任意识，在共享中达成价值观的共识，继而凝聚各方力量。其次，共享发展需要人们参与共建的自觉行动。以共享引领共建，保障权利与义务的一致性，让人们在权利保障、利益增进、合作共赢的基础上激发共建的热情，进一步产生自觉行动。最后，共享发展需要人们共建的创新智慧与能力发挥。人民群众中蕴藏着无穷的智慧和能量，不同阶层、不同区域、不同部门的人群都有自己独特的创新智慧和能量优势。因此，要激发人民智慧、积聚人民能量，在人际合力中推进共享发展。

共享发展坚持发展依靠人民，以共享引领共建、以共建促进发展、以发展提升共享，在发展中凝聚人心、在共享中达成共识、在共建中形成合力，深化了对共建与共享、共享与发展的关系认识。不仅坚持了发展必须紧紧依靠人民的思想，而且探索和建立了党群关系的具体制度和机制，对于如何激发人民群众参与共建、如何在新的发展时期更好地依靠人民有了进一步的实践探索。坚持发展依靠人民依循了党的执政经验，把握了党的政治原则，遵循了历史发展规律，开创了当代中国政治经济的新气象，对党的执政基础有了更新的认识。

（三）让人民共享发展成果的执政目标

坚持群众史观，赢得民心，最为关键的是改革发展成果需由人民群众共同享有。在全面建设小康社会的背景下，人民群众对改革发展有了新期待。共享发展坚持发展成果由人民共享，这种共享是全过程、多方位、可持续的共享。首先，共享发展体现的是全过程的共享。强调共享发展成果共享，但不能重回平均主义。共享发展成果应最大限度地保证利益分享的合理、正当性，这就需要依据人们在共建过程中的贡献、成效而给予相应的成果分配。其次，共享发展体现的是多方位的共享。共享发展保障人民群众在机会、权利、利益等方面的平等共享；在政治、经济、文化等多方面权益的公正实现；在不同区域、行业、部门人群间的均衡共享。最后，共享发展体现的是可持续的共享。持续的共享兼顾当代人与后代人的物质与环境利益，让子孙后代能够共享充裕的生态资源、美好的生活环境。这就要求当代人节约资源、保护环境，防止过度开发与过度共享；倡导绿色发展方式和生活方式，促进人们公平合理地享有生态发展成果。

“以人为本，执政为民”是检验党的一切执政活动的最高标准。维护并不断增进人民利益是中国共产党人永远保持同人民群众血肉联系的重要方式。坚持共享发展，保障全过程、多方位、可持续的共享，增强社会发展的包容性，注重协调平衡各方利益矛盾，创造稳定的执政环境；坚持共享发展，让人民在社会动态发展过程中有持续的获得感、幸福感、安全感，渐进享有高质量、全面的发展成果；坚持共享发展，以凝聚民心、汇聚民力为着眼点，坚持公平与效率的有机统一，努力实现人民群众共享发展成果，以赢得深厚的群众力量。这些思想和实践探索都是对党的执政基础思想的进一步深化与发展。

三、坚持科学、民主、依法推进共享发展，深化了对党的执政方式认识

推进国家治理体系和治理能力现代化，迫切要求党实现与国家现代化总进程相适应的科学、民主、依法的执政方式。科学、民主、依法执政关

系到社会文明进步、人民幸福安康、党和国家长治久安。中国共产党坚持科学执政、民主执政、依法执政，通过对党执政方式的转变，推动民族利益、国家利益、人民利益相统一，推进社会文明进程。

（一）坚持科学执政，以科学理论、系统思维、规范制度推进共享发展

推进国家治理体系和治理能力现代化，需要增强科学执政本领，正确认识和把握社会发展规律，把执政建立在更加自觉地运用规律的基础上。首先，以科学理论指导共享发展的推进实践。共享发展的推进实践没有现成的模式可以照搬，"用党的创新理论武装头脑"，迫切需要马克思主义中国化最新理论成果的科学指导。以理论创新与实践创造相结合不断推进共享发展，促使共享发展的生动实践符合社会发展新阶段的变化实际，做到实事求是、与时俱进。其次，以系统的科学思维推进共享发展。党提出并贯彻五大发展理念，五大发展理念之间相互影响、相互作用。实现共享发展，需注重发展间的协调性、多方面的协同性、各领域的协作性。最后，运用规范的制度保障共享发展。通过全面深化改革，大胆破除体制机制弊端，构建系统完备、科学规范、运行有效的制度体系。有效运行的制度体系达到协同发力、协作互促的效果，以最终形成整体合力推进共享发展。

适应国家治理体系和治理能力现代化的要求，着眼于理论创新需要和实践发展要求，提高党的科学化水平，改进党的执政、活动方式是一个政党永葆生机的源泉。坚持科学执政，深入认识与自觉运用客观规律，使得共享发展遵循经济规律、自然规律与社会规律。坚持科学执政，立足于我国发展的历史基础和现实问题，加强对人群分化问题的治理，加强对社会结构与关系的调整，加强社会发展方式的转换，使社会发展更加适应人民群众的需要。总之，依据社会运行规律和人民发展需求，解决事关社会发展的方向性、战略性、前瞻性等重大问题，进一步丰富、深化了对党的科

学执政方式的认识。

（二）坚持民主执政，以民主理念、民主制度、民主监督推进共享发展

民主执政是马克思主义政党执政的本质要求。民主执政的核心问题是正确处理执政党和人民群众的关系，以民主的制度、民主的形式、民主的手段支持和保障人民当家作主。共享发展的过程鲜明地体现了民主执政。首先，共享发展坚持人民当家作主。共享发展确立一切权力属于人民的执政理念，将发扬民主与集中统一相结合。从现实出发，推进民主决策、民主管理，保证人民平等参与和发展的权利，为人民当家作主创设条件。其次，健全协商民主制度。协商民主是我国社会主义民主政治的特有形式和独特优势。依据共享发展的要求，以保障和改善民生为重点推动协商民主多层次、制度化发展，在社会保障、分配体制、扶贫救助、教育、就业、环境等民生领域的众多方面广泛推进协商民主，保证人民在日常生活中有广泛持续深入参与的权利，充分发挥社会各方面的积极性、主动性、创造性。最后，构建民主监督机制。社会主义共享发展关涉到人民切身的利益，本身包含着一种公开、公平、公正的制度安排。“要加强对权力运行的制约和监督，让人民监督权力，让权力在阳光下运行，把权力关进制度的笼子。”① 构建民主监督机制，防止权力腐败、利益侵吞以及消极“懒政”行为等，最大限度地保证共享发展过程的公正、公开与透明，促进各方面积极、主动服务。

衡量一个政治制度是否是真正的民主，不能停留在西方国家的选票民主上，关键看是否实现人民群众当家作主的权利、是否保障人民群众的合法权益。在共享发展过程中，依据我国国情坚持民主执政，坚持人民当家

① 习近平：《决胜全面建成小康社会　夺取新时代中国特色社会主义伟大胜利——在中国共产党第十九次全国代表大会上的报告》，人民出版社 2017 年版，第 67 页。

作主，大力推进参与民主、协商民主，健全民主监督制度。这样，保障了人民群众广泛参与国家政治、经济、文化和社会生活并且享有对国家和社会事务的一系列民主权利。共享发展坚持民主执政，既依据我国社会主义初级阶段的特殊国情，又适应了民主发展趋势；既提高党的民主执政能力，又保证人民当家作主；既保障人民的正当权益实现，又激发人民群众的内在伟力，从而丰富、深化了党对民主执政方式的认识。

（三）坚持依法执政，促进公平正义、协调利益关系、保障成果共享

依法执政是推进国家治理体系和治理能力现代化的应有之义，依法治国必然要求党依法执政。共享发展同宪法法律有内在的关联和衔接，只有坚持依法执政，才能不断推进共享发展进程。首先，以法治保障公平正义。共享发展内在地包含着公平正义，公平正义不仅体现在人们的道德操守上，更主要的是需要法治的保障。必须把宪法法律蕴含的公平正义精神贯穿于推进共享发展一切活动的始终，提高依法执政水平。其次，依法协调利益关系。利益关系的协调要恪守公平正义的法治理念，正确处理权与法、情与法、利与法的关系，确保权力行使不偏离法治轨道。严格按照法定原则、法定权限、法定程序行使职权、履行职责，保证国家机关统一有效组织化解利益矛盾、改善民生、维护社会稳定等相关活动。最后，依法保障发展成果的共享。在收入分配、脱贫攻坚、社会保障等领域，以法治思维贯彻落实共享发展体制、机制，以法治保障人民的成果分享。

中国的发展成就离不开党的执政方式合乎时宜的转变，坚持依法执政，以法治保障公平正义、依法协调利益关系、依法保障发展成果的共享，始终保持党的执政活动在宪法和法律的框架内进行，促使共享发展的推进过程既生机勃勃，又井然有序；既发挥公平正义的价值引领，又提供规范的制度保障；既体现党的领导意志，又反映人民愿望、维护人民利

益。这些理论阐述和生动实践是中国共产党将执政规律认识引向新深度的具体体现。

四、增强党的改革创新、群众工作、狠抓落实本领，深化了对党的执政能力认识

发展是执政党建设永恒的主题。能不能实现发展，如何实现发展，实现怎样的发展是衡量一个政党执政能力的最直接的标准和最现实的体现。如若一个政党，不能很好地带领人民推进经济社会日益走向全面发展，没有能力逐步提高人民生活水平、改善人民生活质量，其最终只能是落入被人民抛弃的危境。中国共产党在推进共享发展过程中不断增强改革创新、群众工作、狠抓落实本领，赢得了人民群众对党的信任、拥护和支持。

（一）强调增强改革创新本领

改革开放以来，我国在取得巨大成就的同时，也出现了一些偏离共享发展的现象。破解共享发展面临的复杂难题，必须依靠改革创新，结合实际创造性推动工作。首先，以改革创新提升共享发展质量。新时代的发展实现以人民为中心的发展思想，需从发展速度向更多发展质量的转换，需经济社会各领域改革政策的相互配合。鼓励创新驱动，转变经济发展方式，为人民提供安全优质的生态产品，提供更多更好的物质精神产品。其次，以改革创新提高共建能力。贯彻落实共享发展理念，涉及利益关系调整和体制机制创新，需要主体自身共建能力的提高。通过深化改革，构建共建共享的包容性发展新机制，为各行业各方面的劳动者创设发挥作用的舞台，发挥人民群众的积极性、主动性、创造性。因此，需要增强人们消化吸收先进科技和创新、创造的能力。不断提高共建能力，增强发展动力。最后，以改革创新推进民生建设。坚持全面保障和改善民生，统筹教

育、就业、收入分配、医药卫生、住房、食品安全、安全生产等关系民生建设的各方面工作。坚持社会主义基本经济制度和分配制度，调整收入分配格局，维护社会公平正义，解决好收入差距问题。

“停顿和倒退没有出路”，改革创新精神应贯彻到治国理政的各个环节。在共享发展中增强改革创新本领，通过思想、制度、方法、机制、载体的改革创新，使得党的执政适应新的发展理念、发展方式。以改革创新提升社会发展质量、提高共建能力、推进民生建设，既排除推进社会发展的思想障碍，又破除社会发展的体制机制弊端；既追求政策取向上的相互配合，又追求发展结果的高质量实效；既根据新时代的矛盾变化而增添发展新动力，又依据人民群众的需求提升而维护社会公平正义。这些增强改革创新本领的探索与实践，丰富和发展了党的执政能力理论。

（二）倡导增强群众工作本领

实现共享发展，需要深入群众开展调查工作，把握群众所需、解决群众疾苦；需要调动群众、发动群众积极参与推动共享发展。增强群众工作本领，一是强化服务群众观念。推进共享发展，需要加强领导干部的自我学习能力，强化服务群众观念。“加强作风建设，必须紧紧围绕保持党同人民群众的血肉联系，增强群众观念和群众感情，不断厚植党执政的群众基础。凡是群众反映强烈的问题都要严肃认真对待，凡是损害群众利益的行为都要坚决纠正。”① 把转变工作作风和解决群众反映强烈的突出问题结合起来，突出改进形式主义、官僚主义、享乐主义和奢靡之风等作风问题，坚持以人民群众为评判主体。二是提高服务群众能力。促进人民的共享，应善于察民意，健全民意表达机制，及时了解群众利益诉求；乐于解民忧，不断提高执行力，想群众所想、急群众所急，切实为群众办实事、

① 习近平：《决胜全面建成小康社会　夺取新时代中国特色社会主义伟大胜利——在中国共产党第十九次全国代表大会上的报告》，人民出版社2017年版，第66页。

办好事；勤于惠民生，以民生为重点，建立和完善服务群众制度，健全服务群众网络体系，提高基层党组织服务效能。三是教育、引导群众能力。用社会主义核心价值观、先进文化教育引导群众，对群众进行正确利益观教育，及时解决群众思想认识问题。综合运用多种手段，形成科学有效的利益协调机制、矛盾调处与化解机制。完善群众参与机制，创新参与方式、简化参与程序，引导群众有序参与重大民生事项、社会治理和志愿服务，形成共建共治共享的生动局面。

始终为人民利益而奋斗，是我们党最为根本的政治优势和宝贵的思想财富。执政党依靠人民、与人民群众保持血肉联系的前提是要有较高的群众工作本领。在共享发展中强化服务群众观念、提高服务群众能力、增强教育与引导群众能力。这样，既可以提高领导干部的工作效能，促进良好政治生态的形成，也可以促进社会的和谐与稳定；既可以尊重群众的首创精神，又可以密切党同人民群众的联系；既可以提高人民群众的主人翁意识，又可以增强经济社会发展的持续性。这些增强群众工作本领的实践探索，是党的执政能力丰富和发展的具体体现。

（三）要求增强狠抓落实本领

推进共享发展必须狠抓落实。首先，领导干部应确立自觉和自信。实践中要深学笃用，从灵魂深处确立对新发展理念的自觉和自信，引导领导干部从思想上高度认同共享发展。按照守住底线、突出重点、完善制度、引导舆论的思路，发扬钉钉子精神，有坚持不懈的韧劲，持之以恒抓好民生工作。其次，善于运用辩证法。推进共享发展，需要运用科学的唯物辩证思维。处理好稳定性与连续性的关系。在现有客观条件的基础上，充分考虑社会发展的可承受能力，将共享水平的提高建立在经济可持续增长的基础上，以社会稳定发展为前提确保共享发展的连续性。处理好原则性和灵活性的关系。既要贯彻党和国家的原则性要求，把守住底线，防止两极分化，又要完善市场经济，肯定人们对多层次利益的需求，维护利益分配的灵活多样性。最后，善于化解矛盾风险。共享发展的推进一定是个曲折性与前进性统一的过程。推进共享发展，确保我国经济社会连续发展，应以问题为导向，善于应对任何形式的矛盾风险；把守住底线，做好精准扶贫工作，防止人们收入差距的拉大而带来的破坏因素产生；防止人群间在民生领域各种利益矛盾的激化，做到未雨绸缪，防微杜渐，及时发现并化解产生的矛盾。

依据我国发展的新阶段特征，将“民生”视为最大的政治，将共享视为最基本的发展思路，将保障和改善民生作为工作根本的出发点和落脚点，党将发展人民利益赋予了新的时代内涵。发展人民利益，需要增强狠抓落实本领。实践中确立自觉和自信、运用辩证思维、善于化解矛盾风险，这些方式方法之间，有着紧密的内在联系和逻辑关系。既重视思想的转变，也重视思维的转换；既重视目标导向与问题导向的统一，又重视战略性、操作性的统一；既重视实施过程中的相互促进、又重视改革成效上的相得益彰。这些增强狠抓落实本领的思想与实践探索，进一步丰富和发展了党的执政能力理论，开拓了对共产党执政规律认识的新境界。

第三节　共享发展理念与中国特色社会主义建设规律

建设中国特色社会主义，应把握人类社会发展的一般规律并在此基础上，认识中国特色社会主义建设的特殊规律，做到一般与特殊的有机结合。人类社会发展的一般规律揭示的是人类社会结构、功能、发展动力和历史演进等普遍性原理；而中国特色社会主义建设规律探索的是具体、特殊规律，它要回答的是中国这个世界上最大的社会主义发展中国家在发展定位、发展方式、发展路径等诸多具体问题，即“什么是社会主义，怎样建设社会主义”这一重要命题。邓小平曾说过：“我们总结了几十年搞社会主义的经验。社会主义是什么，马克思主义是什么，过去我们并没有完全搞清楚。”[①] 共享发展理念，作为中国特色社会主义建设新的发展方式，从本质特征、科学发展、制度完善、人民主体地位等方面深化了对中国特色社会主义建设规律的认识。

一、坚持共享发展，深化了对中国特色社会主义本质特征的认识

科学社会主义基本原则有许多条，其中最重要的是两条：一是解放生产力，发展生产力；二是消除两极分化，实现共同富裕。实现共同富裕，必须以生产力的发展为前提。解放生产力，发展生产力，既是社会主义的本质，又是社会主义的根本任务。中国特色社会主义体现和践行科学社会主义基本原则的一个重要体现就是解放生产力和发展生产力。换言之，建设中国特色社会主义不能脱离生产力发展抽象地变革生产关系。当然，建设中国特色社会主义也无法离开生产关系片面地谈论生产力的发展。马克思揭示出生产力与生产关系之间的矛盾运动是贯穿人类社会始终的基本矛盾，这一基本矛盾构成社会发展的历史动因。建设中国特色社会主义必须遵循二者间的矛盾运动规律，坚持把发展生产力和理顺生产关系协调起来，通过深化改革解放生产力，通过体制创新优化生产关系，最大限度化解二者之间不相适应的矛盾。“正是由于我们党领导全国人民在改革开放

① 《邓小平文选》第三卷，人民出版社 1993 年版，第 137 页。

实践中致力于将解放生产力、发展生产力与消除两极分化、实现共同富裕有机地统一起来，从而使中国特色社会主义制度逐步完善并生机勃勃地向前发展。”①

共享发展坚持以发展为前提，深化了对中国特色社会主义生产力发展规律的认识。“共享发展”中的“发展”不仅指生产力的发展，也包括生产关系的发展。就生产力的发展而言，共享发展中的“发展”要求的是高质量的发展，没有高度的生产力发展为前提，就无法达到高质量的发展，也难以实现人们渐进共享。推进“共享”，侧重于公平的制度建设、强调社会生产关系的改革与完善，但仅仅寄希望于生产关系单一方面的改革完善是无法成功的。历史上我国曾经离开生产力发展而单纯追求所谓理想的生产关系，这样的错误不能再次重演。共享发展需要社会物质财富和精神财富量的积累以及社会发展质的提升。没有生产力的高度发展，物质财富和精神财富量的积累不够，人们的共享就难以实现；没有生产力的高度发展，社会发展质的提升也受影响，共享的水平也难以提升。在社会主义初级阶段，要通过共享发展，把握现实问题和长远问题，坚持以经济建设为中心，力求高质量的发展，推进社会生产力的全面进步。共享发展坚持以发展为前提，是对中国特色社会主义本质特征如何解放生产力以及如何更好发展生产力认识的深化。

就生产关系而言，一方面，从推进共享视域而言，需要改变和优化所有制结构，完善分配方式、劳动就业制度、社会保障体系、社会管理体制，改革完善上层建筑方面的政治体制、文化体制、科技体制、教育体制、卫生体制等，也即通过生产关系的完善，逐步消除两极分化，实现共同富裕；另一方面，根据生产力发展的要求，通过共享发展有关体制改革与制度创新，推进社会主义生产关系不断进步，推进社会主义制度的自我

① 包心鉴：《论中国特色社会主义制度的内在规律》，《科学社会主义》2012 年第 5 期。

完善，使得社会主义生产关系更适合生产力的发展，也即革除体制、机制方面的种种弊端，不断解放生产力，为发展生产力开辟道路。“中国社会主义的基本矛盾与资本主义的基本矛盾是相同的，但由于社会主义生产关系比资本主义生产关系更适合生产力的发展，因而社会主义比资本主义优越。”①

因此，“共享是社会主义本质要求”既回答了推进生产力与生产关系发展的重要性，也回答了如何更好地实现生产力与生产关系内在统一这一根本规律问题。共享发展从社会主义内在矛盾动力和发展趋势上，对社会主义的本质进行了深入揭示，深化了对“什么是社会主义，如何建设社会主义”的科学认识。

二、坚持共享发展，深化了对中国特色社会主义科学发展的认识

建设中国特色社会主义，离不开对发展规律的遵循，即解决怎样发展、靠什么发展以及为什么而发展的问题。尊重社会发展的基本规律，不能只是某一方面的单兵突进，而只能是物质文明、政治文明、精神文明、社会文明以及生态文明的整体发展和全面推进。只有这样，才能把中国特色社会主义建设逐步纳入科学发展的轨道，才能最终把我国建设成为富强民主文明和谐美丽的社会主义现代化国家。

中国特色社会主义科学发展是全面发展与重点发展的统一。一方面，共享发展必须坚持重点论。共享发展理念是对“发展起来以后的问题不比不发展时少”的回应和解答。共享发展要求全面共享，但在社会发展的一

① 刘林元、顾玉平：《党对社会主义发展规律的坚定探索——兼论以习近平同志为核心的党中央对中国特色社会主义发展规律的深化认识》，《湖南科技大学学报（社会科学版）》2017 年第 5 期。

定时期，由于受主观上的精力和客观上的不均衡规律所限，我们无法也不能做到各个方面的齐头并进。因此，要善于找准重点内容、把握关键环节、区分轻重缓急。从共享发展的内容来看，在社会发展的特定时期，不同利益群体对共享的关切点会聚焦于民生领域的普惠性内容上，如收入分配、教育卫生等，这些具体领域往往成为共享发展的重点领域；就解决共享发展的问题而言，实现共享发展需要解决的问题很多，但最为凸显的问题是民生短板问题，如生态民生、两极分化问题等。要围绕人民群众最关心的现实热点、难点问题，寻求重点突破；从共享发展的内在动力来看，共享发展是由人民群众的合力推动的，如何凝聚人心、激发动力、形成合力也需要找准突破点。从共享发展的效果来看，共享发展的成效需要由人民群众来评判。要破除一切形式主义的做法，以人民群众的幸福感、获得感、安全感作为共享发展效果的重要标准。另一方面，必须坚持两点论。共享发展作为一项宏大的、综合的、复杂的系统工程需要全面推进。就发展指导理念而言，共享发展与创新发展、协调发展、绿色发展、开放发展是个紧密联系的有机统一体，相互之间无法替代，必须处理好五大发展理念之间的有机统一关系；从共享发展涉及的内容来看，包含收入分配、社会保障、文化教育、生态安全等多个领域，各个方面、多个领域也是相互渗透与相互制约的。而且，随着共享发展的推进，对各个方面的整体性、协调性、关联性要求越来越高；从共享的区域范围看，共享发展包括了东西区域、城乡区域、不同民族的人群，必须满足不同区域均衡发展的要求，缩小各个区域的发展差距。

中国特色社会主义科学发展注重经济发展与民生发展的有机统一。推进共享发展，就是要做到经济发展与民生发展的统一。共享发展必须坚持实事求是，依据于社会主义初级阶段这个最大实际，紧密结合世情、国情、党情。众所周知，由于历史与现实、时代与国情的多重因素的交织，造就了中国今天特殊的“后发式”模式。这种“后发式”模式表明经济发展是中国特色社会主义事业发展的重要任务。当然，承认发展经济是第一位的重要任务，但由此不能轻视或否认民生发展的重要性。从国内外发展实践来看，经济发展与民生发展的关系十分密切。没有经济发展为前提，民生发展就是一句空话。但超越经济发展水平而片面追求福利社会，也会反作用于经济发展，不利于经济的健康持续发展；没有民生发展与民生改善，也会影响经济发展的动力，影响社会的稳定和谐，经济发展也将最终受制约甚至停滞不前。因此，经济发展与民生发展二者是相互影响、相互促进、彼此制约的关系。如果任意把二者对立起来，将违背社会发展的规律认识，走上不科学的发展之路，从而必将阻碍中国特色社会主义科学发展的进程。

做大“蛋糕”与分好“蛋糕”应该统一起来。据此，“十三五”规划明确提出了“坚持居民收入增长和经济增长同步、劳动报酬提高和劳动生产率提高同步”。党的十九大报告在“两个同步”基础上，作了一些调整，指出“坚持在经济增长的同时实现居民收入同步增长、在劳动生产率提高的同时实现劳动报酬同步提高。”[①] 党的十九大报告对“两个同步”内容调整的变化，表明我们对经济发展与民生改善、发展与共享之间辩证统一关系的认识达到了一个新的高度。就现实而言，我们的民生建设同发达资本主义国家的发展还有一些差距，社会发展的现实要求我们当下的民生发展应该与经济发展水平相一致，必须先做好普惠性、基础性、保底性的民生保障。科学的发展必须坚持经济发展与民生改善之间的统一。

总之，共享发展注重全面发展与重点发展的统一、经济发展与民生发展的有机统一，在稳定有序的发展中寻求突破，实现发展手段与发展目的的统一，深化了对中国特色社会主义科学发展的认识。

① 习近平：《决胜全面建成小康社会　夺取新时代中国特色社会主义伟大胜利——在中国共产党第十九次全国代表大会上的报告》，人民出版社 2017 年版，第 46—47 页。

三、坚持共享发展，深化了对中国特色社会主义制度完善的认识

制度的优越性是制度自信的前提。社会主义救了中国，同样能发展中国，也能让中国不断走向富强。坚持社会主义正确方向，完善中国特色社会主义制度，坚定制度自信是摆在当代中国共产党人面前的重大课题。改革既需要增添发展新动力，也需要维护社会公平正义。西方传统现代化模式以自由主义为理论基础，强调经济发展的核心是如何提高效率，发展的依靠力量主要是少部分精英阶层，崇尚自由市场竞争并讴歌个人价值。资本主义私有制下的资本运作模式、制度运行特征及其思想文化的强化方式，必然产生收入差距拉大、贫富分化严重、阶层固化、社会公平扭曲等现实问题。西方国家发展模式表明其制度存在着根本缺陷，无法在其根本制度范围内有效解决效率与公平的内在统一。中国的共享发展以逐步实现共同富裕为目标，能够解决西方现代化模式下贫富差距拉大、社会不公等在资本主义制度下无法破解的难题，鲜明地体现了社会主义制度的优越性。

公平正义是中国特色社会主义的内在要求。改革开放的实践使我们认识到，社会主义的本质要求是实现社会公正，然而我国还处在社会主义初级阶段，社会公正的实现也是具体历史的。邓小平关于让一部分人和一部分地区通过诚实劳动和合法经营先富裕起来，带动更多的人和地区逐步走向富裕、最终实现共同富裕的思想与实践，深刻体现了既要承认社会差距的客观性、现实性，又要正视实现社会公正的过程性、必然性。就共享发展本身而言，必须解决公平正义问题。共享发展，立足社会主义初级阶段的最大实际，既顾及了社会差距的客观性和现实性，把追求效率、提高效率放在重要位置，又顾及了社会公正的过程性和目标性，注重在发展中实现效率与公平的有机统一。共享发展理念对弱势群体的深切关怀、对劳动

群众的平等对待、对社会公平正义的高度关注、对实现人的全面发展的价值引领等，都是资本主义社会所无法比拟的。

人类社会文明发展的进程就是日益消除贫富悬殊的历史进程，但如何消除贫富悬殊、防止两极分化是时至今日任何国家都面临的棘手难题。资本主义社会是无法解决的。只有在社会主义国家，在共享发展理念指导下的科学发展才能有效解决这个问题。共享发展坚持共同富裕的基本价值取向，既是对“发展目标是什么、发展成果如何分配”的有力回答，摒弃不切实际的平均主义主张，又防止出现贫富两极分化现象，是对实现共同富裕这一发展目标的时代诠释。坚持共享发展理念指导，完善共享发展制度是消除贫富悬殊、防止两极分化的实践路径。因此，需要在生产力水平稳步提高的基础上，建立健全促进社会公平正义的制度体系，努力消除阻碍共享发展的制度性障碍。

总之，共享发展坚持共同富裕的基本价值取向，推进社会主义制度的不断完善，在不断解放和发展生产力的基础上逐步消灭剥削，消除两极分化，最终达到共同富裕，深化了对中国特色社会主义制度完善的认识。

四、坚持共享发展，深化了对中国特色社会主义人民主体地位的认识

中国特色社会主义的人民主体地位主要体现在人民群众的当家作主上。如何理解人民群众的当家作主？有学者指出，人民当家作主包含着四个方面的科学内涵：“其一，人民作为国家和社会主人的地位和权利的真实实现，为中国特色社会主义制度的形成奠定了根本基础；其二，广大人民积极性、主动性、创造性的充分调动与发挥，是中国特色社会主义制度不断完善的主体依靠力量；其三，人民群众根本利益的维护与实现，是中国特色社会主义制度建设与发展的根本价值取向；其四，人民高兴不高

兴、满意不满意，是衡量制度优劣的根本标准，是促进中国特色社会主义制度不断走向完善的根本动力。”① 如何坚持人民性的价值取向，如何在实践中体现人民的主体性？中国特色社会主义制度的本质是人民当家作主，这不是一句空话，而是通过与之相适应的一系列基本制度和具体制度来体现和实现的。

共享发展坚持以人民为中心的发展，深化了对中国特色社会主义人民主体地位的认识。其一，推进共享发展的根本动因是党主动回应人民的呼声和期待。中国特色社会主义进入新时代，社会主要矛盾也发生了变化。在一些领域民生矛盾频频发生，部分群众或弱势群体的生活还很困难。面对人民群众反映强烈的突出问题，如果不以科学的共享理念予以指导发展，问题得不到及时解决，势必会影响到党与人民的血肉联系，影响到民心向背，进而弱化中国特色社会主义事业的推进力量。因此，坚持共享发展就是为了回应人民的呼声和期待，以人民的立场推进改革发展。其二，推进共享发展的主体是党领导下的亿万人民群众。一方面，坚持党对一切工作的领导。坚持和加强党的全面领导，必然包括党对推进“五大”新发展理念的领导。在推进共享发展中，要将加强党的领导与大力弘扬人民主体性紧密地结合起来，促进党同人民群众的血肉联系。另一方面，必须依靠人民群众推进共享发展，将共享与共建结合起来，强调了人民参与共建，凸显了发展主体的个人责任与贡献。共享发展理念把人民视作社会的主人，把“发展为了群众”和“发展依靠群众”有机地统一了起来，深化了对人民群众是历史创造者的思想。其三，推进共享发展的动力是党对人民群众实践智慧的总结与吸纳。改革与发展紧密融合，推进共享发展的过程也是改革的过程。“改革开放在认识和实践上的每一次突破和发展，改革开放中每一个新生事物的产生和发展，改革开放每一个方面经验的创造

① 包心鉴：《论中国特色社会主义制度的内在规律》，《科学社会主义》2012 年第 5 期。

和积累，无不来自亿万人民的实践和智慧。”[1] 社会主义的共享发展是一个创新工程，必须充分尊重人民群众的首创精神，总结吸纳人民群众的实践智慧，集思广益、群策群力，制定出符合客观规律的并在实践中行之有效的有关共享发展的科学决策，使得共享发展的实践更加丰富、经验更加成熟、路径更加多样。其四，共享发展的目的是党对人民整体利益的维护和发展。共享发展要求实现好、维护好、发展好人民群众包括经济利益、政治利益、文化利益、社会利益、生态利益等全面的整体性利益，增进人民的福祉。共享发展的过程就是为人民追求价值、创造价值、实现价值和共享价值，不断满足人民美好生活需要的过程。此外，共享发展的人民主体性还体现在将人民的获得感、满意度作为检验共享发展成败得失的重要标准。改革是否成功、发展是否合理、社会是否进步，其最终只能由人民群众去检验。

总之，共享发展以一系列行之有效的制度和体制，为实现人民当家作主的权利提供了广泛的途径和便捷的方式。共享发展的根本动因、主体、动力、目的与人民主体地位紧密相关，有力地调动了广大人民群众和社会各方面的积极性、主动性、创造性，这些方面深化了对中国特色社会主义人民主体地位的认识。

第四节 共享发展理念与人类社会发展规律

共享发展作为当代中国提出的新的发展理念、发展方式，既遵循经济规律、社会规律，也遵循自然规律，探索了社会发展与人的发展相统一这

① 《习近平谈治国理政》，外文出版社 2014 年版，第 68 页。

一重要的发展命题，丰富、深化了人类社会发展的普遍规律，为人类对社会发展规律的探索提供了“中国智慧”。

一、全民共享：社会发展目的论的认识与深化

历史本身没有目的，目的性仅仅是人的活动特点，社会发展总是体现主体人的目的意识。社会发展永远是手段，只有人才是社会发展的根本目的。共享发展坚持全民共享，将人作为社会发展的最高价值，在以实践、利益、制度为联结的社会发展与人的发展相互统一的基础上，进一步深化了社会发展目的论的认识。

（一）以共享发展的实践活动推动人的发展

“历史不过是人类活动的产物……历史规律也不过是人类实践活动过程的内在联系”。[①] 实践联结着主客体，是主客体相互作用的过程，既反映了主体对客体的一种认识与改造关系，也体现了主体对客体的一种需求与满足的价值关系。从总体上看，人类社会实践活动推动着人的发展，离开了社会实践活动，人本身的发展就是奢谈。但在具体历史阶段，什么样的实践活动能更好地联结并处理社会与人的关系，从而更好地推进人的发展？当代中国提出的共享发展理念，既强调社会的“发展”，又凸显人民的“共享”，正确处理发展与共享之间的关系，科学地回答了这一问题。以共享发展的实践活动推动人的发展，深化了以实践为联结的社会与人的发展相互统一的规律认识。

以合乎规律的实践活动推动社会发展。发展应遵循经济、社会发展规律。创新、协调、绿色、开放、共享五大发展理念是一个系统的整体。其

① 丰子义：《发展的呼唤与回应——哲学视野中的社会发展》，北京师范大学出版社 2009 年版，第 98 页。

中，创新、协调、绿色、开放发展都对共享发展具有重要意义。可以说，围绕共享发展，创新、协调、绿色、开放发展为其提供了根本源动力、社会平衡力、持续发展力和全球影响力。共享发展体现了人们遵循经济、自然规律以及社会发展规律。中国特色社会主义进入新时代，社会发展条件、环境发生了变化，我们不仅追求社会发展速度，更追求发展的质量与效益。以共享理念引领发展，推动经济发展方式的转换，解决社会发展持续驱动力问题，为提升人们的生活质量打下坚实基础，更有利于促进人的全面发展。

以合乎目的的实践活动提升共享水平。共享发展坚持走共同富裕之路，可以让广大人民群众在共建共享中有更多获得感。共享发展是一种包容性发展，注重运用社会经济政策托底，确保一个都不掉队。以“共享”引领科学发展，凡是不符合“美好生活”方向的落后发展方式最终予以抛弃，以推进社会的充分发展；以“共享”引领社会合理发展，对那些没有为全体人民的发展实践均给予及时的矫正，以推进社会的公正、平衡发展。

（二）以共享发展的利益实现促进人的发展

从总体上看，人本身的发展状况反映了社会发展对人的利益的维护和实现程度。只有当人民利益得到根本的维护与实现，各种权益得到保护时，人的发展才能最终得以落实。科学发展的核心是坚持以人为本，将经济、政治、文化、社会、生态文明发展与人的发展统一起来，最终落脚到人的发展。提出共享发展，强调“发展”与“共享”的一致性，凸显了利益增进与利益分配的一致关系。在社会发展进程中让人民渐进享有改革发展成果，形成最大公约数，不断增进人民的利益、福祉，逐步保证人民各项权益的实现。

以发展为手段，增进社会物质与精神财富。共享发展以发展为前提，努力增进社会的物质与精神财富，为人民利益的实现奠定坚实的基础。马克思指出，生产决定分配，分配对生产具有反作用。解决分配问题必须先从生产领域入手，只有不断提高生产效率，实现物质、精神财富的极大丰富，才能为解决贫富差距、公平正义等问题提供根本物质前提。随着社会的发展，人民对利益的需求不仅指经济利益，还包括政治、文化、社会、生态等多个方面的利益，而且各种利益的实现也是相互交织、相互影响的。坚持共享发展，有利于增强发展的内生动力，为公平分好“蛋糕”奠定坚实的物质基础。

以共享为目的，实现利益的公平分配。增进民生福祉是发展的根本目的。改革发展至今，人民群众在利益分配不公问题方面积累了很多矛盾。罗尔斯关于分配正义的两条原则，对于实现利益的公平分配具有重要启示意义。一方面，为全体社会成员能够平等享受教育、就业等基本公共服务创造必要的机制和条件；另一方面，社会分配应当将弱势群体的利益放在首要位置，最大限度地保障弱势群体的福利，缩小已有的贫富差距。[①] 坚持共享发展，有利于更好地遵循包容性发展，尤其是满足弱势群体的实际需求，促进利益的公平分配，将人民利益的实现真正落到实处。

（三）以共享发展的制度完善保障人的发展

从总体上看，人的全面发展程度与社会历史进程相一致。但社会进步总是伴随着牺牲一些人甚至整个阶级的代价现象，这种客观存在的代价付出应该有一定的限度，超过这种限度，必然会延缓或阻碍社会和人的发展的历史进程。当然，这种限度只能历史地、具体地分析确定，应当根据一定时期社会条件的许可程度合理推进人的发展。这就需要在促进生产力发展的同时，努力促进生产关系的发展。因为，生产关系的发展不仅是人的发展的前提条件，实际上，这些关系的发展本身就属于人的发展内容，而

① 参见海印子：《发展马克思主义重在构建当代文化认同》，《社会科学报》2018 年 8 月 23 日。

且是人的发展的最基本的规定。[①] 推进共享发展，坚持把发展生产力和理顺生产关系同步协调，依靠改革破除不适应共享发展的体制、机制，不断优化生产关系。

依靠发展推进社会进步，奠定制度完善的文明基础。制度的改革与完善不可能是纯粹的主观设想与浪漫追求，而是必须依赖于整个社会文明发展的进程。社会发展到什么程度，就会有什么样的制度与其相适应。共享制度是中国特色社会主义制度的重要内容之一。中国特色社会主义已进入新时代，为建立并完善共享制度提供了丰富的实践土壤与坚实的文明基础。改革与发展紧密相关，制度完善与社会发展紧密相连。

围绕共享社会目标，构建“善”的制度体系。一定时期，在社会发展现实与人对美好生活的期望值之间，总是存在一定的差距。随着社会发展，人们公平的共享意识在不断增强，迫切要求构建与发展实践相适应的共享制度。当然，特定时期社会具体制度总会有善恶之分，善的制度有利于促进人的发展，而恶的制度却会阻碍人的发展。共享发展以“共享”为目标而应构建“善”的制度体系。党的十九大报告提出优先发展教育事业、提高就业质量和人民收入水平、加强社会保障体系建设、实施区域协调发展战略、乡村振兴战略、健康中国战略等，围绕这些方面构建与完善“善”的制度体系，对于推进共享发展，促进社会与人的协调一致发展具有重要意义。

二、全面共享：社会发展整体论的认识与深化

人的发展与社会发展是紧密联系的，二者互为前提和基础。一方面，社会发展是人的自我创造过程，是人的活动结果。现实的人之所以要改造

① 丰子义：《发展的呼唤与回应——哲学视野中的社会发展》，北京师范大学出版社 2009 年版，第 260 页。

世界、改造社会，就是为了使得自身更好地生存与发展。人们在改造世界的同时也在改造自身，使得自身的素质、能力得以提升，从而可以更好地推动社会发展。另一方面，人的发展又必须以社会发展为前提。社会是一个有机的整体，社会如果能够沿着健康、持续、全面的方向发展，就能不断促使人的全面发展。以社会整体性发展，满足人的全面共享，进而促进人的全面发展。共享发展遵循经济社会发展规律，坚持发展的条件性、协调性、系统性，在社会与人的发展相互影响、相互制约关系的基础上，进一步深化了社会发展整体论的认识。

（一）发展的条件性

人们的“共享”是需要条件的。共享水平总是与社会发展程度相一致的。立足于社会主义初级阶段的现实国情，不能盲目追求高福利、过度享受。“社会主义本身是共产主义的初级阶段，而我们中国又处在社会主义的初级阶段，就是不发达的阶段。一切都要从这个实际出发，根据这个实际来制定规划。”① 当下中国发展不平衡不充分的一些突出问题尚未解决，总体上我国仍然处于社会主义初级阶段，与发达国家相比还有一定差距。因此，推动共享发展，既要有一定的目标追求，又要坚持实事求是，立足于打基础、求实效、谋长远，而不能好高骛远、寅吃卯粮。

共享发展本身也是有条件的。共享发展必须以社会生产力发展到一定程度为前提。社会发展要追求一定的速度，但并不是越快越好，不能离开质量、效益，离开人们的共享水平片面追求高速度，否则，难以真正满足人民的全面共享。“进入全面建成小康社会决胜阶段，不是新一轮大干快上，不能靠粗放型发展方式、靠强力刺激抬高速度实现‘两个翻番’，否则势必走到老路上去，那将会带来新的矛盾和问题。”② 我国经济社会高质

① 《邓小平文选》第三卷，人民出版社 1993 年版，第 252 页。
② 《十八大以来重要文献选编》中，中央文献出版社 2016 年版，第 824 页。

量、整体性发展还不够，实现全面共享，还需要大力推动创新发展，积聚社会发展各方面的丰富成果，大力提升发展的质量。

（二）发展的协调性

协调性是共享发展的内在要求。共享是多方面的成果共享，必须注重发展的协调性。只有注重协调发展，坚持区域协同、城乡一体、物质文明精神文明并重、经济建设国防建设融合，才能拓宽发展空间、增强发展后劲。协调性既是共享发展的一种手段，又是共享发展的具体目标；既不许搞完全的平均主义，也防止两极分化，注重发展差异的适度性；既注重在改革中破解难题、力求补齐短板，又注重巩固和厚植原有优势，挖掘发展潜力，增强社会发展的持续后劲。

社会本身要求协调发展。从宏观角度看，全面共享需要各方面协调发展，需要协调人、社会、自然之间的关系；从发展内容上看，应协调经济、政治、文化、社会、生态各方面的关系。全面小康社会是一个整体性目标，要求经济持续健康发展，人民民主不断扩大，文化软实力显著增强，人民生活水平全面提高，资源节约型、环境友好型社会建设取得重大进展，各个方面相互联系、相互促进、不可分割。任何一个方面出现滞后，都会影响到全面小康社会的实现。从发展领域看，应正确处理发展中各领域的关系，促进新型工业化、信息化、城镇化、农业现代化同步发展，在增强国家硬实力的同时注重提升国家软实力，不断增强发展整体性。

共享人群要求协调发展。全面共享要求区域、民族、个人之间协调发展。改革发展成果若不能让人民群众共享，人群之间收入分配差距拉大，必然会带来社会矛盾，形成人群间的对立甚至对抗。习近平强调，全面建成小康社会突出的短板主要在民生领域，不同社会群体在民生保障方面还存在很多问题。要协调推进民生具体领域的工作，完善基本公共服务体系。共享发展是各个区域的协调发展，需要缩小东西区域、城乡区域发展差距，在居民收入水平、基础设施条件等方面保持均衡发展。

（三）发展的系统性

社会是一个系统整体，马克思指出，社会由物质生产、精神生产、人的生产、社会关系生产与再生产共同推动。各个生产之间相互联系、相互作用，缺一不可。其中，人的生产既是社会发展的手段，也是社会发展的目的。只有社会全面发展，才能为人们提供全面的发展成果，全面保障人的各方面权益。全面共享应以物质生产为基础，以社会的系统性发展为前提，以人的全面发展为中心，充分重视各个方面的有机联系、各个领域的相互影响与相互作用以及在此基础上的社会整体功能。

以重点突破带动整体发展。推进社会全面发展，不可能一时面面俱到。必须善于运用辩证思维，以重点突破带动整体发展，在整体发展中寻求重点突破。我们长期处于社会主义初级阶段，物质生产占据着基础性地位。全面建设需以经济建设为突破口，以经济体制改革为重点。习近平强调，以经济体制改革牵引和带动其他领域的改革，形成整体、协同效应，推进社会全面建设。从人们利益实现的角度看，只有在满足人民经济利益的基础上，才能更好地带动并实现人民群众其他利益。

以整体功能实现全面共享。社会系统的整体功能不是各个领域功能的简单相加，其整体功能一定大于局部领域功能之和。过分强调社会的单向度发展，强化人的片面发展，反过来也不利于社会全面发展，容易造成恶性循环，其结局就是社会很容易滑向病态、畸形发展。社会的整体功能无法实现，难以快速提升人们的共享水平，无法促进人的全面发展。解决发展不平衡不充分问题，需要我们高度重视发展的系统性、有机性、全面性，以社会整体功能的实现进而满足人民群众日益增长的美好生活需要。

三、共建共享：社会发展合力论的认识与深化

唯物史观认为，人民群众是推动历史前进的决定性力量。社会发展不受少数人的意志所左右，而是因历史的合力而推动。每个人参与推动，都成为合力的一部分。“每个意志都对合力有所贡献，因而是包括在这个合力里面的。”①共享发展坚持共建共享，要求每个人在共建中共享、在共享中共建，在社会与人的发展相互融合、相互作用关系的基础上，进一步深化对社会发展合力论的认识。

（一）以满足人们的利益需求增强发展动力

现实的人是社会的主体，驱使人和人们活动的内在动机是现实的利益、需求。人的需要在生产实践活动中得到发展和丰富，本质上是一种社会性需要。“由于人类本性的发展规律，一旦满足了某一范围的需要，又会游离出、创造出新的需要。”②人的需要的丰富程度与人的发展程度是一致的，“人的发展程度越高，他的本质力量越强大，他就越能与更多的对象建立起需要关系，即他的需要就越丰富多样，需要结构越趋于合理。”③

以共享促进共建。人们的共建动力来自于共享，来自于共享中利益的满足。全面调动人的积极性、主动性、创造性，必须首先满足人们基本生活需求，在此基础上满足人们多层次的利益需求，为人们素质提升、能力发挥创造机会、平台和环境。人的需求满足与能力、素质提升也是个互为前提、相互促进的过程。在满足人的利益需求基础上，促进人的能力、素质的提升。同时，人的需求内容、层次与人的能力相适应而不断发展。当

① 《马克思恩格斯选集》第4卷，人民出版社1995年版，第697页。
② 《马克思恩格斯全集》第32卷，人民出版社1998年版，第223页。
③ 马俊峰：《马克思主义价值理论研究》，北京师范大学出版社2012年版，第43页。

人们的利益需求得到最大限度的满足，能力、素质得以提升时，参与共建的能力就越强、动力就越大。

在共建共享中推动发展。社会发展与自然发展的本质区别在于：社会发展是由社会主体人的参与、通过社会主体人能动的实践活动而推动。人是既定性与超越性的统一。从历史发展维度看，人的需求永远得不到满足，由此推动人不断产生新的目标与追求，不断创造文化与改造环境。在共享发展的实践活动中，人们对共享水平的提升、对美好生活的需求没有顶点。正是在新的更高目标的引领下，在人们共建动力的推进下，才不断促进共享发展。

（二）以公平正义的发展环境释放社会活力

人不仅追求物质利益、还要追求精神利益。人的积极性、主动性、创造性发挥不仅受着客观社会条件的制约，还受着整个社会公平正义环境的影响。随着我国经济社会发展水平和人民生活水平的不断提高，人民群众对公平正义日益关注，要求越来越高，对社会不公问题反映越来越强烈。一个好的社会，应该是和谐有序、充满活力的社会。促进共享发展，改革各方面的体制机制和政策规定，营造公平正义的社会环境，可以最大限度释放社会发展的活力。

在发展中营造公平的社会环境。马克思曾明确表达过这样一个思想：必须使环境成为合乎人性的环境。只有在合乎人性的环境中，人性才能得以健康发展。[①] 促进人的健康发展，应制定公平的制度规则，营造公平的社会环境。规则公平是实现社会公平的重要载体，各种制度都要渗透公平正义精神，以制度保障公平。提高个体的善，需要加强社会主义核心价值观教育，每个人树立公平正义价值理念。当全社会每个成员都具有强烈的

① 参见《马克思恩格斯全集》第 2 卷，人民出版社 1957 年版，第 166—167 页。

公平正义感时，营造公平社会环境就有了坚实的思想文化基础。

以公平的社会环境保障共享。保障人群共享，关涉到权利的实现、机会的享有、规则的保障。实现人民群众的权利公平、机会公平、规则公平，方可全方位保障人民的共享。权利公平就是保障人的基本生存权利和发展权利；机会公平强调的是起点公平、过程公平；规则公平着眼于制度公平、形式公平。“权利公平是公平的静态起点……机会公平是公平的动态运行……规则公平是公平的根本保障。”① 三者相互配合、共同作用，有利于确保人的全面共享。以公平的社会环境保障共享，有利于消解社会积怨，达成共建共识，释放共建活力。

（三）以社会文化的价值功能积聚发展伟力

中国传统文化包含着丰富的共享思想资源。“从某种意义上说，追求共生、乐于共在、欣赏共赢、志在共享成就了中国文化的伦理品质及中国人的人格。”② 构建共享文化，必须传承和弘扬传统文化，接续共享思想的源头活水。当然，传统文化应该进行创造性转化和创新性发展，赋予其新的时代内涵和现代表达形式，使得其同社会主义共享实践的发展相适应。同时，构建共享文化，还需以开放的胸襟学习外国的优秀文化，使得共享文化既有自己的个性，又有世界视野。总之，立足于文化的借鉴与传承，充分发挥共享文化的价值功能，体现时代特征，增强现实感召力。

以共享文化凝聚思想共识。文化的影响力首先是价值观念的影响力。社会存在多样的价值观念和价值取向，形成对共享发展的广泛思想共识，在思想深处认同共享发展，需要共享文化的侵染和熏陶，发挥其凝聚功能。“共享不仅仅是一种发展的理念，同时还是一种可以通过发展渗透到

---

① 王庆五：《共享发展》，江苏人民出版社 2016 年版，第 226 页。
② 王泽应：《共享是中国文化的智慧、良心和符号》，《伦理学研究》2017 年第 3 期。

人们社会文化价值层面的理念，通过自身的正义性诠释着共同富裕在社会文化价值层面上正义发展的要求和规定。”① 然而，我国在共享文化方面还存在很多薄弱环节，如公平正义理念、人文关怀精神、权利保障观念、平等参与思想、多元治理意识等等还很欠缺，影响了个体参与的自觉性。在共享文化建设中，深化社会主义思想道德建设，通过多种形式的宣传、教育、思想熏陶，在全社会弘扬共建共享的伦理精神，使共享价值内化为人们的精神追求。

以思想共识促进共建行动。“一个没有精神力量的民族难以自立自强，一项没有文化支撑的事业难以持续长久。”② 思想共识是产生共享行动的必要前提。人们的共建共享行为达成一致，除了教育引导、舆论宣传、思想熏陶外，还需要政策导向、制度保障、规则安排等。健全各行各业规章制度，在制度中渗透共享精神，发挥制度文化的作用，使社会主义共建共享原则成为人们日常工作生活的基本遵循。发挥政策导向作用，使经济、政治、文化、社会等各方面政策都包含着共建共享价值观的培育。建立和规范激励与惩罚机制，发挥精神引领、典型示范作用，以先进文化凝聚全社会的意志和力量，以共享文化激发共建行动，以文化价值功能积聚共享发展的深远伟力。

四、渐进共享：社会发展阶段论的认识与深化

社会发展总是呈现由低级到高级的演化状态。社会发展过程中，依据不同标准可以划分为不同阶段，不同阶段又可以划分为不同时期。中国特色社会主义进入新时代，这是社会主义初级阶段中的一个新的历史时期。

① 韩步江：《共同富裕：中国特色社会主义共享发展理念的目标指向》，《云南民族大学学报（哲学社会科学版）》2017 年第 4 期。

② 《坚定文化自信，建设社会主义文化强国》，《人民日报》2017 年 10 月 16 日。

共享发展坚持渐进共享，将人们的共享水平与社会发展的进程相联系，表明在社会发展的不同阶段、不同时期，应该有不同的共享水平与其相适应。推进共享发展中，保持动态发展中的协同共享、差异发展中的均衡共享、过程发展中的持续共享，既逐步推动社会发展，也渐进提升人民的共享水平。这些思想将人的共享水平与具体社会发展阶段联系起来，在社会与人的发展相互协调、相互促进关系的基础上，进一步深化了社会发展阶段论的认识。

（一）动态发展中的协同共享

提出共享发展，就是处理好发展与共享之间的协同一致关系，从现实的人们的多样性、多层次性需求出发，按层次分阶段地向前推进，努力使人们的生活质量由生存型逐步转化为享受型、进而转化为发展型，最大限度保持共享水平和发展程度的一致性。

在发展中保障渐进共享。社会发展需要一定的发展速度，但更应关注人民群众的共享问题。解决公平正义关键靠发展，但并不是说等着经济发展起来后再解决社会公平正义问题。相对于人民群众需求的无限性，每个发展时期都有其存在的问题。即使社会发展到一定高度，仍然存在新的问题。共享具有历史性和阶段性，在不同的发展阶段，共享的水平是不一样的；即使同一历史发展时期，共享的水平也是不一样的。一方面，保持共享与发展的一致性，可以避免落入“中等收入陷阱”。我们要立足经济社会发展水平来思考设计共享政策，改善民生、渐进共享必需分步实施，不能靠一时的过度福利化，防止把胃口吊得过高，否则影响持续发展，结果适得其反。另一方面，保持发展与共享之间的协同关系，有助于促进市场经济各要素间的协调运行，促使人们合理消费，挖掘国内市场，充分释放内需潜能，使得生产与消费之间保持结构平衡，最终有利于经济社会本身的健康、持续发展。

（二）差异发展中的均衡共享

社会主义初级阶段的中国，生产力水平还不高，还无法实现按需分配。由于历史根基、地理条件、制度政策、文化教育、民族差异等多种因素，还存在东西区域、城乡区域和人群发展的差异性，这种差距还有被进一步拉大的可能性。相对于社会主义共同富裕的发展目标，不能回避当下差异发展带来的不利影响。共享发展承认发展前提的历史差异性与现实不平衡性，要求立足差异发展的现实推进全民共享。这就要求防止差距的扩大，保持大致的均衡共享。共享发展是差异的共享，也是均衡的共享。以差异协同的发展格局，保持区域间差异共享的适度性，使得各区域发展有一个“均衡—非均衡—均衡”动态发展的过程，从而最大限度地保障各区域人群平等参与共享发展。

首先，立足差异发展的现实性推进均衡共享。我国处于社会主义初级阶段，东西区域发展、城市和农村发展的水平还存在一定差距，这种差距还有被进一步拉大的可能性。区域发展水平差异的拉大体现在经济、政治、文化等多个方面，必然会影响全民共享的进程。共享发展承认发展前提的历史差异性与现实不平衡性，要求立足差异发展的现实推进全民共享。这就要求区域间保持大致的均衡共享而不可能要求做到各区域完全同步共享。

其次，依据差异发展的客观性保持均衡共享。社会主义初级阶段的社会发展无法实现共同富裕，一定是个包含差异性的社会。就经济社会发展的规律而言，差异发展是发展不平衡原理在现实中的体现。社会发展是个非线性的由不均衡到均衡不断循环上升的动态发展过程。“社会发展同时也是在由差异性、多样性和不平衡性形成的矛盾运动中逐步达到同一性而最终实现天下大同的过程。”[①] 就我国而言，各区域有一个差异均衡的动态

① 方世南：《论治国理政思想的唯物史观基石》，《马克思主义研究》2016 年第 7 期。

发展过程，也只有在动态均衡发展过程中，才能更好地做到均衡共享。

最后，确立差异发展的适度性推动均衡共享。共享发展应具体、历史地处理好差异和公平的历史辩证关系。实现全民共享，必须承认各区域人们在发展过程中的历史贡献及创造地位，必须保证各区域人们全面实现小康社会。因此，确立差异发展的适度性成为共享发展的必然选择。只有保持差异发展的适度性，才能消除各区域在发展机会、发展权利、收入分配等方面共享不均、共享不足问题。当然，差异发展的“度”也是具体变化的。随着东西部地区、城市与农村地区差异的变化，差异发展的“度”也应当适时作出调整。

（三）过程发展中的持续共享

社会发展是一个历史的过程，在过程发展中保障人们的持续共享，需以持续发展为前提。马克思提出，在共产主义社会实现人的全面发展，这是一个总目标和价值取向。在社会发展阶段过程中，应该有每个阶段性的目标。党的十九大提出了 2020 年全面建成小康社会，2050 年实现现代化目标。社会发展的不同阶段，人们共享水平必然出现阶段性和连续性特征。保障人们的持续共享，应依据经济、社会、自然规律，促进人与社会、人与自然的和谐共生。

增进人与社会的和谐。当下的中国，各种社会矛盾已经成为影响社会和谐与稳定的突出问题，而这些问题也主要是由利益分配不公引发的。保持社会的持续共享，必须增进人与社会的和谐，防止因利益分配引起的社会矛盾冲突。共享发展遵循包容性发展的社会规律，以促进共同富裕为目标，在持续发展中致力于让人民共同享有自己创造的福利，不断获取利益的增进。既做大蛋糕，又分好蛋糕，这样，有利于形成良好的政治、社会生态，保持社会和谐稳定。

增强人与自然的和谐。持续共享必然涉及后代人的共享发展问题。人与自然是一种共生关系，对自然的伤害最终会伤及人类自身。当下的中国，落后的生产方式还没有完全转变，绿色的生活方式亟待建立，存在一定程度的过度消耗、过度享受问题。持续共享要求遵循可持续发展的自然规律，保持生态平衡，绝不使发展逾越生态红线；强调在保护绿水青山中打造金山银山，实现绿色发展，增强共享发展的永续性。

第三章　共享发展理念的理论基石

共享发展理念有其唯物主义的理论基石。马克思社会共享思想、马克思社会公正理论、马克思社会有机体理论、马克思主义社会矛盾思想都与共享发展理念有着紧密的联系，也对共享发展的实际践行有着重要的启示价值。

第一节　马克思共享思想与共享发展

当下，一些学者认为马克思提出过共享发展思想，而另外一些学者主张马克思并没有提出过共享发展思想。为什么会出现针锋相对的不同观点？理论争论的焦点何在？我们认为最主要的是将马克思的共享思想与当下我国新时代共享发展理念完全等同这一误读与错解造成的。其实，马克思共享思想有其丰富的内涵，可以基于多重视域予以阐释与把握；马克思共享思想与当下我国新时代的共享发展理念既有区别又有联系，不能将马克思共享思想与当下我国新时代的共享发展理念完全等同。在此基础上，我们可以更好地揭示出马克思共享思想对我国新时代共享发展的若干重要启示意义。

一、马克思共享思想与我国共享发展理念的理论辨析

学术界很多学者认为共享发展的政策理念渊源于马克思或马克思主义，甚至认为马克思直接提出过共享发展思想。国内学者王华华提出："对于马克思是否讲过'共享发展'的问题，我国学术界存在一种'六经注我'的倾向，认为马克思讲过'共享发展'概念，并有着丰厚的思想。事实上，这种观点是不能成立的，它是一种'危险性的增补'，造成了马克思'不在场的在场'，容易削弱马克思消除'人性异化'和'批判资本主义私有制'理论的深度性和彻底性。"① 我们认为，马克思的确没有明确提出过共享发展概念，但马克思有其共享思想。我们既不能因为马克思共享思想与共享发展理念存在差异性而完全否认马克思没有提出过共享思想，也不能将马克思共享思想与共享发展理念完全等同而随意将其混用。

马克思的共享思想异常丰富，其包含了共享发展之内涵但并不局限于此。具体而言，马克思共享思想与新时代共享发展理念的区别与联系包括如下几个方面：

其一，思想内容不完全一致。马克思从共享的人性根基、共享的交往实践、共享的物质基础、共享的辩证发展、共享的理想状态、共享的价值依循等多重维度揭示了社会共享思想，立足于整个人类的文明共享视域把握了人类社会发展的共性规律和价值依循。而当下我们所提出的共享发展理念，有其特别的限定，那就是必须以社会主义公有制为前提。"共享发展并不是任何社会形态都能提出并实现的，它具有深刻的制度属性，只有社会主义社会才能提出并实现共享发展。包括资本主义社会在内的阶级社会缺乏共享发展的制度基础。共享发展作为全新的发展理念，这是对资本

① 王华华：《马克思讲过"共享发展"吗?》，《社会主义研究》2017 年第 1 期。

主义发展方式的扬弃，对社会主义发展理念的升华。”[①] 马克思在关于社会主义、共产主义论述中明确提出，在未来理想社会可以实现共享发展，但在以私有制为前提的一切剥削阶级社会是无法实现共享发展的。我国新时代共享发展理念则着重从社会生活共享视域，是为增强社会主义的公平正义，促使共享与发展之间的相互促进，以更好地实现人的发展与社会发展的有机统一而提出的。

其二，时间跨度不一样。马克思共享思想立足于人类社会发展的宏大背景，穿梭历史，面向未来，基于批判与建构的逻辑统一揭示了人类社会文明共享进程的承接发展、曲折前行、螺旋上升，探索人类实现真正共享的辩证发展性、历史必然性，从而把握人类文明演进的历史进程。而共享发展理念是在深刻总结国内外发展经验教训，分析国内外发展大势基础上，进一步深化认识我国经济社会发展规律，着力践行以人民为中心的发展思想而提出的。共享发展理念贯穿于新时代中国特色社会主义建设实践的全过程，有利于不断完善中国特色社会主义制度，发挥中国特色社会主义制度优势，促进生产力更好更快地发展，以实现中华民族伟大复兴的中国梦。

其三，空间背景不相同。马克思生活的时代不同于今天我们生活的时代。马克思着重立足于西方资本主义社会考察了资本主义社会发展的历史进步意义，以批判思维揭示了资本主义社会无法实现共享发展的经济、制度根源，指明了人类社会实现共享发展的方向和出路。当今中国的发展实践有着不同于西方国家历史发展的特殊性。我们立足新时代我国国情提出共享发展理念，是针对我国经济发展进入新常态以及世界经济复苏低迷形势，面对经济社会发展新趋势、新机遇、新矛盾、新挑战，持续推动经济社会发展，为决胜全面建成小康社会、实现人民对美好生活向往的治国方

① 王丽英：《共享发展的制度属性及现实启示——基于〈1844 年经济学哲学手稿〉经济正义观的分析》，《当代经济研究》2018 年第 3 期。

略之一。共享发展理念的提出，有着强烈的问题和目标导向，集中体现了新形势下我国的发展思路、发展方向、发展着力点的变化，是对发展实践的战略指引。

其四，价值指导意义不等同。马克思的共享思想揭示了社会发展的共性规律和价值依循。对人类社会而言，具有更多的普遍意义上的思想启迪与方法指导。马克思论述社会共享思想既从批判角度揭示了剥削阶级社会无法实现共享的根源，也从建构角度指出了人类社会实现共享发展的未来之路；既从否定视角揭示了资本主义社会的“独享、私享”本质特征，也从肯定视角揭示了资本主义社会对于未来人类实现共享发展的积极价值。而新时代共享发展理念，主要立足我国国情，是解决当下我国现实问题的发展方式及其方略应对，是我国社会主义初级阶段科学发展的理念引领，具有特殊意义。因此，我们不能以特殊否认普遍，也不能以普遍代替特殊。当然，推进我国共享发展，应汲取当代西方发达资本主义国家在社会共享方面的经验与启示；同时，我国共享发展的探索之路必将为世界各国尤其是广大发展中国家提供经验与智慧。

马克思共享思想虽然与当代中国解决共享发展问题存在着内容、方法、时空、价值的不一致性，但是马克思共享思想是马克思和恩格斯所处时代的智慧结晶，是一个科学的理论体系。由于历史时空的局限性，我们不可能期盼马克思和恩格斯为我们这个时代所遇到的具体问题提供详尽答案，但马克思共享思想具有系统性、独立性、批判性、科学性、引领性，是指导人类社会今天和未来发展的世界观和方法论。因此，马克思共享思想对新时代我国共享发展具有重要的启示意义。

二、马克思共享思想的多维阐释

马克思共享思想非常丰富，我们可以基于共享的人性根基、共享的交往实践、共享的物质基础、共享的辩证发展、共享的理想目标、共享的价值依循等多重维度予以阐释。

一是共享的人性根基。在马克思、恩格斯看来，人是具有自然、社会双重属性的特殊存在物，自然方式和社会方式统一于人的身上。一方面，人是自然界进化的产物，人类祖先一直过着群居的类生活。在原始社会，人们类生活实际上是原初意义上的共享生活。“无论是在人那里还是在动物那里，类生活从肉体方面来说就在于人（和动物一样）靠无机界生活，而人和动物相比越有普遍性，人赖以生活的无机界的范围就越广阔。”① 另一方面，就社会属性而言，人也是一种特殊的类的存在物。“人的本质不是单个人所固有的抽象物，在其现实性上，它是一切社会关系的总和。”② 当然，人的社会属性与自然属性不是截然分开、对立的，人作为特殊的类的存在物之共享本性与人的动物群居属性也有着一定的联系。

当马克思将人的社会属性视为本质属性之时，就已经表明人的生产生活总是以不同程度的共享方式而进行的。换句话说，共享本身始终是处于社会关系、社会交往中的共享。首先，人的活动和享受总是具有社会属性。孤立的人是没有共享可言的，共享一定以人的社会属性为前提。“我们的需要和享受是由社会产生的；因此，我们在衡量需要和享受是以社会为尺度，而不是以满足它们的物品为尺度的；因为我们的需要和享受具有社会性质，所以它们具有相对的性质。”③ 马克思直接指出，“活动和享受，无论就其内容或就其存在方式来说，都是社会的活动和社会的享受。”④ 其二，绝对孤立的人是不存在的，社会中任何个体的社会活动实际上是以不同程度的共建共享的方式而进行的。这种共建共享的方式源于人们共同的生产、生活的需要。马克思将人的社会性与劳动结合在一起，

① 《马克思恩格斯文集》第1卷，人民出版社2009年版，第161页。
② 《马克思恩格斯文集》第1卷，人民出版社2009年版，第505页。
③ 《马克思恩格斯文集》第1卷，人民出版社2009年版，第729页。
④ 《马克思恩格斯文集》第1卷，人民出版社2009年版，第187页。

他说："为了进行生产，人们相互之间便发生一定的联系和关系；只有在这些社会联系和社会关系的范围内，才会有他们对自然界的影响，才会有生产。"① 社会发展离不开每一个个体的共建力量，正如恩格斯指出的，"历史是这样创造的：最终的结果总是从许多单个的意志的相互冲突中产生出来的，而其中每一个意志，又是由于许多特殊的生活条件，才成为它所成为的那样。这样就有无数互相交错的力量，有无数个力的平行四边形，由此就产生出一个合力，即历史结果，而这个结果又可以看做一个作为整体的、不自觉地和不自主地起着作用的力量的产物。"② 其三，个体性总是体现社会性，每个个体都直接或间接地、或多或少地享有着社会发展的成果。"个体是社会存在物。因此，他的生命表现，即使不采取共同的、同他人一起完成的生命表现这种直接形式，也是社会生活的表现和确证。"③ 个体性与社会性具有一致的方面，"在任何一个社会，'社会需要'与'共同利益'是紧密联系在一起的，社会需要的满足往往会带来利益上的共享。"④ 不过，在不同社会形态中，利益共享的程度、范围是有着本质区别的。总之，基于人的本质属性维度，个体性与社会性是统一的。现实中每一个个体都或多或少打上了利益共享的烙印、体现了不同时代社会共享的痕迹。

二是共享的交往实践。社会生产力的发展与社会开放、社会交往紧密相关。马克思强调生产的全球化，实际上表明任何国家的生产力发展不能处于完全封闭状态，而应该走开放共享之路。马克思以当时的中国为例说："与外界完全隔绝曾是保存旧中国的首要条件，而当这种隔绝状态通过英国而为暴力所打破的时候，接踵而来的必然是解体的过程，正如小心

① 《马克思恩格斯文集》第1卷，人民出版社2009年版，第724页。

② 《马克思恩格斯文集》第10卷，人民出版社2009年版，第592页。

③ 《马克思恩格斯文集》第1卷，人民出版社2009年版，第188页。

④ 杨静：《通往共享之路——马克思社会共同需要思想的当代阐释及运用》，经济科学出版社2016年版，第37页。

保存在密闭棺材里的木乃伊一接触新鲜空气便必然要解体一样”[①]。不仅仅曾经中国的落后、脆弱与闭关自守是紧密联系在一起的，实际上，任何一个国家的贫穷落后均与此相关。

在马克思看来，全球性开放交往的过程，实际上也是人们共享联系越来越紧密的过程。全球性的开放交往与社会生产力发展是辩证统一的过程。其一，全球交往就是文明共享的过程。开放交往可以更好地保存各民族文明发展的历史成果，马克思指出，“某一个地域创造出来的生产力，特别是发明，在往后的发展中是否会失传，完全取决于交往扩展的情况。……发达的生产力，即使在通商相当广泛的情况下，也难免遭到彻底的毁灭。……只有当交往成为世界交往并且以大工业为基础的时候，只有当一切民族都卷入竞争斗争的时候，保持已创造出来的生产力才有了保障。”[②] 只有国家、民族之间的开放交往，科技发明的共享利用，才能避免发明创造的重复性劳动，让文明成果得以广泛推广，并在竞争中推进科技的日益进步。其二，人类开放交往的活动方式促进了社会生产方式的变革，进一步促进了生产力的发展。对外交往对国家的经济变革、生产方式变革具有重要影响。“大工业发达的国家也影响着那些或多或少是非工业性质的国家，因为那些国家由于世界交往而被卷入普遍竞争的斗争中。”[③] 开放交往大大推进了一国生产方式的变革，使得后发国家加速淘汰传统、落后生产方式的步伐，快速融入世界市场、全球体系。马克思指出：“设定交换价值的运动究竟在多大程度上触及整个生产，这部分地取决于这种外来影响的强度，部分取决于本地的发展程度。”[④] 其三，生产力的全球交往反过来促进了各国的紧密联系，消灭了各国闭关自守的状态，人类社会的交往联系在逐步增强。“它首次开创了世界历史，因为它使每个文明国

---

① 《马克思恩格斯选集》第 1 卷，人民出版社 1995 年版，第 692 页。

② 《马克思恩格斯选集》第 1 卷，人民出版社 1995 年版，第 107—108 页。

③ 《马克思恩格斯文集》第 1 卷，人民出版社 2009 年版，第 567 页。

④ 《马克思恩格斯全集》第 46 卷下，人民出版社 1980 年版，第 484 页。

家以及这些国家中的每一个人的需要的满足都依赖于整个世界，因为它消灭了各国以往自然形成的闭关自守的状态。”① 社会生产的全球化使得每个国家、民族都处于同其他国家、民族的关系网络中，在交往的基础上，人类社会的共享内容在深化、共享范围在拓展、共享程度在逐步增强。“过去那种地方的和民族的自给自足和闭关自守状态，被各民族的各方面的互相往来和各方面的互相依赖所代替了。物质的生产是如此，精神的生产也是如此。各民族的精神产品成了公共的财产。”②

三是共享的物质基础。在马克思看来，人的全面发展与社会交往、社会共享紧密联系。伴随世界历史发展，人也必然得到发展。人的全面发展依赖于社会交往的普遍发展，社会交往、共享程度越高，人的全面发展的程度就会日益提升。首先，从消极视角看，失去普遍的交往与共享，极容易陷入贫困状态，无法谈起人的全面发展。人的自由与发展从根本上取决于生产力的发展程度。从历史上看，孤立的民族性、地域性存在往往与落后的生产力联系在一起。如果一个国家失去基本的交往与共享，极容易成为落后、贫穷国家，人们就难以获得自由与发展。“如果没有这种发展，那就只会有贫穷、极端贫困的普遍化；而在极端贫困的情况下，必须重新开始争取必需品的斗争，全部陈腐污浊的东西又要死灰复燃”③。其次，普遍的交往与共享，可以丰富社会关系，促进人与人之间的全面依存关系。“每一个单个人的解放的程度是与历史完全转变为世界历史的程度一致的。至于个人的真正的精神财富完全取决于他的现实关系的财富。”④ 近代以来，在商品经济发展基础上的民族、国家以及个人之间全面依存关系逐步形成，以商品交换为媒介的普遍交往丰富了社会关系，促使人的素质、能力得到全面提高。正如马克思指出：“这种物的联系比单个人之间

① 《马克思恩格斯文集》第 1 卷，人民出版社 2009 年版，第 566 页。
② 《马克思恩格斯选集》第 1 卷，人民出版社 1995 年版，第 276 页。
③ 《马克思恩格斯选集》第 1 卷，人民出版社 1995 年版，第 86 页。
④ 《马克思恩格斯选集》第 1 卷，人民出版社 1995 年版，第 87 页。

没有联系要好，或者比只是以自然血缘关系和统治服从关系为基础的地方性联系要好。”[①] 其三，普遍的交往与共享，可以充分利用人类文明成果发展自己，促进全面发展程度的提升。环境的改变与人的改变是一致的，狭隘地域性的生活环境必然影响人的发展状态。在普遍的交往中，冲破地域性的限制，利用不同民族、国家的文明成果，实现文明共享，从而丰富和发展自己。马克思说：“只有这样，单个人才能摆脱种种民族局限和地域局限而同整个世界的生产（也同精神的生产）发生实际联系，才能获得利用全球的这种全面的生产（人们的创造）的能力。”[②] 只有广泛的交往与共享联系，克服狭隘地域性个人的局限，使“地域性的个人为世界历史性的、经验上普遍的个人所代替”。[③]

当然，马克思既对资本主义制度下的普遍交往与社会共享给予了充分肯定，也对其消极影响进行了揭示。在特定历史条件下，人的共享联系越复杂、越广泛，既可以成为人的全面发展的有利条件，也可以成为制约人的发展的异己力量。“单个人随着自己的活动扩大为世界历史性的活动，越来越受到对他们来说是异己的力量的支配……受到日益扩大的、归根结底表现为世界市场的力量的支配，这种情况在迄今为止的历史中当然也是经验事实。”[④] 马克思指出，只有在共产主义社会，推翻一切旧的生产关系和交往关系的基础，形成真实的共同体，人的全面发展才能最终得以实现。

四是共享的辩证发展。马克思的理论是以研究和指导无产阶级革命运动、实现人类解放为己任的。首先，马克思立足现实揭示了资本主义社会中工人阶级因异化劳动所导致的“非人”生存状态，批判了资本主义社会阶级剥削的残酷性，指明了资本主义社会人们无法实现共享发展的现状。

---

① 《马克思恩格斯全集》第 46 卷上，人民出版社 1979 年版，第 108 页。
② 《马克思恩格斯选集》第 1 卷，人民出版社 1995 年版，第 89 页。
③ 《马克思恩格斯选集》第 1 卷，人民出版社 1995 年版，第 86 页。
④ 《马克思恩格斯选集》第 1 卷，人民出版社 1995 年版，第 89 页。

马克思指出，资本家的享受是“同他榨取别人的劳动力的程度和强使工人放弃一切生活享受的程度成比例的”[①]资本主义是在满足资产阶级剥削欲望，以及在雇佣劳动的基础上发展起来的，并以残酷剥削工人以至于牺牲整个无产阶级为代价而向前推进的。正如马克思所说：“资本来到世间，从头到脚，每个毛孔都滴着血和肮脏的东西。”[②]其次，马克思通过政治经济学对价值创造、价值分配进行科学分析，揭示了资产阶级剥削的秘密，指出劳动力所创造的剩余价值被资本家完全占有了，阐释了资本主义社会人们难以共享的经济根源。马克思揭露了资本主义商品经济的异化现象，对资本主义生产的野蛮性、残酷性、非人道性的社会关系进行了批判，从而也批判了古典经济学家理论的虚伪性，拨开了资产阶级的意识形态迷雾，扫除了罩在资本主义文明上的种种灵光。最后，马克思指出，资本主义社会代替封建社会虽然在人类历史上是一个巨大的进步，但由于资本主义私有制所决定，无法改变一个阶级剥削另一个阶级的社会性质，阐明了资本主义社会无法实现共享发展的制度根源。在资本主义社会，“每一种共同的利益，都立即脱离社会而作为一种最高的普遍的利益来与社会相对立，都不再是社会成员的自主行动而成为政府活动的对象”。[③]要实现全社会的共享发展，必须推翻资本主义私有制，建立崭新的社会主义、共产主义制度。因为“资本主义私有制，即以剥削他人的但形式上是自由的劳动为基础的私有制”。[④]

当然，马克思的批判不是一种简单的否定，不是纯粹的拒斥。尽管马克思主义理论对资本主义社会进行了无情的揭露与批判，但并没有否定资本主义社会的历史进步意义。“在马克思看来，资本主义既不是‘自然的’，也不是‘人为的’，而是社会生产方式内在矛盾作用的必然结果，因而它

① 《马克思恩格斯文集》第5卷，人民出版社2009年版，第685页。
② 《马克思恩格斯全集》第23卷，人民出版社1972年版，第829页
③ 《马克思恩格斯文集》第2卷，人民出版社2009年版，第565页。
④ 《马克思恩格斯文集》第5卷，人民出版社2009年版，第873页。

在社会发展中自然有其历史必然性与历史合理性。”[①] 从社会共享视域看，资本主义社会是一个资本家群体能够共享，而无产阶级整个阶级遭受剥削的社会。资本主义社会是无法实现真正共享发展的社会，相反，只能是一个“独享、私享”的社会。马克思在批判资产阶级剥削的“私享”性质的同时，也论述了资本主义社会在推进人类社会共享发展方面的积极价值。马克思指出，资本主义的生产既是一般劳动过程，又是价值增值过程。作为一般劳动过程，必然要发展生产力、提高劳动效率、推进科学技术、提高管理水平，因此对增加社会财富、推动人类社会的共享进程起到了非常重要的作用。作为价值增值过程，以追求最大限度的剩余价值，满足少数人的发展为目的，这样的生产必然具有残酷、野蛮的方面，是非人道的生产，是资产阶级“独享或私享”。马克思在揭露资本主义野蛮剥削、掠夺的同时，提出了资本主义的发展必将为人类共享社会的来临奠定强大的物质基础，为人类未来的解放、自由创造必要的条件。

五是共享的理想目标。马克思的批判思维与建构思维是统一的。之所以批判资本主义社会，是为了未来能够建立一个没有剥削、没有压迫的，能够实现人类真正共享发展的共产主义社会。共产主义社会将否定资本主义私有制，“这种否定不是重新建立私有制，而是在资本主义时代的成就的基础上……重新建立个人所有制”。[②] 这种重建的“个人所有制”体现的是“联合起来的个人对全部生产力的占有”。[③] 马克思认为，只有在共产主义社会，生产资料由全体社会成员共同占有，实现了社会成员的共同生产，即联合劳动生产，社会发展成果才能实现共享。“每个人的一切合理的需要在越来越大的程度上得到满足”。[④]

共产主义社会不同于人类历史上以往任何类型的社会，因为其实现了

① 丰子义：《马克思主义社会发展理论研究》，北京师范大学出版社 2012 年版，第 44 页。
② 《马克思恩格斯文集》第 5 卷，人民出版社 2009 年版，第 874 页。
③ 《马克思恩格斯文集》第 1 卷，人民出版社 2009 年版，第 582 页。
④ 《马克思恩格斯文集》第 3 卷，人民出版社 2009 年版，第 460 页。

真实的共享发展，具有其鲜明特征。其一，从共享主体看。马克思主张人人平等，共同享受社会发展成果。但共同享受社会发展成果必须建立在消灭阶级基础之后才能实现，也就是说只有在共产主义社会才能得以实现。马克思基于唯物史观和群众史观，不仅指出人民是生产实践活动的主体，也指出人民是社会物质财富和精神财富的享有者。只有在共产主义社会，人能够支配物，人的个性得到充分发展，全体人民才能成为共享发展的主体。其二，从共享客体看。共享发展的客体包含政治、经济、文化等多个方面。关于政治权利共享，马克思恩格斯认为平等的政治权利的实现需要共产主义的人民民主。“一切人，或至少是一个国家的一切公民，或一个社会的一切成员，都应当有平等的政治地位和社会地位。”[①] 马克思恩格斯认为在一切劳动和财产具有公共的性质并实行最完全的平等的过程中，政治权利的平等满足也将实现。关于经济方面的共享。马克思恩格斯认为，只有把生产资料变为社会财产，无产阶级能够共同享有之时，才能摆脱被剥削的命运而完全解放自己。关于文化和精神产品共享。马克思恩格斯认为文化和精神产品是人“享用和消化的精神食粮”[②]，精神文化产品共享也是社会共享的一个重要方面。其三，从共享的条件看。共产主义社会建立在生产力高度发展的基础上。共享必须有新的所有制关系的支撑，必须废除私有制。实现共享发展需要新社会制度的保障，个人的全面共享、全面发展依赖于共产主义社会制度的建立。“个人的全面性不是想象的或设想的全面性，而是他的现实联系和观念联系的全面性。……要达到这点，首先必须使生产力的充分发展成为生产条件，不是使一定的生产条件表现为生产力发展的界限。”[③]

六是共享的价值依循。马克思恩格斯将真正的共享社会与人们的自

① 《马克思恩格斯文集》第 9 卷，人民出版社 2009 年版，第 109 页。
② 《马克思恩格斯文集》第 1 卷，人民出版社 2009 年版，第 161 页。
③ 《马克思恩格斯文集》第 8 卷，人民出版社 2009 年版，第 172 页。

由、平等、公正、权利、人的全面自由发展的实现相联系。真正的共享社会必然会确立人与人之间的平等关系，实现社会公正，保障人的全面发展权益，促进人的全面发展。社会发展是合规律性与合目的性的有机统一，以共享社会实现为目标，自由、平等、公正、权利、人的全面自由发展就成为社会发展的价值遵循。

只有共产主义社会才能彻底实现人人自由而平等。当然，社会公正的实现是一个过程。恩格斯深刻指出："平等的观念，无论以资产阶级的形式出现，还是以无产阶级的形式出现，本身都是一种历史的产物"。① 以往的每个历史阶段都是推进社会公正历史前进步伐的一个过程，即使在共产主义第一阶段，受制于生产力的发展水平，也不可能完全实现社会公正。马克思指出，在共产主义第一阶段实行"以劳动为尺度"的"按劳分配"是必须的，"生产者的权利是同他们提供的劳动成比例的；平等就在于以同一尺度——劳动——来计量。"② 社会主义阶段的自由、平等、公正、权利、人的全面自由发展的实现只是相对意义而言的，但却是这个阶段社会发展的价值追求。"但是这些弊病，在经过长久阵痛刚刚从资本主义社会产生出来的共产主义社会第一阶段，是不可避免的。权利决不能超出社会的经济结构以及由经济结构制约的社会的文化发展。"③ 马克思指出，只有到了共产主义高级阶段，在社会物质和精神文明水平都达到了足够的高度之时，才能实行"各尽所能，按需分配"。另外，共产主义社会是人与人、人与自然达到全面和谐的状态。"这种共产主义，作为完成了的自然主义，等于人道主义，而作为完成了的人道主义，等于自然主义，它是人和自然界之间、人和人之间的矛盾的真正解决，是存在和本质、对象化和自我确证、自由和必然、个体和类之间的斗争的真正解决。"④ 只有在共产主义社

① 《马克思恩格斯选集》第 3 卷，人民出版社 1995 年版，第 448 页。
② 《马克思恩格斯选集》第 3 卷，人民出版社 1995 年版，第 304 页。
③ 《马克思恩格斯选集》第 3 卷，人民出版社 1995 年版，第 305 页。
④ 《马克思恩格斯文集》第 1 卷，人民出版社 2009 年版，第 185 页。

会，实现人与自然和人与人之间的双重和解，才会带给人的全面性发展并获得充分的真正的自由、平等与公正。

三、马克思共享思想对我国共享发展的若干启示

在中国特色社会主义发展实践中实现共享发展目标，必然离不开对马克思共享思想当代价值的把握。恩格斯曾经从理论思维的特殊性角度指出："每一个时代的理论思维，包括我们这个时代的理论思维，都是一种历史的产物，它在不同的时代具有完全不同的形式，同时具有完全不同的内容"①。因此，以马克思共享思想来指导当代中国共享发展的实践，必须从中国实际出发，把握具体性、历史性的时空差异，对马克思共享思想进行创造性转化和运用，以充分体现马克思共享思想的当代价值。

第一，共享发展有其人性基础。马克思社会共享思想探索了人性解放与社会发展相统一的理论内涵，为当代中国的共享发展实践提供了理论指导与价值引领。人性摆脱动物属性，是人的精神情感、社会公正以及共享发展的需求。人性是具体的、历史的，随着社会发展进程而有一个不断提升的过程。人性的提升与社会发展也是一个辩证统一的过程。推进共享发展，应该确立人的个性、自由发展和社会共享程度相结合的模式。人是自然属性与社会属性、善与恶的统一体。社会意义上的共享要求除了满足人们物质利益需求外，还要满足人们相互的情感依赖、集体归属感以及社会价值感等。社会环境对人性塑造有着重要影响，应创造条件和环境促进人性水平的提升。实践中不能仅仅局限于人们物质利益的分配与满足，要通过共享制度的规范、共享文化的培育、共享精神的塑造，创建宽容、友爱、和谐的社会氛围，提高人们的共享意识、共享责任与共建能力。这

① 《马克思恩格斯文集》第 9 卷，人民出版社 2009 年版，第 436 页。

样，一方面可以有效防止人性中自私、贪婪、冷漠等“恶”的种子萌发，消除阻碍共享发展的不利因素；另一方面，可以激发人们较高层次的共享精神需求。除了合理、适度关照和满足人的自然本性需要外，应创造条件发挥各个方面社会成员的积极性，做到人尽其才，让人们追求较高的共享层次，提升人们社会成就感、幸福感、获得感，这样一来也必然有利于推进共享发展。

第二，马克思社会共享思想探索了社会交往发展、生产力发展的理论内涵，为当代中国的共享发展指明了方向。按照经典作家的阐释，在生产力落后和社会物质资源极度匮乏的情况下，共享发展的实现是不可能的。社会交往发展与生产力发展、社会共享发展是紧密相关的。当代中国，首先，要促进国内的市场交往。继续坚持完善社会主义市场经济，建立公平、统一、开放的国内市场环境，发挥各地所长，做到优势互补；继续完善政府的宏观调控，保持大致的均衡发展，不断缩小各个区域的发展差距。通过全面深化改革大胆革除体制机制弊端，利用一切可以利用的因素让社会财富充分涌流，实现劳动、资本、技术、知识等一切要素的活力竞相迸发，激发所有劳动者的创新活力。其次，要加大我国对全球的开放力度，促进全球共享。以构建人类命运共同体为契机，在全球交往中实现平等交往、互利共赢，为共享发展创造出更多更美好的物质与精神财富。从保障和改善民生的根本目的出发，进一步扩大对外开放，共享人类文明成果，提升我国民生建设水平，满足人民群众对美好生活的需要。

第三，马克思恩格斯认为的共享客体，不仅仅局限于经济方面的共享，而是涉及政治、文化、社会等领域的全面共享。新时代的发展面临着不平衡、不充分的难题，难以满足人民群众对精神文化、社会公平、民主法治、美好环境等方面的需求。只有以高度发达的生产力为前提，才能推动共享发展由低层次向高层次跃升。实践中必须贯彻以人民为中心的发展思想，将人的文明发展与社会整体文明发展紧密结合一起，以人的全面发展为目标波浪式地推进社会整体文明进步。一是重点突破。通过深化供给侧结构性改革，提升经济发展效益，以经济发展带动其他方面的发展。二是弥补短板。加强民主政治建设，保证人们平等的发展权利；推动社会主义文化快速发展，为人民群众提供丰富的“精神食粮”；加快生态文明建设步伐，着力解决当前突出的生态问题为重点，努力创造满足人们需求的优美生态环境。三是引导人们的需求。有效防止低层次的、片面的甚至是异化的需求，防止过高的不当需求，引导并保障人民对高质量的美好生活需要，不断促进人的全面发展。

第四，在马克思看来，生产决定分配，实现发展成果由全体社会成员共享，必须首先让全体劳动人民共同占有生产资料。目前我国处于社会主义初级阶段，生产力还不够发达，构建社会个人所有制的条件不具有现实性。实现共享发展，在制度设计上，应该不断完善中国特色社会主义所有制的系统性改革。一是坚持社会主义公有制主体地位。社会主义公有制决定了社会生产是为了人民群众的美好生活需要，摒弃了资本主义私有制条件下资本家“独享”而劳动者处于被剥削地位的状况。社会主义公有制是实现共享发展的根本保证，应坚决反对轻视甚至否定公有制主体地位的认识和做法。二是要创新发展社会主义公有制形式，利用一切有利因素，增强公有制的主体地位。构建国有资本、集体资本、非公有资本等交叉持股、相互融合的多元化的混合所有制结构，增强国有经济活力、控制力、影响力，为共享发展创造更多的发展成果。三是大力引导、发展非公有制经济。要吸收和利用一切积极的所有制形式，激活市场的经济活力。“通过政策引导，优化市场环境，提高监管水平等措施，做强做优做大国有资本，同时充分发挥和利用好非公有制经济与人民生活联系更加紧密、灵活多样等优势，使得两者发展相得益彰、各得其所。”① 同时，规范非公有制

① 韩平、吴怀友：《不忘初心：巩固和发展社会主义公有制——兼论毛泽东对建立社会主义公有制的历史贡献》，《思想理论教育导刊》2018 年第 2 期。

经济的发展，防止发展失衡、贫富差距拉大等消极效应，引导其步入共享发展的正确轨道。

第五，真正的共享只有到了共产主义社会才能完全实现。一是未来共享社会是以社会个人所有制为基础的，共享的社会总产品不是部分人而是所有人联合劳动创造出来的。因此，在社会主义初级阶段的中国，必须以人民的共建共创为前提推动共享发展。当下，我们需要促进经济转型发展，提升发展质量，必须发挥人民群众的智慧与能量。二是发展成果共享必然要依靠一定的分配形式和分配机制，马克思提出过未来共产主义社会按需分配的理论。当下，生产力发展的水平决定了我们无法实现按需分配，依据现实国情，共享的分配应坚持按劳分配为主体、多种分配方式并存的实践策略。但这种现实的实践策略不能与理想目标完全割裂，共享发展的改革完善应以按需分配作为理想目标，既要承认一定程度的差异共享，又要保障基本民生，保证共生共享。现实中以保障人民群众共享发展成果为出发点，克服市场经济的弊端，加大公共事业投入，确立共享发展的最大公约数，不断完善分配制度。

第六，自由、平等、公正、和谐是人类社会始终的价值追求，共享发展需要科学的价值引领。“自由是前提，维护自由权利是社会制度的义务，平等是条件，维护机会平等，力争结果的共同富裕，也是社会主义制度的目标。只是在实现平等的目标中，不能忽视自由、机会平等、规则平等的建构，只有保障自由、平等，才有自由与平等的和谐。”① 首先，以自由、平等价值为引领，加大法治社会的创建力度，规范社会秩序，消除一切不利于人的自由发展、不利于人群平等发展的政策、举措。其次，以公平价值为引领，努力消除不公正的制度环境，致力于构建公平正义的体制机制，保障人们公平的发展机会、发展权利和发展成果享有。最后，以和

① 倪愫襄：《制度伦理研究》，人民出版社 2008 年版，第 171 页。

谐价值为引领，营造宽容、协商、民主、平等、互助的社会风尚、文化氛围，促进人群之间形成融洽的人际关系，不断增强社会的亲和力、凝聚力。围绕人民对美好生活质量提升的需求，创新社会治理体制，从源头上预防或减少社会消极性质的矛盾产生，建立一个人与人、人与自然和谐相处的社会。

第二节　马克思社会公正思想与共享发展

马克思站在历史唯物主义立场，从社会生产方式角度论述了社会不公产生的根本原因。党的十八届五中全会提出的共享发展理念，继承和发展了马克思主义的公正思想，具有重要的理论与实践意义。

一、历史唯物主义：马克思社会公正思想的理论基础

在唯心史观看来，社会生活在本质上是人的意志、意识活动的产物。马克思之前的许多唯心主义思想家片面夸大社会活动受意识的支配，而没有进一步探究意识活动背后的物质原因，无法找寻社会不公的社会物质根源。只有马克思站在历史唯物主义立场，从社会生产方式角度论述了社会不公产生的根本原因。

（一）生产力落后：社会不公的社会根源

在唯物史观看来，社会发展中的不公正现象并不是从来就有的。在原始社会，人类的劳动能力极为低下，大自然作为人类的异己力量时刻威胁着人们的基本生存，人们必须结合在一起，相互协作、平等互助、共同生

活，才能与自然抗争而生存下去。原始社会没有剥削与压迫，是一个自发的、朴素的公正社会。但原始社会人们之间公正、平等的关系，建立在狭隘的血缘关系基础上，受着生产力极为低下、社会产品极为匮乏的制约，是原初的、狭隘的、没有意识自觉的公正。随着私有制社会的到来，社会不公就成为阶级社会中一个普遍现象。同唯心主义思想家不同，马克思从物质资料生产方式的变更中找寻社会不公产生的根本原因。恩格斯指出，"每一历史时期的观念和思想也可以极其简单地由这一时期的经济的生活条件以及由这些条件决定的社会关系和政治关系来说明。"① 在人类思想史上，马克思抛弃了唯心主义思想的谬误，首次科学地揭示了生产力落后是社会不公的社会根源。

（二）消灭阶级剥削和压迫：实现社会公正的根本途径

在私有制社会，社会公正是形式的公正，而不可能是实质意义上的公正。不论是奴隶社会、封建社会、还是资本主义社会，其统治阶级所标榜的公正实质上都是为统治阶级意志和利益所服务的，本质上都是虚假、形式的公正。"生产资料私有制发展的历史是一部体现统治阶级利益要求的历史。"② 实现社会公正，根本途径是要消灭生产资料私有制以及在此基础上的阶级对抗，即消除一切阶级剥削和阶级压迫。就资本主义社会来说，在资本主义私有制内要求社会公正简直就是"天方夜谭"。只有最终消灭阶级，消灭经济、政治、社会等方面的一切不平等，才能实现社会公正。

（三）社会物质、精神生产力发展：社会公正水平的逐步提升

原始社会是一种自发的、朴素的社会公正。进入奴隶社会以后，存

① 《马克思恩格斯选集》第3卷，人民出版社1995年版，第335页。
② 汪盛玉：《马克思社会公正观的基本内涵》，《教学与研究》2010年第5期。

在着奴隶主对奴隶的残暴统治和压迫，在奴隶和奴隶主两大对立阶级之间，是毫无社会公正可言的。恩格斯指出："如果说在野蛮人中间，像我们已经看到的那样，不大能够区别权利和义务，那么文明时代却使这两者之间的区别和对立连最愚蠢的人都能看得出来，因为它几乎把一切权利赋予一个阶级，另方面却几乎把一切义务推给另一个阶级。"① 不同于奴隶社会当作纯粹工具的奴隶，封建社会的农民阶级有了一定的人身自由，封建社会比奴隶社会在社会公正方面有了很大进步。但封建社会所谓的社会公正有着严格的封建等级制烙印，严格的等级制还带来了宗法性的人身依附关系。资本主义社会的到来，使得社会公正水平有了进一步提升。现代平等和自由本质上是商品经济发展的产物，"平等和自由不仅在以交换价值为基础的交换中受到尊重，而且交换价值的交换是一切平等和自由的生产的、现实的基础。"② 资本主义社会生产力的发展也为未来"一个更高级的、以每个人的全面而自由发展的社会形式"奠定了物质基础。

但在资本主义社会，资产阶级作为剥削阶级，同以往的剥削阶级在本质上是完全相同的，所不同的是剥削手段、方式更加隐蔽。"但是资产阶级实行这一切改良，只是为了用金钱的特权代替已往的一切个人特权和世袭特权。"③ 资本主义仍然是不公正的制度，它以一种更加隐蔽的剥削形式代替了旧的直接的剥削形式。马克思和恩格斯指出："现代的工人却相反，他们并不是随着工业的进步而上升，而是越来越降到本阶级的生存条件以下。工人变成赤贫者，贫困比人口和财富增长得还要快。"④ 此外，社会公正水平还体现在精神生产力的不断发展上。无论奴隶社会、封建社会还是资本主义社会，都是依靠少数人对多数人的劳动剥削创造出剩余时间，统治阶级借助于自身的特权而占有剩余时间，来从事科学、艺术、宗教等精

① 《马克思恩格斯选集》第4卷，人民出版社1995年版，第178页。
② 《马克思恩格斯全集》第46卷上，人民出版社1979年版，第197页。
③ 《马克思恩格斯全集》第2卷，人民出版社1957年版，第648页。
④ 《马克思恩格斯选集》第1卷，人民出版社1995年版，第284页。

神活动。对此，恩格斯有着深刻的揭示，他指出，“没有古希腊罗马的奴隶制，就没有现代的社会主义。”① 总之，只有在社会历史发展的基础上，社会公正水平才得以逐步提升。

（四）未来共产主义社会：社会公正的真正实现

无产阶级所要求的社会公正，只有消灭资本主义私有制，建立共产主义社会制度才能实现。在共产主义社会，“由社会全体成员组成的共同联合体来共同地和有计划地利用生产力；把生产发展到能够满足所有人的需要的规模；结束牺牲一些人的利益来满足另一些人的需要的状况；彻底消灭阶级和阶级对立；通过消除旧的分工，通过产业教育、变换工种、所有人共同享受大家创造出来的福利，通过城乡的融合，使社会全体成员的才能得到全面发展；——这就是废除私有制的主要结果。”② 共产主义必须以生产力的高度发展和世界交往的普遍发展为前提。马克思指出，无产阶级要获得自身的彻底解放，仅依靠一个国家的无产阶级建成共产主义是不可能的。只有全球无产阶级团结起来，才具有对抗资产阶级的力量。

二、新时代的共享发展：马克思社会公正思想的继承和发展

党的十八届五中全会提出的共享发展理念，是马克思主义公平思想的理论继承和现实发展。

（一）全面共享：继承和发展了马克思保障每个人自由而全面发展的公正思想

马克思指出，共产主义社会作为公正社会，其发展目标是实现一切人

① 《马克思恩格斯文集》第 9 卷，人民出版社 2009 年版，第 188 页。
② 《马克思恩格斯选集》第 1 卷，人民出版社 1995 年版，第 243 页。

的自由和全面发展。马克思主义把人的自由发展和人的全面发展看作是内在一致的，“从整个人类发展史看，人首先获得自由，才谈得上实现发展以及全面发展，人一旦获得了全面发展，必然意味着人是自由的。”① 在剥削阶级社会，人的自由而全面发展不可能实现的。相反，由于整个社会由少数剥削者所统治，只有少数人享有自由和发展。即使在资本主义社会，广大无产阶级并没有得到所谓的“自由”“平等”“博爱”，人的发展仍然陷入一种片面、畸形的发展状态。“一些人靠另一些人来满足自己的需要，因而一些人（少数）得到了发展的垄断权；而另一些人（多数）经常地为满足最迫切的需要而进行斗争，因而暂时（即在新的革命的生产力产生以前）失去了任何发展的可能性。”②

社会公正问题与人的发展问题紧密关联，促进社会公正，就是为了创造各种条件以保障每个人自由而全面发展。反过来说，促进每个人的全面发展，也能更好地实现社会公正。“生产力和生产关系——这二者是社会个人的发展的不同方面”。③ 这就是说，人的自由而全面发展以生产力获得高度发展以及与此相适应的生产关系不断得到完善为最基本条件。具体而言，这里的“条件”主要指与一定生产力发展水平相适应的社会物质生活条件、社会制度条件以及精神文化条件等。

共享发展倡导全面共享，全面共享继承和发展了马克思保障每个人自由而全面发展的公正思想。一是将社会公正与社会发展结合起来。全面共享必然要求社会的全面发展，否则，全面共享就是一句空话。社会主义社会，社会公正不是空洞的口号，而是必须融入在经济、政治、文化、社会、生态等各方面建设中，体现在社会整体文明之中。社会全面发展了，社会各方面的公正就越发得以彰显。二是将社会公正与人的发展结合起

① 汪盛玉：《马克思社会公正观的本质规定》，《安徽师范大学学报》2010 年第 3 期。

② 《马克思恩格斯全集》第 3 卷，人民出版社 1960 年版，第 507 页。

③ 《马克思恩格斯全集》第 31 卷，人民出版社 1998 年版，第 101 页。

来。全面共享的根本落脚点是人的发展问题。全面共享要求通过社会生产力的大力发展，促进物质生活条件、优化社会制度条件、提升精神文化条件，保障每个人在各方面的公正享有，努力促进人的全面发展。三是将社会公正与权益保障结合起来。社会公正通过人的生存和发展状况、人的基本权益获得和各种需要的满足体现出来。全面共享可以保障人们享有的各项权益，注重各项权益之间的相互影响、相互作用关系。保障人们整体权益的实现，充分满足人的需求，发挥人的潜能，不断消解社会差别，社会公正才能达到理想境界。

（二）全民共享：继承和发展了马克思所有人共同享受的社会公正思想

人类思想史上，洛克、卢梭、斯宾诺莎等资产阶级学者对正义问题有一些探讨。洛克提出“所有的人生来都是平等的”，卢梭主张“每个人都生而自由、平等”，斯宾诺莎认为“每一个个人都具有天赋的平等权利”。但他们的方法论是一种历史先验论，由于缺乏社会实践的观点，也就剥离了人与社会的内在联系，遮蔽了人权的实践根基和现实基础。尽管资产阶级学者不同程度地宣称“人人平等”，但这种“人人平等”脱离了人的社会性，抽象的论证导致一个空洞、虚幻的“所有人”概念。人在一定的社会关系中生存和发展，不存在资产阶级宣扬的“抽象的个人”。“任何解放都是使人的世界和人的关系回归于人自身。”[①] 国内学者汪盛玉指出，马克思社会公正观指谓的“所有人”是现实的具体的人，其内涵有三个层次：“其一，所有被不公社会制度所扭曲的人。……其二，所有被剥削被压迫的人民群众……其三，所有民族国家的无产阶级。”[②]“所有人”的核心部分是指广大人民群众，社会公正的价值主体应该属于广大劳动人民。

---

① 《马克思恩格斯全集》第 3 卷，人民出版社 2002 年版，第 189 页。

② 汪盛玉：《马克思社会公正观的本质规定》，《安徽师范大学学报》2010 年第 3 期。

共享发展倡导全民共享，全民共享继承和发展了马克思所有人共同享有的社会公正思想。一是将社会公正与守住底线结合起来。一种社会制度能否保障全体成员尤其是弱势群体最基本的底线平等，是影响共享发展的一项重要因素。社会主义初级阶段的全民共享，必须立足社会发展的现实，凸显社会公正，首要任务是守住底线，做好普惠性、基础性、兜底性民生建设。具体体现为：在民生建设中，政府主要是保基本，不做过多过高的承诺；在全面建成小康社会中，关注不同区域的协同发展，重点抓好扶贫脱贫工作；在城乡一体化建设中，重点关注农村、农业的发展，帮扶社会弱势群体。二是将社会公正与利益协调结合起来。社会公正的落脚点是现实中的每个人，社会公正的主体和归宿是实现人的基本权利和利益。全民共享的制度安排体现公平正义原则，谋求建立多层面的利益协调机制，合理地解决人们之间的物质、精神利益上的矛盾，统筹和协调个人与集体、局部与整体、当前和长远等各个方面的利益关系。三是将社会公正与人民群众检验结合起来。只有所有人都能平等享有社会发展成果，才能谈得上社会的公正。全民共享以最广大人民根本利益为最高标准，社会是否公正由广大人民群众去检验。改革发展是否取得成功，最终的判断标准是人民能否共同享受到改革发展的成果。

（三）共建共享：继承和发展了马克思的平等权利和平等义务相统一的公正思想

马克思社会公正观的要义之一就是“平等权利和平等义务的统一”。马克思权利和义务相统一的公正思想主要有：首先，权利和义务是一对矛盾的统一体。在现实中权利和义务相统一就体现为人们想要获得自身的正当利益，就必须付出一定努力和代价。当一部分人只行使权利而不履行义务或付出极少的义务，而另一部分人只履行义务而无法拥有权利或拥有很少的权利时，这样的社会一定是不公正的。马克思指出：“一个人有责任不仅为自己本人，而且为每一个履行自己义务的人要求人权和公民权。没有无义务的权利，也没有无权利的义务。”[①] 其次，权利和义务是人类一定历史阶段的产物。原始社会生产力落后，没有权利、义务的观念。在私有制社会中，享有社会权利的只能是统治阶级，承担社会义务的则是被统治阶级。如资本主义雇佣劳动制度的存在，决定着权利的平等仅仅是对资产阶级而言的，而工人阶级除了出卖自己的劳动力是没有什么自由、平等可言的。最后，权利和义务相统一以社会根本制度的公正为基础。权利与义务作为社会关系范畴，依存于一定的社会制度。也就是说，只有社会根本制度从形式到内容都是公正的，才能为人的权利与义务相统一提供根本保证。社会主义公有制的建立实现了形式公正与实质公正的统一，从而保障了权利与义务实践中的真正统一。

共享发展倡导共建共享，共建共享继承和发展了马克思的平等权利和平等义务相统一的公正思想。一是将社会公正与平等参与结合起来。共建共享意味着权利与义务的统一。共建的义务与共享的权利是内在一致的，每个人只有平等参与共建过程、承担共建义务，才能拥有共享的权利。不仅如此，共建过程也是共享的过程，平等参与、平等发展既是义务也是权利，是权利与义务相统一的重要体现。二是将社会公正与发展动力结合起来。现实的人成为社会问题的焦点，也是解决一切社会问题的动力依靠。人民是历史的创造者，共建共享紧紧依靠人民，充分尊重人民首创精神。依靠共享，发挥人民群众的积极性、主动性、创造性，依靠人民干事创业，激发社会的发展动力。三是将社会公正与增进人民团结结合起来。在共建共享过程中，实现权利与义务的统一，增强人民群众的公平正义感，增强对于社会主义制度优越性的认同感。不断消除社会矛盾，增强人们之间的团结，营造稳定、和谐的社会氛围，增强对于全面深化改革的认同度。

① 《马克思恩格斯全集》第16卷，人民出版社1964年版，第16页。

（四）渐进共享：继承了马克思的历史与现实相统一的社会公正思想

社会公正是个历史范畴，具有历史性。在人类文明社会的不同历史时期、不同发展阶段，公正的内涵是不一样的。恩格斯指出："关于永恒公平的观念不仅是因时因地而变，甚至也因人而异，它是如米尔柏格正确说过的那样'一个人有一个理解'。"[①] 在阶级社会里，社会公正一定打上了阶级的烙印。没有超时代、超阶级、永恒不变的社会公正。马克思社会公正观把"现实的人"作为主体，把现实的人的发展放在社会发展的背景中来考察。就现实而言，社会公正也是相对的。恩格斯指出："在国和国、省和省、甚至地方和地方之间总会有生活条件方面的某种不平等存在，这种不平等可以减少到最低限度，但是永远不可能完全消除。"[②]

共享发展倡导渐进共享，渐进共享继承和发展了马克思的历史与现实相统一的社会公正思想。一是将社会公正与社会发展现实结合起来。在同一历史阶段，共享也不是平均主义，社会公正是相对的，不均衡的共享才是绝对的。就社会生产力发展水平而言，社会主义初级阶段完全实现社会公正的物质、精神基础还远远不够；就市场经济而言，社会主义市场经济尽管最大限度地克服了市场经济本身的不平等，也不可能做到完全的平等。二是将社会公正与人们美好愿望结合起来。满足人们日益增长的美好生活需要，必需逐步提升社会公正水平。人民群众是既是社会公正的需求者、受益者，也是推进社会公正不断提升的动力主体。只有依靠最广大人民的主体力量，发挥他们的聪明才智，才能推进中国特色社会主义的社会公正。三是将社会公正与社会发展进程结合起来。渐进共享，表明人们的共享要求不能超越社会发展现实的承受度。人们对社会主义公平正义的认

① 《马克思恩格斯全集》第 18 卷，人民出版社 1964 年版，第 310 页。
② 《马克思恩格斯全集》第 19 卷，人民出版社 1963 年版，第 8 页。

识有一个不断深入的过程，平等共享的实现有一个不断完善、提升的过程。片面追求社会公正、平等共享，不仅不能达到理想要求，还会影响社会发展的客观进程。

三、马克思社会公正思想对推进共享发展的若干启示

马克思社会公正思想对推进共享发展具有重要的启示意义：必须坚持社会公正这一核心价值理念，完善社会公正制度，以发展为前提促进社会公正，不断提升共享发展水平。

（一）坚持社会公正这一核心价值理念，推进共享发展

“消灭剥削，消除两极分化，最终达到共同富裕”是社会主义的本质特征之一。这就表明：实现社会主义的社会公正必须不断变革生产关系，尽力铲除社会中的剥削、两极分化等不公正现象；以共同富裕为根本发展目标，保障社会各阶层共享社会发展成果。当然，必须承认社会主义社会仍然存在着不平等，不可能实现完全的公正。对此，马克思指出：“我们这里所说的是这样的共产主义社会，它不是在它自身基础上已经发展了的，恰好相反，是刚刚从资本主义社会中产生出来的，因此它在各方面，在经济、道德和精神方面都还带着它脱胎出来的那个旧社会的痕迹。”[①] 现实而言，社会主义初级阶段的中国实行的是市场经济，就必然带有市场经济先天的弊端，导致社会一些不公正现象的产生。

共享发展与社会公平正义是内在统一的，共享发展注重解决社会公平正义问题，通过公平正义反过来更好地推进共享发展。推进共享发展，必须坚持社会公正这一核心价值理念。从客观上来看，社会主义市场经济与

① 《马克思恩格斯选集》第 3 卷，人民出版社 1995 年版，第 304 页。

资本主义市场经济相一致，都具有市场经济的共性，但存在本质上的差异，那就是社会主义市场经济应该包蕴着社会主义社会公正的价值理念，尽力克服或避免市场经济的弊端，减少其不公正的消极效应。当前中国仍存在着贫富悬殊、分配不公等问题，这与社会主义市场经济的不完善有着紧密的关联。有学者指出，社会分配正义和经济发展效率之间存在着共融性，这是“共享”发展得以成立的基础。促进社会公正是党在全面建成小康社会中的重要内容，坚持社会公正这一核心价值理念，更好地规范市场、驾驭资本，为推进中国特色社会主义的共享发展奠定经济制度基础。

从主观上看，社会公正是一个社会具有凝聚力、向心力和感召力的重要源泉，也是核心价值观的取向。社会公正是具体的、现实的，不同的时期、不同的人对社会公正有不同的理解。“社会成员在价值上是可塑的，其既有的人性内容是可以改变的，是可以向善的。”① 在全体社会成员中强化社会公正理念，有利于消除社会各阶层之间的偏见、冲突、隔阂，平衡阶层之间的利益关系，推动各阶层形成和谐共处关系，最终达到凝聚社会共识的目标。只有人们形成高度的思想认同、价值认同，凝聚社会共识，才能促使人们在推进共享发展过程中保持行动一致，更好地保障全体社会成员的利益。

（二）完善社会公正制度，推进共享发展

社会主义制度优越性的一个重要体现就在于能更好地解决社会公平问题。邓小平指出：“我们为社会主义奋斗，不但是因为社会主义有条件比资本主义更快地发展生产力，而且因为只有社会主义才能消除资本主义和其他剥削制度所必然产生的种种贪婪、腐败和不公正现象”。② 社会主义公有制为社会公正的建立提供了根本制度上的保障，但并不意味着只要建

① 高兆明：《制度公正论》，上海文艺出版社 2001 年版，第 108 页。

② 《邓小平文选》第三卷，人民出版社 1993 年版，第 143 页。

立了社会主义基本制度，就必然出现一个公正社会。马克思在《哥达纲领批判》中关于按劳分配的论述深刻表明，即使在社会主义公有制条件下，社会公正在每个人身上的体现程度也不会完全一样。按照马克思公平思想，社会主义初级阶段公平的前提是承认人生而不公平的事实，人们享有劳动意义上的公平，但同时也存在事实上的不公平。由于劳动者的个人天赋、社会负担、工作能力等方面的不同，社会成员对社会公正的享有是不一样的。"它承认个人劳动能力和与此相关的利益差别是个人天然的权利，要求不同的个人之间具有明确的利益边界和权利边界，多劳多得，少老少得，不劳动者不得食"①。

社会主义的社会公正有待具体制度体系的保障与完善，只有完善社会公正制度体系，才能推进共享发展。有学者提出，社会分配不公是由体制性的非市场因素、腐败性的不公平因素、政策性的不平衡因素、市场经济体制的不完善因素造成的。②就个体而言，"一个基本公正的制度环境，则会鼓励社会成员彼此协作、互助互利、抑恶扬善，使一个原本品行不端的人可能行为得当。"③因此，要通过创新制度安排，建立一个公正的制度环境。就社会而言，在制度建构中建立起形式公正体系，并确保这一体系具有实质公正的内涵，最终实现起点公平、程序公平和结果公平的统一。社会主义的社会公正不仅要通过不断完善社会主义基本制度来体现和保障广大社会成员根本利益的一致，而且关键要随着生产力和社会多样性的发展，通过建立适当的社会主义具体体制和采取相关的政策来促进和保障广大社会成员具体利益的实现和协调。现时代许多社会制度诸如收入教育制度、医疗卫生制度、就业制度、社会保障制度、福利分配制度等都有一些公正缺失现象，必须协同完善、系统推进。

① 张宇：《马克思的公平理论与社会主义市场经济中的公平原则》，《教学与研究》2006年第2期。
② 赵汇、代贤萍：《共享发展与社会分配公正》，《中国特色社会主义研究》2016年第6期。
③ 高兆明：《制度公正论》，上海文艺出版社2001年版，第113页。

（三）以发展为前提促进社会公正，提升共享发展水平

马克思恩格斯认为，高度发达的生产力是社会公正的基石。没有物质生产作为基础，一切公平、正义、人权都是空中楼阁。邓小平指出，“解放生产力、发展生产力、消灭剥削、消除两极分化”是社会主义的本质。解放与发展生产力，为实现社会公正奠定坚实的物质基础；消灭剥削和消除两极分化，是在生产力高度发达的基础之上实现人与人之间的平等。

共享发展是发展和共享两方面的有机统一。其中，发展是共享的基础，共享是发展的目标。没有发展，尤其是社会生产力的大力发展，共享就是无源之水。只有提升生产力水平，才能有物质财富基础，为改善人民生活水平，不断缩小贫富差距、解决社会不公问题创造条件；只有提升生产力水平，才能为人们的精神生活水平的提升创造物质基础，让人们更多地追求社会公正，激发推进社会公正的动力、合力；只有提升生产力水平，才能为社会制度、法治建设提供物质保障，进一步促进整个社会公正的制度完善。在建设中国特色社会主义的过程中，要注重经济发展，从社会主要矛盾中找动力、找根源、找对策、找方案，切实改善民生，在发展中推进社会公正。

第三节　马克思社会有机体理论与共享发展

马克思社会有机体理论揭示了社会有机体的多重特性，对当代中国的共享发展具有重要启示意义。共享发展坚持了合规律性与合目的性的有机统一，从根本上遵循了社会有机体的多重特性。

一、坚持社会有机体的主体性，以全民共享为目的而实现人人共享、各得其所

社会有机体与自然有机体最为根本的区别在于社会有机体具有特殊的主体性。社会有机体的运行总是打上了人的行为印记，始终渗透着主体人的意志和目的，体现人的主体性。恩格斯指出，“在社会历史领域内进行活动的，是具有意识的、经过思虑或凭激情行动的、追求某种目的的人；任何事情的发生都不是没有自觉的意图，没有预期的目的的。”① 社会有机体的功能不仅在于社会本身的自组织运行，而更在于为了实现人的利益、提升人的幸福生活、促进人的全面发展。

习近平提出，共享发展是全民共享。共享发展要求以全民共享为目的，保障人们的全过程共享、保证人群间的平等共享、促使区域间的均衡共享，从而实现全民共享，鲜明地体现了社会有机体的主体性。

（一）以公平正义的广泛实现保障人们的全过程共享

共享发展必须追求公平正义，以公平正义的广泛实现保障人们的全过程共享。以往的“共享发展成果论”具有内在的局限性，“只想将蛋糕分配公平的分配正义，而没有将蛋糕做大的激励措施，是不可持续的。最终将沦为竭泽而渔的悲壮后果。”② 提升人的幸福生活、促进人的全面发展，不应仅关注发展成果的共享，应强调人们从起点到参与成果分配的全过程共享。

首先，以创设公平的发展起点、发展机会实现公平正义，进而实现公平共享。创设公平的发展起点，赋予人们公平的发展机会，为每一个人发

---

① 《马克思恩格斯文集》第 4 卷，人民出版社 2009 年版，第 302 页。

② 任平、吕鸣章：《走向共享发展：中国发展正义道路的出场逻辑》，《南京社会科学》2017 年第 8 期。

挥能力、施展才华提供平台，才能实现公平正义。否则公平共享最终只能成为泡影。其次，创设公平的发展权利、发展空间，在保障人们的过程共享中实现公平正义。在过程共享中，使个体获得能力发展、素质提升以及参与过程中成就价值感的幸福体验。最后，强调共享发展成果，不能重回平均主义。只有主要依据人们在共建过程中的付出、贡献、成效大小，给予相应的成果分配，才能最大限度地保证利益分享的合理、正当性。

我们处在社会主义初级阶段，现有的生产力发展水平还无法实现马克思、恩格斯设想的共产主义的共享社会。但应根据现有条件，落实好以人民为中心的发展，为实现人的自由而全面的发展打下坚实的基础。这就需要以公平正义的广泛实现保障人们公平的起点、平等的参与和公正的分配，保障人们的全过程共享。

（二）以利益整合、平衡、协调为轴心而实现平等共享

共享发展是一种为全体人民福祉的价值观，关注人群间的平等共享。马克思从现实的人而不是抽象的人的视角把握具体的人，现实、具体的人总有其实际的利益和需要。作为一种新的发展理念、发展方式，应以利益整合、平衡、协调为轴心，构建人群间的共生、共融、共赢关系而实现平等共享。

首先，给予弱势群体利益倾斜或资助，在共生的人群关系中实现平等共享。所谓共生关系，主要指依靠整个社会的人文关怀，给予相对弱势群体利益倾斜或资助，维系所有人尤其是弱势群体的生存与发展，形成共生共在的关系。社会不同人群利益的实现是相互影响的，一部分人拥有发展成果的特权，即意味着社会失去了基本的公正，那么另一部分人难以平等享有发展成果，就容易成为弱势群体。从构建人群间的共生关系出发，所有人都应以不阻碍他者的生存发展为前提，形成紧密的相互依赖关系，这是社会平等共享的应有之义。

其次，以利益整合、平衡为前提，在共融的人群关系中实现平等共享。所谓共融关系，主要指以公平的利益整合、平衡为前提，构建相互友爱、彼此宽容、紧密协作的融洽的人群关系。随着社会发展和生活水平的提高，人们对社会公平问题更加关注。而利益分配、享有是公平问题最直接、最现实的体现。只有从保持人群间共融关系出发，整合、平衡各方利益，及时化解利益矛盾与冲突，才能更好地满足人们对平等共享的需求。随着改革的深化，就更要重视社会利益的平衡；随着发展的提升，就更要注重人民生活的改善。

最后，以利益增进为目的，在共赢的人群关系中促进平等共享。平等共享不能仅从静态意义上去理解，还应该从利益增进的角度出发，从动态意义上把握。所谓共赢关系主要指创设公平的市场经济环境，促使经济交往活动双方主体相互竞争与合作，形成资源共享、利益互惠、需求互补等相互关系。实践中应承认人们的需求多样化、多层次性，不仅强调人们的竞争意识，更强调人们的合作意识，鼓励人们在合作中获得共赢；不仅给予相对弱势、贫困人群物质方面的资助，最为关键的是为相对弱势、贫困群体创造发展条件与空间，增强他们的共享发展能力以不断获取利益的增进。

二、坚持社会有机体的整体性，以全面共享为基础而保障人们的合理欲求、正当权益

社会有机体是一个系统整体，具有“机体”的特性。马克思在资本论中总结说：“现在的社会不是坚实的结晶体，而是一个能够变化并且经常处于变化过程中的有机体。”[①] 社会是一种包括经济、政治、文化、社

① 《马克思恩格斯文集》第5卷，人民出版社2009年版，第10—13页。

会、生态等各个方面的有机整体。马克思从总体性的高度观察和分析社会，将整个社会看作是在实践基础上生成并不断发展的动态的有机系统。

在当代中国，社会全面发展程度相对于人的发展需求还有很大差距。依循社会有机体的整体性，以整体性的科学发展、系统性的全面建设、全面中的重点突破来实现人们的全面共享。

（一）以整体性的科学发展奠定全面共享的社会基石

共享发展是全面共享，必然以社会的全面发展为前提。在一定时期，不能离开社会有机体的客观进程奢谈人的全面发展，也不能离开人的全面发展空谈社会有机程度的提升。在具体的历史阶段，社会的发展并不必然促进所有人的全面发展。在片面性的社会状态下，只能强化人的片面性需求、造就片面性发展的人，从而无法实现人的全面享有、促进人的全面发展。

改革开放初期，我国由于社会生产力低下，突出强调了经济发展，当然有其合理之处。这个时期由于受历史条件、发展认识的局限，对社会全面发展重视不够，对人的全面共享权益关注得也不够。马克思主义认为，社会发展与人的发展具有同构性，社会全面发展程度如何，人的全面发展水平就如何。任何一个方面发展滞后，都会影响全面建成小康社会目标的实现，影响人的全面发展程度。在全面建设小康社会的今天，只有以整体性的科学发展统筹推动各方面的文明建设，使各方面保持全面、协调、持续发展，才能为人们的全面共享提供丰富的发展成果，更好地促进人的全面发展。

全面发展的目的是满足人们的全面共享。“共享发展基本的文化态度应是整体发展、多样共存与生态和谐，单向度的 GDP 增长并不代表全方位的社会成长。”① 随着社会的发展，人们的需求在发生变化，层次在提升、内容也在丰富。人们所追求的不仅仅是物质利益，对政治、文化、社会、生态等方面的利益需求也越来越强烈。

（二）以系统性的全面建设实现人们的正当、合法权益

社会有机体由多样的要素、组织、子系统有机构成。相对于社会有机整体来说，各要素、组织、子系统之间存在结构与功能上的差异性。多样的要素、组织、子系统在结构上相互契合，在功能上相互补充，在运行机制上相互协同，对社会有机体的健康运行具有重要意义。轻视甚或失去每一种要素的独特功能，对社会有机整体都将产生重要影响甚至导致其运行紊乱。因此，必须重视社会有机体每一要素、组织、子系统的结构功能差异性，处理好不同要素、组织、子系统间结构契合、功能互补以及协同运行的关系。

在现实中，人们往往缺乏整体、系统、全局的视野，过多关注自我利益而认可本系统、自我所在部门的重要性，认为自我所在系统、部门在推动社会发展中发挥着重要的功能，而对其他人群所在系统、部门的地位功能认识不到位，一些人甚至贬低或排斥其他系统、部门的地位功能。整体性发展、系统性建设需要充分考虑社会有机体的特性，在社会发展中重视各要素的相互影响和各生产领域的相互契合。因此，需要对社会发展进行全面规划，注重统筹和协调，以系统性的全面建设实现人们的正当、合法权益。

人们各种权益的实现是相互影响、相互渗透、相互制约、相互作用的。任何一方面的权益得不到保障，必然会影响到其他正当、合法权益的实现。保障人民群众对美好生活的向往和追求，需要依法保障全体公民享有广泛的权利，保证公民经济、文化、社会等各方面权利得到落实。因

① 张彦、顾青青：《共享发展：当代发展伦理的中国表达》，《思想理论教育》2016 年第 7 期。

此，实践中，必须以系统性的全面建设推进共享发展。这就需要人们超越狭隘的自我利益、部门利益，对各个系统、部门的地位和作用进行正确定位，引导各个领域作用力的紧密配合、协调运作、协同发挥，以社会的全面发展促进全面共享，进而实现人们的正当、合法权益。

（三）以全面中的重点突破保障人们的合理诉求

没有经济社会发展，“蛋糕”做不大，就无法谈起全民共享，难以保障现实中人们的各种合理诉求。我们虽然强调全面发展实现全面共享，但在任何时期、任何条件下，社会各个领域不是也不可能绝对均衡地同步发展，也就是说，应在全面中寻求重点突破，以重点突破带动全面发展。在社会主义初级阶段，尽管经济建设有了重大突破，但现实国情表明：物质生产在整体性生产中始终处于基础性、主导性领域，以经济建设为中心的战略不能改变。只有紧紧抓住经济建设这个中心，进一步把“蛋糕”做大，才可以为实现社会公平正义提供更加坚实的物质基础。

推进共享发展，既要全面认识面临的各种问题，又要把握重点矛盾，依据社会发展的实际，注重轻重缓急、主次分明、先后有序。当下，民生领域是一个突出的短板，要防止个人因财产占有量不同而造成收入差距继续拉大的问题，要防止人才、资源不合理流动而造成的不同区域、城乡之间的发展差距问题，还要防止社会保障、福利、公共建设等不均衡而造成的不公平问题。回应人民的诉求，当下一个重点任务是应作出更有效的公正的制度安排。

现实中保障人们的合理诉求，还应关注重点人群和地区。要重点针对贫困地区和困难群体实施精准扶贫，对重点群体和重点地区进行倾斜。脱贫攻坚贵在精准，要把革命老区、民族地区、边疆地区、集中连片贫困地区作为脱贫攻坚重点，保证贫困地区人群能够和全国人民一样平等享有社会发展成果。

三、坚持社会有机体的实践性，以共建共享为原则而激发人人参与、人人尽力

马克思一方面论述了社会有机体具有客观性，另一方面也论述了社会有机体具有实践性。社会有机体活力来自人的实践能动性，社会有机体的推动力量来自所有人的合力。在人们实践合力的推动下，社会有机体保持着活力样态，推动着社会有机体从低级到高级的动态演变。

同样，共享发展以共建为推动力。共建影响着共享，共享也反作用于共建。共建共享的过程是不同主体间利益协调、责任分担、资源整合和协同建设的过程。推进共享发展，需要在不同区域或人群范围内构建责任共同体、利益共同体、发展共同体。“人们生活在一个共同体中，意味着他们的物质和精神生活在某种程度上是共享的、共有的，共同体成员以不同形式互惠，并且在非工具价值意义上彼此珍视。”[①] 每一个成员（包括企业、各种组织等）都将自己作为主体，以协调、合作的方式享受主体权利的同时也履行对共同体的义务。依靠共同体强化价值认同、激发人际合力、实现发展目标，保障人们的渐进共享。

（一）构建责任共同体，强化对共建共享的价值认同

共建需要人人参与、人人尽力，这需要人们在理念认同、价值认同的基础上，因强烈的使命意识、责任观念而达至自觉的行动。因此，需要构建责任共同体，在普遍的共享文化氛围中，凸显共享发展理念蕴含的公平正义价值，逐步引导人们树立共建共享的使命意识和责任观念，倡导共建共享的社会伦理与公序良俗，形成共建共享的良好社会秩序并在此基础上促使人们形成自觉的行动。

① 朱恒鹏、徐静婷：《共享发展、共同体认同与社会保障制度构建》，《财贸经济》2016 年第 10 期。

构建责任共同体对共享发展具有重要的现实意义。“在许多情况下，人们不仅有财富最大化行为，还有利他主义（altruism）和自我约束的行为，而这些不同动机会极大地改变人们实际选择的社会结果。”① 一是在共同体中，依靠思想文化教育，有利于疏导并引领各种社会思想意识，易于促进异质化价值观念走向互通、融合，维护社会公平正义，形成人们对共建共享的价值认同与遵循；有利于引导人们在共建共享中获得人生价值的成就感、幸福感，获得对共同体的认同、归属感，促使人们相互的思想感染和行动影响，产生互帮互助行为；有利于共建主体明确各自的职责与义务、因共享而激发能量，最大限度地调动人们的积极性、主动性、创造性，以自己独特贡献创造更多的物质财富与精神财富。

构建责任共同体，需要采取有效途径强化对共建共享的价值认同。“个体隶属于某个共同体的重要方式与标志，就是理解、认同和自觉地履行本共同体的行为规范与准则。”② 首先，应开展社会主义核心价值观教育，通过有效的宣传教育渗透，以社会主义先进文化的价值主导地位，引导人们增强对共建共享的价值认同，增强责任意识。其次，通过各种类型、多种教育形式促进社会共建共享理念的大众化灌输，深入阐释社会主义共建共享的重要性，并通过公共媒介的宣传引导，实现共建共享理念在人群中的内化。最后，通过改革不合理的具体制度，逐步消除共建共享中不平等现象，普遍满足人民群众的利益需求，从而增强人们对共建共享的热情，依靠实践感悟强化人们对共建共享的价值认同。

（二）构建利益共同体，激发共建共享的人际合力

“利益结构在理论上被看作是社会结构的物质基础，并且是决定共享

① ［美］道格拉斯·C. 诺思：《制度、制度变迁与经济绩效》，杭行译，格致出版社、上海人民出版社 2008 年版，译序第 7 页。

② 李佑新：《走出现代性道德困境》，人民出版社 2006 年版，第 188 页。

利益实现程度的重要因素。”[①] 以共享引领共建，就是以共享水平的逐步提升，增进人们利益、提升生活质量，让人们在实践过程中感受共建所带给人们的幸福，从而主动自觉地参与共建。恩格斯的社会合力论指出，人们的实践活动产生了人际合力，社会发展受着人们总体合力的推动。“具有社会性质的物质生产活动就是把不同的个人联系在一个共同体之中的社会纽带和中介。……人只有通过实践活动，才能置身于真正的共同体之中，才是真正的社会存在物。”[②] 从社会主体角度看，不同共建主体对推进社会发展的力量不一样，既有贡献大小的程度差异，也有不同类型劳动贡献的差异，所有人的共建力量汇聚成推进共享发展的合力。

构建利益共同体对于推进共享发展具有重要的实践价值。一是在利益共同体中，因利益纽带而增强协商意识，营造和谐氛围，增强彼此的信任，强化共同体的凝聚力，有利于共建的一致行动。二是能够打破当前各类组织、人群之间在共建共享中的孤立分割局面，促进人群之间的良性互动和协作。在互助、协作中促进人民群众人际合力的形成，获得推进共享发展的最大动力。三是在利益增进的前提下，持续发展的共同体能够为共享发展提供稳定、持续的物质支撑，更好地保障人们各种权益的实现。

构建利益共同体，需要采取有效的途径激发人际合力。实践中应采取如下措施。一是进一步促进公平分配，逐步打破两极分化格局，缩小贫富差距；发挥社会力量和市场力量的扶贫助弱，拓展社会扶贫助弱的渠道。二是不断扩大各主体间共同利益的契合点，多渠道为人们的生产和生活提供公共服务，积极引导市场和社会力量有效供给公共服务，促进公共资源的公平分配。三是加强政府对市场经济的有效引导和积极扶持，以市场价值规律激发各方参与主体力量，同时加强法治建设，防止个体对共同体利益的随意践踏。

---

① 吕健：《共享发展的社会主义政治经济学》，复旦大学出版社 2016 年版，第 129 页。

② 刘海江：《马克思实践共同体思想研究》，中国社会科学出版社 2016 年版，第 20 页。

（三）构建发展共同体，实现共建共享的主要目标

构建发展共同体，实现共建共享的主要目标，应主要通过创新体制机制，以体制、机制改革推进社会关系的完善，激发全社会的活力。当下，在推进各方面建设的协调发展中，制度上还存在很多不完善的地方，影响了共建共享主要目标的实现。

构建发展共同体对推动共建共享具有重要价值。“构建发展共同体就是要摆脱狭隘的利益关系，也就是使个人关系与个人能力的普遍性和全面性得到更充分的发展。”① 首先，共同体应有其规范的制度。依靠制度的强制规范性，为人们的行动提供根本遵循和行动指南；其次，共同体有其系统性的内容，依靠完整的建设体系，实现公平正义，保障人们的政治、经济、文化、社会、生态等权益内容，不断提升人的全面发展的实现程度；最后，共同体有其持续性的目标导引，依靠目标导引，有利于保障不同时期共享制度的衔接性、稳定性、连续性，保障共建共享的持续推动。

构建发展共同体实现共建共享的主要目标，实践中应做到如下几个方面。一是要保障人民群众的主体地位，充分依靠和发挥广大人民群众的力量和智慧，为全社会创造更多更好的物质财富和精神财富。二是应该着眼于人的全面发展。“判断一个社会机体是否健康、是否具有生命力，就要看它是否能有效地促进人的自由全面的发展。”② 在共建共享中提升人的素质和能力，不断提升人的全面发展的实现程度。以人的全面发展的提升反过来作用于社会发展，提高社会发展的质量与效益。三是坚定社会主义共享发展的方向。走向共同富裕，是发展共同体的目标方向。社会主义共享发展同西方国家的福利共享有着本质的区别。在一定时期，共享发展不能完全受个人意志支配，并不能完全满足每个人的主观意愿和利益需求。依

① 王萍霞：《马克思发展共同体思想研究》，江苏人民出版社 2016 年版，第 248 页。
② 周志山：《马克思社会有机体理论的和谐社会意蕴》，《理论探讨》2007 年第 5 期。

据共享发展的根本方向，应对共享实践活动进行适时的引导和纠偏。

第四节　马克思主义社会矛盾思想与共享发展

中国特色社会主义进入新时代，我国社会主要矛盾已经由“人民日益增长的物质文化需要同落后的社会生产之间的矛盾”转化为“人民日益增长的美好生活需要和不平衡不充分的发展之间的矛盾”。这一重大政治判断是习近平新时代中国特色社会主义思想的重要组成部分，具有深远的理论意义与实践价值。化解新时代我国社会主要矛盾面临着诸多困境与挑战。共享发展与新时代我国社会主要矛盾有着紧密的内在关联，坚持共享发展是化解新时代我国社会主要矛盾的重要方略。

一、马克思主义关于社会矛盾的主要思想

马克思论述过人类社会存在着生产力与生产关系、经济基础与上层建筑之间的矛盾。这一基本矛盾“自始至终存在于一切社会形态并规定社会的性质和基本结构，贯穿于人类社会发展的始终且推动着人类社会由低级向高级发展”。[①] 马克思恩格斯指出资本主义社会存在三大具体社会矛盾，也即城乡差别、工农差别、脑力劳动和体力劳动的差别。资本主义三大社会具体矛盾是由资本主义私有制和不合理的分工造成的，消灭三大社会矛盾必须大力发展生产力、消灭私有制、消除不合理的分工。恩格斯指出：“旧的生产方式必须彻底变革，特别是旧的分工必须消灭。代之而起的应

① 韩禄：《马克思主义经典作家社会矛盾思想的发展历程》，《中共天津市委党校学报》2012年第1期。

该是这样的生产组织……这样，生产劳动就不再是奴役人的手段，而成了解放人的手段，因此，生产劳动就从一种负担变成一种快乐。”① 这一矛盾“是产生现代社会的一切矛盾的基本矛盾”。资本主义基本矛盾是导致以劳资对立和经济危机为代表的资本主义社会主要矛盾的根源，即资本主义社会基本矛盾决定了社会主要矛盾。

列宁指出，随着剥削和私有制的消灭、社会主义公有制的建立，资产阶级与无产阶级之间、资本家和工人之间的对抗将会消失，但社会矛盾将长期存在。俄国社会的基本矛盾是先进的社会主义制度与落后的经济文化之间的矛盾，这个矛盾将长期存在并制约俄国经济社会的发展。在社会主义制度下，由于各阶级之间在根本利益上是一致的，阶级之间的矛盾是非对抗性的矛盾，是可以通过社会主义制度化解的矛盾。“列宁根据对俄国过渡时期社会主义建设实践的分析，在理论上第一次把非对抗性矛盾作为社会主义社会发展的新动力。”② 列宁还认为，在社会主义制度建立以后，在人民内部还存在工人内部、农民内部和工农、无产阶级与知识分子、中央与地方、各民族等许多不一致的地方。

毛泽东同志认为社会主义社会充满着矛盾，社会主义制度的优越性在于它的矛盾能够经过社会主义制度本身来解决。毛泽东提出了社会主义社会存在两类不同性质矛盾的观点，即敌我矛盾和人民内部矛盾，尤其是创造性地确立了关于正确处理人民内部矛盾的科学理论，阐明了解决这些矛盾的原则和公式，揭示社会主义社会内部运动的力量。毛泽东完整提出了社会主要矛盾概念，即伴随事物发展的诸多矛盾中必有一种是主要的矛盾。社会主要矛盾就是指在一定社会发展过程中规定或影响其他矛盾的矛盾力量。主要矛盾和矛盾的主要方面反映了事物发展和联系的非均衡性，

---

① 《马克思恩格斯选集》第 3 卷，人民出版社 1995 年版，第 644 页。

② 周海荣、何丽华：《马克思主义社会矛盾理论视域下我国社会主要矛盾的转变》，《社会科学》2018 年第 4 期。

这种非均衡性正是矛盾特殊性的重要表现，它随着事物的发展而发生变化。马克思主义矛盾思想为我们更好地厘清社会基本矛盾与社会主要矛盾的理论关联、把握共享发展的矛盾化解提供了思想资源和理论基础。

二、共享发展与新时代我国社会主要矛盾的内在关联

共享发展是一种包容性发展，其内涵的四个方面均与新时代社会主要矛盾有着紧密的内在关联。

共享发展的内在矛盾与社会主要矛盾在实质上是同一的。共享发展既强调社会的“发展”，又凸显人民的“共享”，以共享发展的实践活动联结主客体，正确处理共享与发展之间的关系，解决人们的共享需求与发展供给之间的矛盾问题。一些学者指出，新时代社会主要矛盾关系的实质也是需求与供给之间的矛盾，解决社会主要矛盾应当从“需要方”和“生产方”两个方面入手。“人的需求和生产供给之间的关系及其内在矛盾运动，是人类历史中最为根本和普遍的活动，因而是人类社会存在和发展的基础性矛盾，也是在社会诸多矛盾中起着决定性作用的矛盾。”[①]“供需在发展中产生矛盾，矛盾积累到一定程度，主体施加作用使得需求适应供给，或者使得供给满足需求，人类就是在供需矛盾一次又一次解决中，求得了发展。……将供需矛盾及其解决作为发展的微观基础，体现了共享发展理念的精髓。”[②] 新时代社会主要矛盾既强调了社会发展问题，也从人民需求的范围拓展和层次提升方面提出了新的要求和目标。因此，就需求与供给之间的矛盾而言，共享发展的内在矛盾与社会主要矛盾关系在实质上是同一的。我们可以从以下几个方面具体分析。

① 罗永宽：《社会主要矛盾新论断对唯物史观的坚持与发展》，《中国地质大学学报（社会科学版）》2018 年 1 期。

② 刘翔宇：《共享发展的微观基础和制度安排——基于海南的调查与经验》，首都经济贸易大学出版社 2017 年版，第 140 页。

首先，全民共享与矛盾关系的主体需求。全民共享是人人享有，而不是少数人、一部分人享有。全民共享与矛盾关系的主体需求即“人民日益增长的美好生活的需要”是一致的。其一，全民共享蕴含的公平正义是满足人民美好生活需要的重要条件和内容。共享发展通过创设公平的发展起点、发展机会、发展条件，以公平正义的广泛实现保障全民共享发展成果，而且，公平正义本身就是人们重要的精神生活内容之一。社会主要矛盾所指向的“需要方”不应是少数人的需求，而是人民的平等需求、公平共享。因而，公平正义是满足人民美好生活需要的重要条件和内容。其二，全民共享倡导的人群利益整合是满足人民美好生活需要的重要环节。共享发展通过整合、平衡、协调利益，及时化解利益矛盾与冲突，保障所有人尤其是弱势群体的生存与发展，保证所有人群平等共享发展成果。只有在整合与协调人群间利益的基础上，才能满足所有人的美好生活需要。其三，全民共享要求的区域均衡共享是满足人民美好生活需要的重要基础。共享发展以差异协同的发展格局，保持区域间差异共享的适度性，最大限度地保障各区域人群共享日益增长的物质和精神财富。只有保障区域间的均衡共享，才能满足各区域、各族人民的美好生活需要。

其次，全面共享与矛盾关系的客体内容。全面共享意味着通过经济、政治、文化、社会、生态文明等方面的平衡、协调与充分、全面发展，保障人民共享各方面的建设成果与合法权益。全面共享的任何一个方面都不能缺位，但全面共享必须以社会全面发展为前提。新时代社会主要矛盾关系的客体内容是社会发展问题。解决新时代社会主要矛盾既需要纵向上的社会增量发展，又需要横向间的社会平衡完善。现实中不平衡不充分发展说到底是社会离全面发展的程度还有很大距离。这是因为，不平衡发展本身就是社会全面发展程度不高的直接体现，而社会全面发展程度建立在全社会各方面充分发展的基础之上。随着社会发展进程加快，经济、政治、文化、社会、生态等方面的联系程度越来越紧密、相互之间的关系越来越复杂。社会全面发展程度如何，人们共享水平就如何、人们的美好生活水平就如何。“不平衡不充分的发展”是相对于全民、全面共享而言的。离开了全民与全面共享，就无所谓社会发展的不平衡与不充分问题。因此，全面共享与矛盾关系的客体内容是一致的，即通过“全面共享”引领社会全面发展。

再次，共建共享与矛盾化解的重要方式。共享发展坚持共建共享，要求每个人在共建中共享、在共享中共建。共建与共享是个矛盾统一体，共建以共享为目的和引领，共享以共建为前提和基础。共建共享体现了发展依靠人民与发展由人民群众共享的统一性。社会主要矛盾化解的方式、途径与共建共享是一致的。社会主要矛盾化解需要凝聚全社会之力，发挥人民群众的智慧与能量，凸显了人民群众创造历史的主题。其一，之所以揭示矛盾的转化，其根本目的是更好地实现人民群众的利益。矛盾产生的始源动力一方来自于人民群众的需求，提出满足人民日益增长的美好生活需要，就是为了更好地坚持以人民为中心的发展思想，更好地实现人民群众的利益。否则，忽视了人民群众的主体需求，就不会有新矛盾的转化之说。其二，矛盾的化解过程需要人民群众的参与。矛盾化解的过程不是任意地消除矛盾，而是在人民群众参与下推动矛盾层次递升、演化发展的过程。旧矛盾之所以转化为新矛盾，关键是人民群众的参与、历史合力推动的结果。化解矛盾必须动员人民群众的广泛参与，“大家的事情大家办，共建才能共享，日益增长的美好生活需求的满足和被满足是相互作用的结果，不能仅仅理解为单向供给。”[①] 其三，矛盾化解的效果需要人民群众检验。矛盾化解的效果需要人民检验，矛盾化解的成果应由人民群众享有。最大限度地满足人民日益增长的美好生活需要，是衡量社会发展成果的重要标准，也是检测矛盾化解效果的最终标准。

最后，渐进共享与矛盾化解的持续过程。共享发展是渐进共享，实现

① 刘须宽：《新时代中国社会主要矛盾转化的原因及其应对》，《马克思主义研究》2017年第11期。

高水平的共享不能一蹴而就。提出渐进共享，强调“发展”与“共享”的一致性，凸显了利益增进与利益分享的一致关系。在社会发展进程中形成最大公约数，不断增进人民的利益、福祉，逐步保证人民各项权益的实现。就社会主要矛盾而言，生产力发展不平衡不充分问题不会在短期内消除，人民日益增长的美好生活需要只能在发展过程中逐步实现。渐进共享与矛盾化解的持续过程也是一致的。一是矛盾化解应立足于我国现实国情。“社会主要矛盾的变化，只是反映了一定时期社会矛盾运动的内涵和形式发生了变化，但不足以说明由生产力和生产关系这一社会基本矛盾所决定的社会发展阶段发生了变化。”① 我国仍处于并将长期处于社会主义初级阶段，满足人民美好需求应立足我国经济发展水平低、人口众多、资源短缺等基本国情。二是矛盾化解应循序渐进。事物的发展是渐进的、持续的，社会主要矛盾的变化也不是任意的。矛盾双方的内在演化遵循着渐进发展、逐步上升的规律。社会矛盾的变化符合社会发展的逻辑，化解这一矛盾也必须遵循质量互变的循序渐进规律。三是矛盾化解需要创新方式、方法的跟进。之所以强调渐进共享，是因为在不同的发展阶段，人民的需求水平不一样，社会发展的现状不一样，需要解决的问题也不一样，必须要有创新的方式与方法。而新时代社会主要矛盾同旧的矛盾相比，矛盾依赖的条件、矛盾所处的环境、矛盾的特征、矛盾的作用效应与过去都有很大不同。不能用旧眼光审视新问题、用老办法解决新矛盾。人民群众不断增长的需求应有科学的引导，解决不平衡不充分发展问题也需在实践中突破创新。

三、现实困境：化解新时代我国社会主要矛盾面临的问题

党的十九大报告将新时代社会主要矛盾表述为：“人民日益增长的美

① 《党的十九大报告学习辅导百问》，党建读物出版社、学习出版社 2017 年版，第 23 页。

好生活需要和不平衡不充分的发展之间的矛盾”。[①] 矛盾是推动社会发展的基本动力，正是在矛盾的层次递升、演化发展中推动中国特色社会主义事业的健康、持续发展。重新审视并准确定位我国社会主要矛盾变化之后，当下的紧迫任务是认清新时代社会主要矛盾面临的现实困境，以科学的发展方略予以应对并逐步化解。

（一）政策供给体系不健全：实现充分发展面临的急迫问题

就社会发展规律而言，发展是一个动态变化的过程。在社会发展的特定历史时期，不平衡不充分发展有一个合理的限度，而且这一限度也是具体、历史地变化的。在一定时期，当发展的不平衡不充分已经严重影响到社会发展的进程之时，就必须正视矛盾的转化，认真研究并及时地予以调整、化解，使其归于合理的“度”的范围。毛泽东强调，解决矛盾应重视矛盾的主要方面。“矛盾着的两方面中，必有一方面是主要的，他方面是次要的。其主要的方面，即所谓矛盾起主导作用的方面。事物的性质，主要地是由取得支配地位的矛盾的主要方面所规定的。”[②] 当下，发展不平衡不充分问题已经成为影响或制约满足人民美好生活需要的最主要因素，其他因素归根结底都是由这一问题派生或引发的。正如党的十九大报告指出：“我国社会生产力水平总体上显著提高，社会生产能力在很多方面进入世界前列，更加突出的问题是发展不平衡不充分，这已经成为满足人民日益增长的美好生活需要的主要制约因素。”[③] 因此，化解新时代社会主要矛盾，应以问题为导向，抓住主要矛盾的主要方面，着重解决发展不平衡、不充分的现实难题。

---

① 习近平：《决胜全面建成小康社会　夺取新时代中国特色社会主义伟大胜利——在中国共产党第十九次全国代表大会上的报告》，人民出版社 2017 年版，第 11 页。

② 《毛泽东选集》第一卷，人民出版社 1991 年版，第 322 页。

③ 习近平：《决胜全面建成小康社会　夺取新时代中国特色社会主义伟大胜利——在中国共产党第十九次全国代表大会上的报告》，人民出版社 2017 年版，第 11 页。

解决发展不平衡、不充分问题，应认识到发展不充分对发展不平衡的决定性影响与制约作用。当下我国发展不平衡问题在根本上是由于发展不充分导致的。正是因为发展不充分，难以为社会的平衡发展提供坚实的物质基础。因此，解决发展不平衡、不充分问题，从根本上需靠生产领域来解决，以实现更高质量、更有效率的发展。正如马克思所强调的，生产决定分配，只有从生产领域入手，以生产力的发展为前提，实现物质财富的极大丰富，才能最终消除贫富差距、实现人与人的平等。但实现高质量、有效率的发展，需要国家政策供给体系的完善，以实现充分发展为中心，发挥政策导向、政策调控、政策支撑、政策保障等作用。只有依靠完善的政策供给体系，提高政策的质量、增强政策的有效性，才能更好地推动各个方面、领域和区域的充分发展。

当下，我国经济由高速增长阶段转向高质量发展阶段，只有实现更高质量、更有效率的发展，才能从根本化解不平衡、不充分发展的矛盾。解决不充分发展问题，需要国家层面的顶层设计，不断完善系统性的政策供给体系。但当下的政策供给体系还不健全，不同程度地限制了社会的充分发展。如何完善政策供给体系，这是我们面临的急迫现实问题。

（二）制度安排不完善：实现平衡发展面临的重要问题

就社会发展价值取向而言，共享是社会主义的本质要求，共同富裕是我们的目标追求。发展必须坚持以人民为中心，满足人民群众日益增长的美好生活需要。当下的中国，人民生活水平明显得到改善，贫穷人口逐年递减。“六千多万贫困人口稳定脱贫，贫困发生率从百分之十点二下降到百分之四以下。”① 随着人民生活水平不断提升，人们对美好生活的向往更

① 习近平：《决胜全面建成小康社会　夺取新时代中国特色社会主义伟大胜利——在中国共产党第十九次全国代表大会上的报告》，人民出版社 2017 年版，第 5 页。

加强烈。人们的全面发展要求、多层次的需求尤其是精神文化需求日益增长。改革开放近40年，总体上我国发展取得了巨大成就，与此同时，发展不平衡、不协调、不公正的一些突出问题尚未解决，制约了人们的需求提升。因此，化解新时代社会主要矛盾，必须立足现实，解决制约平衡发展的相关问题。

虽然发展不平衡问题在根本上是由于发展不充分造成的，但并不意味着整个社会一旦充分发展了，不平衡发展问题就自然而然地会得到解决。就区域发展而言，不同区域发展的不平衡除了受制于各区域资源环境、文化传统、历史基础等因素外，深层次的原因还关涉到整体的协同制度安排问题；就人群发展而言，各个人群尤其是不同部门、行业人群发展的不平衡除了受制于区域差异因素之外，则主要同公正的制度安排缺陷有关；就社会的全面发展而言，我国经济、政治、文化、社会、生态各方面发展的不平衡问题总体上受制于发展不充分的困境，但在某些区域、某些方面发展的不平衡甚至严重失衡则同全面的制度安排欠缺有着必然的联系。另外，发展不平衡问题也不仅是单向地受制于发展不充分问题，不平衡的发展理念反过来也强化了某些区域或领域发展的不充分。人群发展的不平衡问题，不利于提高人们生产的积极性；区域发展的不平衡问题，难以促进经济社会的整体发展；经济、政治、文化等各方面发展的不平衡，意味着发展质量有待全面提升。总之，不平衡问题的聚集效应，反过来必然影响发展不充分问题的解决。

当下，我国正向全面建设小康社会迈进，必须解决不平衡发展问题。解决发展的不平衡，既需要生产力的发展，也需要生产关系的完善。改变不平衡发展现状，调整、推进社会生产关系，需要完善社会制度安排。但当下我们的制度安排在全面性、公正性、协同性等方面都有一些欠缺，制约了不平衡发展问题的解决。如何提高制度安排的全面性、公正性、协同性，是我们面临的又一个重要现实问题。

（三）需要的原驱力发挥不足够：实现美好生活目标的现实问题

就社会发展实践而言，实践联结着主客体，是主客体相互作用的过程，既反映了主体对客体的一种认识与改造关系，也体现了主体对客体的一种需求与满足的价值关系。社会主要矛盾转化既有矛盾内容层次、水平提升的变化方面，也有反映主客体基于实践基础上的对立统一关系的不变方面。“人民日益增长的美好生活需要”和“不平衡不充分的发展”作为矛盾的两端既有对立性，又有统一性。其实质是作为客体的社会和作为主体的人基于实践中介的矛盾，也即社会发展与人的发展之间的矛盾性在现实中的体现。作为社会主体的人，一定时期既受制于社会客观发展条件的限制，又具有特殊的精神超越性，对美好事物具有无限的追求。这种超越性的追求表达了人们对社会发展现实的不满，同时又体现为人们立足现实提出新的发展目标，以改造社会的实践不断推动社会发展。因此，作为矛盾的两端，“人民日益增长的美好生活需要”和“不平衡不充分的发展”依靠人们实践活动而联结，统一于新时代中国特色社会主义发展的实践推进过程。解决这一矛盾，必须在社会实践活动中充分发挥人们的主体能动性。

发挥人们的主体能动性化解矛盾，必须满足人们利益的需求。因为“需要是人的现实活动的原驱力”。① 现实的利益、需要驱使人们展开各种生产活动，人们的利益需求、利益增进是化解矛盾、推动社会发展的始源动机。人的需求满足、利益实现即素质、能力发展程度也影响着社会的发展状况。当人们的需求得以满足，能力发展获得提升，加之人的积极性得到最大程度地发挥，就能更好地促进社会平衡、充分的发展。从根本上而言，社会发展是手段，人是发展之目的；而在具体过程中当以社会发展为

① 马俊峰：《马克思主义价值理论研究》，北京师范大学出版社 2012 年版，第 39 页。

目标之时，人的发展又成为手段。因此，实践中既要从人的需求满足、人的发展目的探究如何促进社会平衡、充分发展问题，又要以促进社会平衡、充分发展为目标探究如何发挥人的主体能动性问题，以最终实现一定时期人的需求满足水平与社会发展程度上的一致性。总之，只有满足人们的利益需求，才可以增强人们化解矛盾的原驱力。

新时代我国发展环境和发展条件发生了深刻变化，必须逐步化解社会主要矛盾，提升共享发展水平。当下，满足人们需求的途径、方式还存在一些缺陷，消解了人们化解矛盾的原驱力，不利于共享发展水平的提升，直接关乎到人民群众美好生活的实现。如何增强人们需要的原驱力而实现人民群众的美好生活目标，是我们面临的重要现实问题。

四、共享发展：化解新时代我国社会主要矛盾的重要方略

社会主要矛盾的变化是关系全局的历史性变化，对于我国今后的发展目标、发展任务、发展战略、发展政策等方面提出了全新的要求。坚持共享发展是应对新时代我国社会主要矛盾的必然要求，是化解新时代我国社会主要矛盾的重要方略之一。

（一）以共享发展的政策供给克服发展不充分困境

所谓发展不充分，主要指相对于社会的全面发展，一些地区、一些领域、一些方面生产力发展不充分，具体体现在创新能力不够强、资源耗费过高、发展质量和效益还不高、不必要的发展代价还很高等方面。社会发展以充分发展为前提，大力发展生产力，为人民群众的共享奠定丰富的物质、精神财富基础。我国具有世界先进的生产力，也有大量传统的、相对落后的生产力，发展不充分成为制约进一步发展的“短板”。当下，克服发展不充分困境，需完善托底的扶贫攻坚、差异的均衡

发展、创新的引领发展三大政策供给体系。加强政策体系之间的衔接与配合，以完善的政策体系保障发展的质量和效益在动态平衡中逐步提升。

一是实施精准扶贫政策，解决落后地区发展不充分问题。习近平强调，全面建成小康社会，不能让一个人掉了队。共享发展是全民共享，精准扶贫工作本身是共享发展的内在要求。“木桶”原理告诉我们，各区域发展的短板，制约着国家整体发展水平的提升；落后区域发展的短板现象，影响着人民美好生活的质量。贫困地区之所以落后，关键是发展得不充分。解决发展不充分问题，应继续实施好精准扶贫政策，从资金、人才、技术等多方面实施政策倾斜。首先，政策供给不能仅解决眼前的燃眉之急，不能造成贫困地区人民的“等、靠、要”局面，而要结合不同地区的发展实际，以增强落后地区生产能力为目的，实施不同程度或侧重点不同的扶贫政策。其次，政策供给要有关键指向，在增强落后地区生产能力的过程中，重点加强对人民群众技术能力培训与文化素质的培养，不断提升人民群众的自我发展能力。最后，政策供给要有连续性，不仅要为达成全面建成小康社会的目标而奋斗，还要为全面建成小康社会之后落后地区更高层次的充分发展奠定良好基础。

二是实施差异的均衡政策，因地制宜推进区域充分发展。我国幅员辽阔，各区域发展受到地理条件、资源状况、经济基础、交通设施、文化传统等多方面的影响而显示出发展程度的差异性。共享发展本质上是一个差异的均衡过程，因地制宜推进各个区域充分发展，必须尊重差异，保持差异发展合理的度，实施差异均衡政策。首先，差异均衡政策是国家层面的顶层设计，是全国统一的区域联动和协同发展，必须以宏观政策为指导而切实贯彻。“加大力度支持革命老区、民族地区、边疆地区、贫困地区加快发展，强化举措推进西部大开发形成新格局，深化改革加快东北等老工业基地振兴，发挥优势推动中部地区崛起，创新引领率先实现东部地区优化发展，建立更加有效的区域协调发展新机制。”① 其次，差异均衡政策是有战略重点的政策，对乡村落后地区要有政策倾斜。党的十九大报告提出实施乡村振兴战略。实施乡村振兴战略，是加快推进农业、农村现代化的基础性工程，是推进乡村充分发展的重要方略。最后，实施差异均衡政策是动态调整的过程。依据差异均衡的目标，密切跟踪政策实施的状态，依据发展中的问题不断调整完善，增强政策的科学性、针对性、有效性。既尊重各地差异的特点、保持差异的竞争、发挥差异的优势，又保持总体上均衡的发展态势。

三是实施创新驱动政策，依托质量效益提高促进充分发展。五大发展理念是紧密联系的统一整体，共享发展必然伴随着创新发展，共建的过程必然包含着人们的创新活动。以经济社会发展质量提升、效益提高来促进充分发展是最为关键的举措。实施创新驱动政策，切实转变发展方式、优化经济结构、转换增长动力，推动发展质量变革、效率变革与动力变革，依托质量效益提高促进充分发展。首先，应构建共享型服务平台，提升创新工作本身的效益。打造共商共建共享载体，提高公共资源的共享程度，推动形成政府、企业、社会互动等政策措施。其次，以提升质量、提高效益为目标，建立完善创新发展的政策体系。当下，我们国家创新战略在转型，但创新政策体系却相对滞后。必须完善支持创新发展的行政考核评价体系，建立政府财政投入方式以及税收激励政策，建立支持中西部等落后地区的政策体系。最后，增强实效，提升政策供给质量。进一步完善市场经济，发挥市场的决定性作用。狠抓政策的针对性，依据不同区域、企业的现实基础，建立科学、有效的政策评估机制，激发不同所有制和不同区域的企业提升行业自主创新能力。

① 习近平：《决胜全面建成小康社会 夺取新时代中国特色社会主义伟大胜利——在中国共产党第十九次全国代表大会上的报告》，人民出版社 2017 年版，第 32—33 页。

（二）以共享发展的制度安排解决发展不平衡问题

所谓发展不平衡主要指各类人群发展、区域发展以及经济、政治、文化、社会、生态文明发展内部以及相互间的不平衡甚至失衡现象。我国的共享发展内在地包含着一系列富有特色的制度安排，“中国特色社会主义的制度安排是共享发展的制度基础，各项具体的制度规定是共享发展的制度支撑。”[①] 党的十九大报告在经济、政治、文化、社会、生态等很多领域关涉到共享发展的基本制度，在教育、就业、收入分配、社保、贫困、医疗健康等一些民生领域明确了共享发展的具体制度。

一是建立全面的共享发展制度，解决各个领域不平衡问题。改革开放近40年时间，我们取得了巨大的经济发展成就。但作为后发追赶型发展中国家，我国是在“时空压缩”中推进中国式现代化，也导致诸多发展问题在短期内的集中产生。其中之一是相对于经济的快速发展，政治、文化、社会、生态出现了发展滞后问题，这是社会发展不平衡的一个重要方面。十八大以来，我们统筹推进“五位一体”总体布局，全面共享发展制度安排有了长足的进步。但相对于人们日益增长的美好生活需求，还需要不断完善推进。首先，以全面共享发展制度推进经济、政治、文化、社会、生态方面的平衡发展。经济、政治、文化、社会、生态的每一个领域都是社会有机体的一个子系统，每一个子系统间相互制约、相互作用、彼此契合而构成一个社会大系统。总的历史发展中，经济基础具有根本性的决定性作用，但并不能否认在一定的条件之下，政治、社会、文化、生态建设对于社会发展的主要的决定作用。建立全面共享发展制度，坚持系统性思维，破除单一建设的弊端甚或危害，既重视经济、政治、文化、社会、生态建设内部的平衡，也重视相互间的协调、平衡发展问题。其次，

① 刘铮、许胜飞：《共享发展需要制度支持》，《改革与战略》2016年第9期。

以全面共享发展制度保障人们在动态平衡中逐步实现全面发展权益。社会发展是一个动态平衡的发展过程，人们全面发展权益不是短期内就能实现的，也是一个动态平衡的发展进程。就社会全面发展而言，应遵循社会不平衡发展原理。一定时期内不能完全平均用力，要在统筹推进中突出重点建设，抓住推动社会发展的核心动力源；就全面共享发展制度而言，维护人民群众的发展权益，一定时期应重点解决影响、制约人们发展权益的关键环节、短板问题，以重点带动全面，以全面保障重点。最后，以全面共享发展制度维护好人的全面发展权益。共享发展本质上是人本发展。随着社会发展，人们对全面共享发展制度的呼唤越来越强烈。必须坚持社会发展与人的发展的一致性，重视经济、政治、文化、社会、生态权益的相互影响与彼此作用关系，以全面共享发展制度维护好人们的全面发展权益。

二是建立公正的共享发展制度，解决人群发展的不平衡。很多学者指出，当下中国出现了人群发展的不平衡现象，尤其是两极分化、相对弱势群体的出现，带来了很多消极因素，进一步制约了社会的发展。各类人群发展的不平衡同我们不公正的制度安排有关联。或者说，正是一系列不公正的制度安排，或导致或加剧或强化了人群发展的不平衡。建立公正的共享发展制度，首先，立足制度盲区，建立新的公正制度。当下，共享发展还存在一些制度上的盲区、空白，造成人们合理权益得不到法律、制度的切实维护，影响了不同人群的平等发展权益。如果在制度内解决社会矛盾，以平和的方式表达利益诉求，有利于维系社会秩序；而制度外解决社会矛盾，容易激化社会矛盾，很有可能形成严重的社会冲突，造成严重的社会负面后果。[①] 因此，应立足制度盲区，着眼于促进社会的公平正义，建立不同层面新的制度。其次，把握制度缺陷，不断完善已有制度。

---

① 参见吴忠民：《社会矛盾新论》，山东人民出版社 2015 年版，第 138—139 页。

公平正义的内涵是历史的、具体的，没有永恒不变的公平正义。过去的制度，如社会保障、税收制度相对于变化发展的现实，有些内容已经不合时宜，落后于时代对公平正义的呼唤，不符合甚至违背了人们对公平正义的需求，必须不断修订完善。最后，重视制度的整体性，协调、整合各种制度。相对于人们全面需求提升，一些制度相互抵触，“碎片化”的制度不能有效保障人们对公平正义的全面需求。强化公正制度的有效性，必须重视各种制度间的关联性、渗透性、交互性、耦合性，以整体思维推进制度的有效运行。

三是建立协同的共享发展制度，解决区域发展的不平衡。区域不平衡主要体现在国家东部、东北、中部、西部发展以及城乡之间、贫困地区与富裕地区的差距上。解决区域发展的不平衡，必须建立协同的共享发展制度。所谓协同的共享发展制度，就是从国家全局、长远、整体利益出发，注重区域间的相互协作关系，以共享发展制度促进各区域的相互协作，达到共同发展的均衡效果。首先，应坚持多样性原则，立足各个区域的发展实际。各个区域有其自身的历史文化、发展基础、发展特色。建立协同的共享发展制度，应立足各个区域的实际，尊重各个区域的历史文化，保持各个区域的优势特色，以制度促进社会的多样化发展，防止违反实际、违背规律的千篇一律。其次，坚持公平性原则，促进各个区域的相互联通。发展是解决不平衡的前提，促进各个区域由不均衡向着均衡的方向发展，不能为了当下所谓的平衡而忽略了发展这个根本要务。协同发展的根本目的是促进各个区域的整体、协调发展。各个区域应相互联通，在统一的大市场面前，充分发挥市场的公平竞争，以公平的竞争带来社会的活力。最后，坚持协同性原则，促使各个区域的优势互补。解决区域发展的不平衡，要在竞争、协作基础上做到各区域多种成分、多种形式的优势互补。落后区域在制度上及时转轨创新，东部、富裕等先进区域应继续发挥优势，勇于改革创新，在创建社会主义现代化建设示范区的过程中，探索共享发展的经验、规律，为落后地区的发展提供有益的制度借鉴。

（三）以需要的原驱力推动美好生活目标的实现

满足人民日益增长的美好生活需要，需要激发社会主体力量。引导人们合理需求、满足人们多层次需求、激发人们高层次需求，运用多种方式、途径提高人们参与共建的积极性，以需要的原驱力提升共享发展水平，实现美好生活目标。

一是满足人们合理需求以促进共享发展水平的稳步提升。共享发展有其既定的发展水平，人们的需求层次总体上必须同我国国情相适应，与这个时期的共享发展水平相适应。改善民生、渐进共享必需分步实施，不能靠一时的过度福利化。在一定时期，从全社会看人们的需要，有合理的，也有不合理的。引导人们的合理需求，首先，应保障全体人民的基本共享。在基本服务和公共产品的均等化方面扎实有序推进各项工作，保障社会主义初级阶段条件下全体人民的基本生存发展需求，为共享发展创造稳定的社会环境。其次，应遵循权利与义务的一致，强调贡献与享受的一致。依据人们对社会贡献的大小，给予合理的分配，满足相应的需求，以此激发人们的积极性。最后，人们的需要不仅仅是个体性的需要，还有社会性需要、集体需要、国家需要。满足个体性需要不能损害集体发展的需要、国家发展的需要，必须充分考虑各种客观条件和可承受能力，防止福利民粹主义绑架民意，不能超越、脱离社会主义初级阶段的实际国情。否则，反而会影响社会共享发展水平的稳步提升。

二是满足人们多层次需求以促使共享发展水平的有效提升。就我国而言，社会主义初级阶段必须实行社会主义市场经济。实践证明，只有充分利用社会主义市场经济规律，才能推动生产力的发展。社会主义市场经济允许人们相互间的平等竞争。“需要总是在一定能力基础上产生的需要，而能力也总是形成一定需要并使之得到满足的能力。”① 人们能力的差异，决定了人们需求动机与需求层次的多样性。利用市场竞争激发人们多方面的创造性，以促使共享发展水平有效提升。因此，实践中需要以人民消费需求的变化不断调整生产结构，提供多样化的政策菜单，满足人民群体对社会生活差异化、多样化层次的需求。

三是激发人们高层次需求以推动共享发展水平的持续提升。马斯洛着重从个体的视角探讨需求理论，他指出，同一时期，人们的需求层次是多样的，有低层次的需求，也有高层次的需求；不同时期，人们的需求层次是变化的，当低层次需求得到满足之后，人们会不断追求高层次的需求。他还指出，当人们的高层次需求无法被满足之后，反而会追求低层次的需求。马克思着重从社会历史进程中去考察人们需求的变化，认为人的需要由低到高是生存的需要、享受的需要与发展的需要。依据马克思的理论，我们不能局限于生存、享受需求，而更应该随着社会的进步，不断激发人们的发展需求。由此，日益增长的美好生活需要，应该包含着不断递升的文化精神、人的自我实现、自我发展等高层次需求。提高共享发展水平，从发展的历史进程看，一个重要的方面是创造条件与空间激发人们高层次需求，防止人们追求甚至沉迷于低层次需求。通过激发并满足人们高层次需求，以需要的原驱力激发人们的共建动力，持续提升共享发展水平，从而推动美好生活目标的最终实现。

① 马俊峰：《马克思主义价值理论研究》，北京师范大学出版社 2012 年版，第 83 页。

第四章　共享发展理念的哲学意蕴

共享发展理念包含着深刻的唯物辩证思维。共享发展理念的提出，是对唯物辩证法的运用。把握共享发展理念的哲学辩证思维，对于人们深入认识共享发展的理论内涵并在此基础上的科学实践推进具有重要意义。

第一节　系统思维：共享发展的方法蕴含

共享发展理念作为五大发展理念之一，引领、指导着新时代中国特色社会主义的科学发展。目前，学术界主要从共享发展的形成背景、科学内涵、主要特征、实践价值、现实挑战、实践路径等方面进行了广泛而深入的研究，取得了丰硕成果。但存在的问题是实践对策研究的碎片化、单一化现象尚比较突出，从理论背后研究深层次的思维方法的成果还很少见。落实共享发展理念关涉到实践中纵向与横向的多个领域、层面与环节，必须以系统思维方法对待处理。“所谓系统思维就是用全面的联系的系统的观点来观察、思考和处理问题，即把事物放在普遍联系的系统中来把握，通过系统的整体优化，更好地达到认识世界和改造世界的目的，它是辩证思维方式全面性关联性协同性思维的集中体现。”① 因此，把握共享发展理

① 周正刚：《论习近平全面深化改革的系统思维》，《湖湘论坛》2017 年第 1 期。

念的思维方式，有助于我们自觉、科学践行共享发展理念，以求实精神不断开拓创新。

一、以战略思维掌控共享发展的趋势和方向

战略思维是系统思维的一个重要体现。战略思维是把握事物发展趋势和方向，对事关全局性、长远性、根本性重大问题的宏观谋划与行动选择，旨在谋求整体利益与持续发展的一种思维方式。“战略问题是一个政党、一个国家的根本性问题。战略上判断得准确，战略上谋划得科学，战略上赢得主动，党和人民事业就大有希望。”① 站在时代前沿思考我国共享发展问题，需运用战略思维，着眼全局把握大势、放眼未来谋划发展、立足当下聚焦问题。

（一）立足中国特色社会主义本质要求和发展方向推进共享发展

共享是中国特色社会主义的本质要求。立足中国特色社会主义本质要求推进共享发展，是着眼全局并把握大势的准确战略判断。实现社会主义现代化、创造人民美好生活必须坚定走中国特色社会主义道路。党的十九大报告提出，“必须从理论和实践结合上系统回答新时代坚持和发展什么样的中国特色社会主义、怎样坚持和发展中国特色社会主义”。②

坚持共享发展，是回答新时代坚持和发展什么样的中国特色社会主义的题中应有之义。实现共同富裕，是社会主义的根本原则和本质特征，坚持共享发展把握了中国特色社会主义的本质特征。当然，实现共同富裕的

① 《习近平谈治国理政》第二卷，外文出版社 2017 年版，第 10 页。

② 习近平：《决胜全面建成小康社会　夺取新时代中国特色社会主义伟大胜利——在中国共产党第十九次全国代表大会上的报告》，人民出版社 2017 年版，第 18 页。

目标需要一个漫长的历史过程，而共享发展理念体现的是逐步实现共同富裕的要求。要根据现有条件逐步推进共享发展，这样，才可以保证改革的进程沿着共同富裕方向前行，而不会发生偏离。任何超越底线、歪曲中国特色社会主义本质特征的改革都是应坚决避免的。实现共同富裕，既面向未来目标，也立足于现实国情。站在历史发展长河中，“我们不能做超越阶段的事情，但也不是说在逐步实现共同富裕方面就无所作为，而是要根据现有条件把能做的事情尽量做起来……积小胜为大胜，不断朝着全体人民共同富裕的目标前进。”①

坚持共享发展，还是怎样坚持和发展中国特色社会主义的正确答题之一。社会主义的共享发展与西方资本主义的福利共享存在着本质上的差异性。西方资本主义的福利共享只是在私有制范围内的生产关系改良策略，也仅仅作为一种为资产阶级能长久“独享或私享”的权宜之计。我们可以从技术层面吸取西方国家福利共享的有益经验和启示，但不可照抄照搬。只有社会主义公有制才能保证共享发展的实现可能性。共享发展作为新的发展理念，倡导以人们的共享引领发展，以高质量的发展满足人们美好生活需要。这样，既为转变发展方式、解决发展动力问题，也为坚决维护人民群众利益问题提供了科学的战略指导。

（二）把握我国发展全局的深刻变革推进共享发展

新发展理念是在深刻总结国内外发展经验教训、分析国内外发展大势的基础上形成的，有其历史的根据，也是时代的必然。运用战略思维，要做到“既立足当前又放眼长远，既熟悉国情又把握世情，在解决突出问题中实现战略突破，在把握战略全局中推进各项工作。”② 共享发展理念揭示了如何实现高质量发展、如何构建公平社会、如何实现可持续发展等重大

① 《习近平总书记系列重要讲话读本》，学习出版社、人民出版社 2016 年版，第 129 页。
② 《习近平总书记系列重要讲话读本》，学习出版社、人民出版社 2016 年版，第 287 页。

问题，是着眼未来谋划发展，把握我国发展全局深刻变革的科学战略谋划之一。

党的十九大报告提出，要在基本实现社会主义现代化第一阶段基础上，进一步达到第二阶段即本世纪中叶建成社会主义现代化强国。[①]这两个阶段都包含着贯彻共享发展理念的战略安排。全面建成小康社会内在地包含了共享发展，实现全体人民的全面小康，必然要求推进共享发展。党的十九大报告提出的实施科教兴国战略、乡村振兴战略、区域协调发展战略、可持续发展战略等战略安排以及坚决打好防范化解重大风险、精准脱贫的攻坚战等战略措施也都体现了落实共享发展的重要内容。到2035年，基本实现社会主义现代化，这个时期是共享发展水平更高层次的提升阶段，党的十九大报告为此提出了更高的发展目标。到20世纪中叶，社会整体文明全面提升，在共享发展的基础上，全体人民共同富裕基本实现。

改革开放40多年来，我国经济社会发展取得了巨大成就。但当下的中国，人们收入差距仍然较大，社会民生领域存在不少短板，同人民对美好生活的期待之间还存在很大差距。实践中若共享发展理念贯彻不到位，我国的发展全局、发展进程必然会受到影响。共享发展作为科学的发展方式，正确处理人们利益需求与社会供给的一致关系，深刻洞悉共享与发展的相互促进关系，揭示了实现更高质量发展的动力之源；既强调当代人的共享，也关注后代人的可持续共享，揭示了实现可持续发展的必由之路；既着力解决人的发展与社会发展相互协调关系，体现了对经济社会发展规律认识的深化，也不断强化实现社会主义的公平正义，体现了对社会价值依循的坚守。因此，只有提高贯彻共享发展理念的能力和水平，才能更好地引领中国实现新发展，推动我国发展不断迈上新台阶。

① 参见习近平：《决胜全面建成小康社会 夺取新时代中国特色社会主义伟大胜利——在中国共产党第十九次全国代表大会上的报告》，人民出版社2017年版，第28—29页。

（三）寻求社会主要矛盾的化解推进共享发展

共享发展关注因社会公平问题而引起的社会矛盾。当下，我国在共享发展方面还存在很多问题：群众对社会公平正义问题还有很多不满，在发展机会、发展权利、发展成果分配等方面，还存在很多利益矛盾。坚持共享发展理念，立足当下聚焦现实问题，是化解社会主要矛盾的主动战略突破。

党的十九大报告提出，新时代我国社会主要矛盾的主要方面是发展的不平衡不充分问题，而发展不平衡与不充分问题之间是紧密关联的。我国发展不平衡问题在根本上是由于发展不充分导致的，但发展不平衡也不仅是单向地受制于发展不充分，不平衡的发展理念反过来也强化了某些区域或领域发展的不充分。这是因为，人群发展的不平衡问题，不利于提高人们生产的积极性；区域发展的不平衡问题，难以促进经济社会的整体发展；经济、政治、文化等各方面发展的不平衡，意味着发展质量有待全面提升。新时代社会主要矛盾同旧的矛盾相比，矛盾依赖的条件、矛盾所处的环境、矛盾的特征、矛盾的作用效应与过去相比都有很大不同。不能用旧眼光审视新问题、用老办法解决新矛盾。人民群众不断增长的需求应结合我国国情给予科学的引导，不平衡不充分问题的解决也需在共享发展实践中寻求突破。

坚持共享发展是应对并化解社会主要矛盾的重要方略之一。在共享发展中，一方面，以共享引领共建，激发人民群众积极参与共建，努力做大蛋糕，有利于化解发展不充分难题，同时也为不平衡问题的解决奠定强大的物质基础；另一方面，通过共享制度的完善来分好蛋糕，以广泛的公平正义实现逐步化解不平衡发展困境，同时也为解决发展不充分问题提供持续动力以及和谐的文化、社会环境。

二、以整体思维调控共享发展的动力效应

整体性原则是系统思维方式的核心，强调系统组成要素间的整体关联、有机统一。在分析、解决问题的时候，需把着眼点放在整体、全局上，在整体观的统领下解决局部问题，防止部门间的互不融通、相互割裂或各自为政、相互抵触，而应更加注重整体的动力效应。推动共享发展是一个系统性工程，必须善于运用整体性思维：在统筹兼顾的基础上注重突出重点；在全面研判的基础上把握整体关联；在凝聚共识的基础上做到激发合力。

（一）以两点论与重点论相结合的辩证思维推动共享发展

辩证思维是最高层次的哲学思维方式，系统思维本身必然体现着辩证思维。要坚持两点论和重点论的统一，善于厘清主要矛盾和次要矛盾、矛盾的主要方面和次要方面，区分轻重缓急。推动共享发展要统筹兼顾，重视整体与局部之间的相互契合、相互影响与相互促进。

共享发展追求社会整体的功能，以获得最大动力效应。社会整体功能的有效发挥是各个局部领域功能发挥的根本前提。一是整体保障局部。社会整体功能具有各组成部分所没有的整体特性。各个局部是整体中的构成部分，只有在社会整体功能发展前提下，才能更好地保障各局部领域功能的有效发挥。二是整体规制局部。社会系统整体对组成它的子系统具有协调、限制、平衡作用，整体功能状态及其变化影响着各个局部。但另一方面，社会发展总体上遵循着不平衡发展规律，“需要着力去寻找矛盾对立方面的平衡点，在矛盾双方平衡与不平衡相交错的波浪式发展进程中，促进矛盾的良性转化”。① 依据系统的结构功能耦合原则，应以局部领域的

① 刘爱莲、李树文：《论习近平社会治理思想中的辩证思维》，《河海大学学报（哲学社会科学版）》2015 年第 5 期。

重点改革突破，打破旧的结构功能耦合系统的平衡，促进新的结构功能耦合系统的形成，这样才能带来社会整体发展，促进共享发展水平的提升。

共享发展是全民共享，一个人也不能掉队。我国区域辽阔，人口众多，当下人们的生活水平在区域间、人群间、部门间还有很大差距。实现全民共享，既要统筹兼顾，又要突出重点。以重点突破推进整体统筹，在整体统筹中实现重点突破。在全面建成小康社会、民生建设、扶贫攻坚等工作中，一方面要抓全面的工作，做到统筹兼顾，协调配合；另一方面要注重抓重点，瞄准短板，努力克服短板的消极效应。例如，全面建成小康社会，突出的短板主要在民生领域，不仅要抓“小康”，还要抓好“全面”。“全面”是更重要的也是更难做到的，要重点补短板，着力解决好发展不平衡问题。在改善民生工作中，一方面要以整体性思路，统筹并着力解决同群众生活紧密联系的教育、就业、收入分配、社会保障、医疗卫生等领域的突出民生问题；另一方面又强调“突出重点”，注意稳定和扩大就业，鼓励创业就业，多渠道创造就业岗位。扶贫攻坚工作中，农村贫困人口脱贫是最突出的短板，解决好“怎么扶”需要多种举措的配合，但关键要在精准扶贫、精准脱贫上下更大功夫。

（二）以全面、联系、互动的综合思维推动共享发展

系统思维要求从系统与要素、要素与要素以及系统与环境间的相互联系、相互作用的多维视角作全面的综合考察，包含着一种综合思维。共享发展是全面共享，全面共享以全面发展为前提。只有依靠全面发展，才能为共享发展提供全方位的物质基础、制度支撑与空间提升，进一步增强发展动力。

从客体角度看，社会是一个包含各子系统组成的系统整体，经济、政治、文化、社会、生态每个领域都可以视为一个子系统，任何一个领域对社会全面发展都具有不可或缺的功能。一是经济、政治、文化、社会、生

态各领域的互动作用，有利于保持社会整体的平衡与有序。各个子系统的相互作用，保持着彼此的依赖与契合，推进着社会整体始终处于从有序走向无序、从无序走向有序的过程。二是经济、政治、文化、社会、生态各领域的互动作用，利于促进社会整体的不断发展。社会子系统之间相互补充、彼此协同与契合，在外部物质、文化等条件具备下，实现着整体优化的存在状态或优化的发展过程。

改革开放以来，我国经济社会发展取得了巨大成就，但与此同时，效率与公平没有很好地实现统一，共享发展问题并没有得到很好解决，从而制约了经济社会的进一步发展。攻克难题、破解困境、化解矛盾必须依靠全面深化改革。全面深化改革是包括经济、政治、文化、社会、生态“五位一体”的改革，同推进全面共享是完全一致的。推进全面共享，仅依靠单个领域、层次、环节的改革是难以达到预期效果的。必须把经济、政治、文化、社会、生态等方面的改革有机结合起来，把顶层设计与基层探索结合起来，坚持整体性的全面协调推进，防止单兵突进、顾此失彼。推进共享发展，要深刻认识到社会的全面联系与互动运行规律，整体推进各方面、各层次的改革，全面保障全体公民享有的广泛权利与合法权益。否则，若对规律认识不清，很容易导致盲目改革或片面改革，改革就难以获得实效，共享发展的动力也难以增强。

（三）以纵横交错的立体思维推动共享发展

系统思维要求我们既要把握客观对象与其他客体的横向联系，又要认识客观对象的历史纵向发展，这是一种纵横交错的立体思维。从客体的横向联系看，共建与共享紧密联系，共建影响着共享，共享也反作用于共建；从历史纵向动态发展看，共建能力与共享水平是一致的，不能忽视共建能力而盲目地寻求快速发展，不能超越历史条件追求过高的共享层次与水平。因此，以纵横交错的立体思维探索共享发展的顺利推进，既从横向联系中认识共建与共享的关系，又从纵向的动态发展中把握渐进共享的逐步实现。同时，进一步认识横向与纵向的互为基础、互为促进的关系。

其一，以横向思维处理好共建与共享的关系。从主体角度看，社会虽然是由个体组成的，但任何社会现象都不是个体活动和个人行为的直接总和，整体社会的合力也不是所有单个人的简单相加。参与共享发展需要社会各组成部门人员结构上的合理匹配，以形成最佳的整体合力。但现实中，人们往往过多认可本系统、自我所在部门的重要性，片面强调自我系统、部门的应有功能，这样，就不可避免地同时妨碍社会其他子系统、部门功能的应有实现，由此不利于形成最佳的整体合力。因此，在共享发展过程中需创设公平的制度、和谐的文化环境，最大限度凝聚共识，引导人们平等参与合作共建。同时，以共享满足人们合理利益欲求，激励人们齐心合力参与共建，获得社会整体的合力。

其二，以纵向思维处理好共建能力与共享水平的关系，进一步认识横向与纵向的互为基础、互为促进的关系。共享发展是渐进共享。一方面，我国是发展中国家，在现代化进程中具有明显的后发优势。在社会主义初级阶段，虽然共享发展水平还是初级的、片面的，但应创造条件和空间不断推动生产力的又好又快发展。与此同时，后发优势只是具有快速发展的可能性，并不表现为直接现实性。实现又好又快发展，提升共享水平，单纯依靠人们的共建热情远远不够，更需要主体自身共建能力的提高。因此，需要增强人们消化吸收先进科技和创新、创造的能力。“跨越式发展道路能否走得成功，就看跨越主体的能动性、创造性发挥得如何，各种条件利用得如何。”① 另一方面，要认识横向与纵向的联系，处理好共享与发展之间的互为促进关系。依据社会发展的渐进状况逐步改善民生，不能

① 丰子义：《发展的呼唤与回应》，北京师范大学出版社 2009 年版，第 158 页。

离开国情片面强调所谓的共享；应实现与社会发展相一致的共享水平，为提升人的素质与能力创造条件，以人力资本的提升更好地推进社会发展。不能轻视民生建设而片面追求社会发展，不能离开社会公平而片面追求效率。

三、以协同思维把握共享发展的运行机理

协同思维是注重系统整体与要素、要素与要素之间的协调契合、均衡发展的有序性思维。运用协同思维考察共享发展，应注重保持社会系统内部及其与环境间的协同共进之态势、协同运行之过程、协同共振之效果，使整个社会系统处于有序的最佳状态，发挥最大功能。实践中应善于以协同思维把握共享发展的运行机理，重视内在关联、有机统一与协同效应。

（一）相互贯通，协同共进，科学把握五大发展理念的内在关联

围绕共享发展，科学把握五大发展理念相互贯通、协同共进的整体关系，是系统协同思维的一个重要体现。五大发展理念是协同共进的整体关系，贯穿着以人民为中心的发展思想。习近平强调，从整体上、从内在联系中把握新发展理念，需要“依照新发展理念的整体性和关联性进行系统设计，做到相互促进、齐头并进，不能单打独斗、顾此失彼，不能偏执一方、畸轻畸重。”① 因此，需要在整体关系基础上增强改革方案设计的协同。关于创新、协调、绿色、开放与共享发展的整体联系在本书第二章第一节中已有详细论述，这里不再赘述。

① 《习近平总书记系列重要讲话读本》，学习出版社、人民出版社 2016 年版，第 137—138 页。

（二）完善制度，协同运行，促使共享发展科学、有序、持续地推进

共享发展的科学、有序、持续推进，需要制度层面的保障。应该承认，我国当下推进共享发展，面临的一个重要问题就是制度设计还有很多不完善的方面。制度缺陷或者缺失问题已经阻碍了共享发展的整体推进。我国现阶段存在的有违公平正义的现象，只有通过不断发展，通过制度安排、法律规范、政策支持加以逐步解决。因此，需要构建系统完备、科学规范、运行有效的共享发展制度体系。从制度方面进行有效布局，协调多元力量之间的利益关系，以增强共享发展方面的改革落实协同。

首先，立足制度盲区，建立新的公正制度。当下，随着社会发展，围绕共享发展，还存在一些制度上的盲区、空白，导致人们难以诉求或者无法诉求，难以有效调整利益关系，人们正当、合理权益得不到切实维护，影响了不同人群的平等发展权益。立足制度盲区、空白，应着眼于促进社会的公平正义，抓紧建立劳动权益保护、生产生活安全、食品安全、生态民生等不同层面具体的新的制度。

其次，把握制度缺陷，不断完善已有制度。公平正义的内涵是历史的、具体的，没有永恒不变的公平正义。过去的制度如社会保障制度、税收制度、公平教育制度、劳动标准和就业制度、收入分配和调节制度以及基本公共服务制度、民生社会建设制度、公共服务监管制度等，相对于变化发展的现实，有些内容已经不合时宜，落后于时代对公平正义的呼唤，不符合甚至违背了人们对公平正义的需求，必须不断修订完善，以规则公平保障“人人享有”的落实。

最后，要重视各种制度间的关联性、渗透性、交互性，重视各类制度之间的协同运行。系统性是制度设计和贯彻执行的客观要求，单一的制度往往难以取得预期的效果。就具体的民生建设而言，需完善民生相关的多

方面制度。“人民群众共享不足还与我国社会发展的顶层设计不足、系统性协调性不够有关。我国社会事业发展具有针对解决具体问题的应急性特征，全盘考虑和统筹平衡不足。”[①] 相对于人们全面需求提升，当下的一些有关共享制度存在着“碎片化”问题，主要是区域间、部门间的有些制度存在着相互矛盾与冲突，不能很好地做到纵向的衔接与横向的互补。

（三）强化保障，协同共振，确保共享发展达到预期整体实效

确保共享发展达到预期整体实效，应将各方面的制度、体制与机制改革结合起来。“我们长期以来只单纯地强调控制而忽视了机制的作用，从制度结构上看，是形成僵化体制的重要原因。”[②] 多年来我们一直面临着的“一管就死、一放就乱”的窘境，究其原因，整个社会缺乏一个灵活应变的机制保障。确保共享发展达到预期整体实效，需要建立灵活的决策机制、执行机制与监管机制。

首先，建立决策机制。地方政府要把党中央关于推进共享发展的决策部署同地方实际结合起来，具体化为地方的制度规范与相应的政策措施。同时要汲取基层人民群众在推进共享发展中的经验智慧，及时上升为具有普遍指导意义的政策规定。在贯彻落实中，“对中央改革方案中的原则性要求，可以结合实际，进一步具体化；遇到改革方案的空白点，可以积极探索、大胆试验”。[③] 落实领导干部主体责任，领导干部将关于共享发展的中长期目标细化为阶段性目标并负责具体实施。其次，建立执行机制。将民生相关的制度执行情况纳入到对各级领导班子的考核内容，加大检查考核力度，采取及时的奖惩措施，对制度执行不力、敷衍塞责等行政不作为行为，要追究相应的责任。最后，建立监管机制。建立健全监督体系，

① 韩庆祥、董振华、段培君：《五大发展理念——创新协调绿色开放共享》，中共中央党校出版社2016年版，第217页。

② 乌杰：《系统辩证学》，中国财政经济出版社2005年版，第326页。

③ 《习近平总书记系列重要讲话读本》，学习出版社、人民出版社2016年版，第138页。

完善上下级内部监督体制机制、充分发挥社会监督、舆论监督力量。对违法违规行为给予曝光处理，确保各项共享发展制度的贯彻落实。

各类机制既要相互独立，又要相互制约、协同配合，产生深度融合互动的“化学反应”，达到改革效果协同。“使各项改革举措在政策取向上相互配合、在实施过程中相互促进、在改革成效上相得益彰，发生化学反应，产生共振效果。”① 当然，以协同思维把握共享发展的运行机理，还应坚持不平衡原理。各项机制的建立、措施的实施也不可能完全同步，在不同时期，解决的重点任务不一样，关注的侧重点也不相同。因此，在建立协同运行机制时应区分次序先后、注重轻重缓急。

四、以底线思维防范共享发展的风险隐患

底线是不可逾越的界限，是事物发生质变的临界点。突破这个界限，往往会导致不可估量的危害与后果。系统思维强调把守系统质变的临界点，依据系统的开放性特征，在多种可能、方法和途径的选择中促使系统向最佳的优化状态发展。底线思维实际上强调了行为主体对事物质的规定性把握，从现实情势出发，设定最低标准，调控事物朝着预定目标发展，是争取最大期望值的托底优化性思维的一种方法。善于运用“底线思维”，凡事从坏处准备，努力争取最好的结果，做到有备无患，牢牢把握发展中的主动权。把底线思维运用于实践中，是谋划和推动共享发展的内在要求。

（一）敬畏底线：化解执政风险和社会安全风险

党的十九大报告指出：“为什么人的问题，是检验一个政党、一个政

① 《习近平关于全面深化改革论述摘编》，中央文献出版社 2014 年版，第 44—45 页。

权性质的试金石。"[①] 运用底线思维推进共享发展，要敬畏底线，坚定地走中国特色社会主义的共享发展之路，坚守"为民"的底线，坚持全心全意为人民服务的根本原则。

首先要坚守"为民"的底线。中国特色社会主义共享发展之路本质上就是为人民谋利益、为人民谋幸福之路。不论是政党，还是政权，其前途命运都取决于人心向背。因此，坚守"为民"的底线，做到全心全意为人民服务，以共享发展化解执政风险。"水能载舟，也能覆舟"。如果失去正确的价值立场，跨越"为民"这条底线，党的工作出发点和落脚点会发生偏离，难以得到人民内在、持久的支持，我们党就易失去执政之基、力量之源，我国共享发展之路也将难以持续。

新形势下我国国家安全和社会安定面临的各种威胁和挑战联动效应明显，必须强化底线思维，有效防范、管理、处理国家安全风险。推进共享发展，协调各方面利益关系，促进社会公平正义，增进人民福祉是化解利益矛盾、维护社会安定、有效化解社会安全风险的重要方式。要强化制度改革突破，攻克体制机制上的顽瘴痼疾，破除利益固化的藩篱，消除因制度造成的利益分化矛盾；加强保障和改善民生工作，帮助群众解决生活中的困难，不断提升生活质量，从源头上预防和减少社会矛盾的产生；完善和落实维护群众合法权益的体制机制，以法治方式预防和减少利益冲突。

（二）恪守底线：以防跌入发展陷阱

发展是党执政兴国的第一要务，也是执政党建设永恒的主题。能不能实现发展，如何实现发展，实现怎样的发展是衡量一个政党执政能力的最直接的标准和最现实的体现。如若一个政党，不能很好地带领人民推进经济社会日益走向全面发展，没有能力逐步提高人民生活水平、改善人民生

① 习近平：《决胜全面建成小康社会　夺取新时代中国特色社会主义伟大胜利——在中国共产党第十九次全国代表大会上的报告》，人民出版社 2017 年版，第 44—45 页。

活质量，其最终只能是落入被人民抛弃的危境。

共产党人具有忧党、忧国、忧民的忧患意识。居安思危，“托底”“兜底”以及“补短板”是底线思维的重要内容，找准并恪守底线才能掌控全局。我国正处于社会转型升级的历史阶段，矛盾和风险浓缩汇集显得更加复杂，应对更加棘手；我国也是从低收入国家向高收入国家迈进的历史阶段，这个阶段面临着滑向“中等收入陷阱”的风险。学术界对陷入“中等收入陷阱”的成因还尚未形成定论，但学者们强调了收入分化、贫富悬殊、没有形成庞大的中等收入群体，出现大众消费瓶颈等是跌入“中等收入陷阱”的重要原因。如果不能很好地推进共享发展，就有可能落入“中等收入陷阱”。因此，必须以底线思维管控发展过程中的风险隐患。

推进共享发展，把守收入分配、民生保障、脱贫攻坚等方面的底线，防止出现贫富悬殊而带来经济停滞、社会失序。不断扩大中等收入群体，是防范局部性问题演变为全局性风险，避免跌入“中等收入陷阱”的应对方略之一。为此，习近平强调，新发展理念是跨越“中等收入陷阱”、成功实现转型发展的中国方案。同时，防止过犹不及、欲速则不达也是一种底线思维方法。因此，改善民生、渐进共享必须分步实施，要将福利水平的提高建立在经济和财力可持续增长的基础上。

（二）追求高线：做到未雨绸缪、防微杜渐、创新推动

坚持底线思维，不仅要弄清底线在哪里、超越底线的危害有哪些、弄清危害产生的原因并积极防御、有效规避风险，还要在此基础上依据事物发展的规律和趋势，采取主动出击的应对策略，争取实现更好、最好的结果。

首先，底线思维首先是一种责任思维。推进共享发展，要从维护国家与民族的根本、长远、整体利益以及提高人民群众安全感、满意感、幸福感出发，自觉承担起责任和使命，对危机和风险因素进行有效管控，而不是任意降低标准，存在无所作为的消极被动状态。其次，底线思维是一种

进取型思维。“进攻是最好的防守”，底线思维是增强预见性，奋发向上的积极主动思维。“停顿和倒退没有出路”，在共享发展中应通过思想、制度、方法、机制、载体的改革创新，增强改革创新本领，使得党的执政适应新的发展理念和发展方式。以改革创新提升社会发展质量、提高共建能力、推进民生建设，既要排除推进社会发展的思想障碍，又要破除社会发展的体制机制弊端；既要追求政策取向上的相互配合，又要追求发展结果的高质量实效；既根据新时代的社会矛盾变化而增添发展新动力，又依据人民的美好生活需求提升而维护社会公平正义。面对共享发展中遇到的困难、挑战，需要领导干部凭借智慧和能力认识风险、化解风险、争取达高线，做到“有守”与“有为”的有机统一。

贯彻五大发展理念，应善于运用底线思维分析共享发展中存在的常态和演变趋势，寻求规避系统性风险、化解复杂性矛盾、谋求创新推动的路径和方法。“扶贫必扶智，治贫先治愚”，扶贫工作重要的是引导群众自力更生、艰苦奋斗，靠辛勤劳动改变贫困落后面貌。因此，为贫困群众自身能力的提升、贫困地区生产能力的提高创造条件和空间，让群众走上持续发展、追求美好生活目标是运用底线思维，积极进取、创新驱动的一个重要体现。

总之，共享发展是一项复杂的系统工程，必须坚持以科学的理论思维方法推进共享发展。以战略思维掌控共享发展的趋势和方向，以整体思维调控共享发展的动力效应，以协同思维把握共享发展的运行机理，以底线思维管控共享发展的风险隐患。深入认识共享发展理念系统思维的丰富内涵，有助于我们运用科学的系统思维分析问题、解决问题，提高践行共享发展理念的能力和水平。只有善于运用系统性思维，才能在实践中做到全局性谋划、整体性推进、协同性攻关、持续性推进，进而不断促进社会公正、增进人民福祉，增强发展动力、厚植发展优势，更加彰显中国特色社会主义制度的独特优势。

第二节　矛盾统一：共享发展的质、量、度

从哲学视域看，新时代我国共享发展是“质、量、度”的辩证统一。认识共享发展的“质、量、度”及其辩证统一，对于我们把握共享发展的内在规律以及实践上的科学推进，具有重要意义。

一、新时代我国共享发展的“质”

事物的“质”是一事物同其他事物相区别的最本质的特征。共享发展必然具有一定的“质”，如果不能把握其本身的“质”的规定性，我们就难以将其区别于其他事物，如“共同富裕”“平均主义”以及西方的“福利共享”。如果其丧失了自身固有的质的规定性，那么就可能演化为其他事物，就不是新时代的共享发展。共享发展作为社会发展的一种方式或状态，有其独特的“质”的规定性。新时代我国共享发展的“质”，可以从历史维度、理论维度、发展维度、全球维度四个方面来认识。

首先，基于历史维度。新中国成立以来，在探索社会主义建设过程中，毛泽东虽然没有明确提出过共享发展思想，但社会主义制度与共享发展是内在一致的。因为共同富裕是社会主义制度的本质要求，而共享发展是通向共同富裕的必经过程。因此，我国社会主义建设初期颁布了很多有关共享发展的政策规定，出台了富有成效的实践举措。但这个时期，一方面由于对社会主义本质认识还不到位，另一方面受制于当时低下的生产力发展水平，以至于在一些领域共享发展只能停留在一种理想追求和道义的要求上。曾经的“平均主义”使得我国的发展动力出现了很多问题，导致社会主义的发展进程缓慢。尤其在文化大革命历史阶段，

我国的共享发展无论是在理论方面还是实践方面的探索，都出现了暂时的停滞甚至倒退。因此，这个阶段的共享发展还只能是初步探索阶段。改革开放之后，邓小平对社会主义本质作了最为深刻的揭示，将共同富裕视为社会主义的本质特征之一。改革开放过程中，为了提高效率，发展生产力，我们也出现了贫富分化的消极现象。对于此，围绕共同富裕的目标、方向，党的政策在公平与效率之间不断进行调整、完善，从“效率优先、兼顾公平”到“效率与公平有机统一”的理念转化，使得我们对共享发展的实践探索不断深入。这个时期可以看作是共享发展的深化探索时期。

中国特色社会主义进入新时代，习近平立足我国发展的新阶段、新要求、新任务，明确提出了共享发展新理念，这既是对以往“平均主义”做法的否定，也是对贫富分化趋势的防范与扭转，更是对共同富裕目标的追求。“平均主义和两极分化都既不是人们具体生存的现实要求，也不是人类发展的理想状态，这已由人的类本质与现实本质的统一性和人的差异与同一的辩证依存关系先在地规定了。”① 我国生产力快速发展，综合国力得到了较大增强，共同富裕的目标更加切近，人民群众对美好生活的需求日益强烈。新时代提出共享发展是我国当下问题所迫、发展所求，也是历史所趋、人民所望。因此，这个时期，可以视为我国共享发展探索的日益成熟阶段。当然，无论哪一个阶段，共享发展的动力来自于改革创新、目标趋向于共同富裕。

其次，基于理论维度。共享发展的主体指向全体人民、客体指向全面成果，实现原则是共建共享，实现过程是渐进共享。就基本特征而言，社会主义共享发展是差异的共享。差异的共享是平衡性与不平衡性、公平与效率的统一。这是因为，一方面，共享发展植根于社会主义初级阶

① 易小明：《社会差异研究》，湖南人民出版社 1999 年版，第 245—246 页。

段区域、人群差异发展的现实国情；另一方面，我们应依据于社会主义市场经济发展的需要，不能追求完全的平均主义，否则无法促进生产力的发展。差异的共享内在地包含着公平正义、发展共赢、动态均衡与过程共享等方面内容。一是差异的共享是以整个社会的平等意识、公平制度、正义分配为前提的。共享发展强调权利的平等性，要求尊重每个人的人格尊严；强调利益分享的公正，保障人们的平等发展权益。二是差异的共享强调发展的共赢性。通过改革创新，不断完善社会主义市场经济，在公平竞争中促进互利共赢；倡导以先富带动后富，以均衡的共享为目标，在适度差异中实现人与人之间的利益增进与共同富裕。三是差异的共享强调动态均衡性。社会发展是一个非线性的由不均衡到均衡、不断循环上升的动态发展过程。在不均衡中强调均衡发展，就是防止差异的扩大，保持发展量的渐进均等化。四是差异的共享体现参与过程的共享性。以共同体的建设促进共建共享，在过程中创造条件让人们参与发展，让每个人享受不同价值创造的愉悦感、获得感、幸福感，是参与过程与结果分配相统一的过程发展观。

再次，基于发展维度。党的十九大报告中提出，到21世纪中叶，在基本实现现代化的基础上，全体人民共同富裕基本实现。一些学者认为共同富裕仅仅是经济物质上的共同富裕，这种认识是片面的。因为社会发展一定是整体的发展，文明的进步一定是社会整体的文明进步。离开了政治、社会、文化、生态等方面的发展，经济发展是难以做到的，片面追求物质上的共同富裕也是难以实现的。从人民群众的需求来看，人们的需求内容越来越广泛、生活质量要求也越来越高。因此，共同富裕主要指人们在物质基础上生活质量全面提升的幸福安康生活。从我国国情看，当下虽然还不能实现共同富裕，但也不是说我们在共同富裕方面就无所作为。共享发展就是将理想与现实结合起来、将长远目标与阶段性目标结合起来，开辟正确的路径通向共同富裕。

当然，共享发展与共同富裕之间存在明显的差异性。从时间来看，新时代的共享发展即在当下的推进之中，贯穿于新时代中国特色社会主义建设的实践过程。共享发展的实现目标是逐步提升的，在社会主义发展的不同阶段都有不同的目标；而共同富裕的基本实现要在21世纪中叶，还需要一定的物质与精神财富的长期积累。从特征上看，共享发展是一个差异均衡的过程，不同区域、不同人群、不同民族之间还存在一定的发展差距，相对贫困群体、弱势群体还将在一定时空范围内存在，人们的获得感、幸福感、安全感还在持续的提升之中；而在基本实现共同富裕阶段，人群、区域之间发展的差距已经大大缩小，特别贫困的群体、弱势群体将不再存在，我国人民将享有更加幸福安康的生活。从性质上看，共享发展既是发展理念，也是发展方式，是对发展规律的探寻。作为发展手段，其目的是实现共同富裕，需要经历一个不断调整、探索完善的过程；而共同富裕作为发展目标，既包含着物质上的均衡享有，也蕴含着精神财富的平等享有；既是社会全面发展的体现，也是全民共同享有的状态；既为共享发展指明了根本方向，也为共享发展提供了价值依循。

最后，基于全球维度。从全球视域看，新时代的共享发展不同于资本主义国家的福利共享。经历了20世纪初世界经济危机之后，资产阶级意识到为了维护长期统治和利益最大化，需要国家出面进行阶级矛盾的调和，需要实行救助贫困人口的福利政策。资本主义国家的福利共享在维护社会稳定、缓和阶级矛盾、促进社会公平、保障劳动力再生产、促进经济持续发展方面具有重要的历史功能。20世纪70年代后期，福利国家制度面临着诸多问题与挑战，潜藏着甚至爆发了一些新的危机。应该说西方福利共享制度的危机本质上是资本主义制度内生的结果。“在当今的资本主义世界，收入再分配搞得最好的是北欧，其次是西欧，但是，这种再分配并没有根本扭转资本主义所有制关系所决定的初次分配所造成的不够和谐。”[①] 福利共享说到底只是资本主义国家为了适应生产力的发展而在生产关系范围内的局部的、有限的调整策略。受制于西方资本主义国家的私有制，福利共享只是作为统治阶级的一种统治策略，无法上升为国家的发展理念、社会的价值追求，难以真正受惠于所有公众；私有制只能维护少数资产阶级的利益，本质上只是少数人的“独享”。资本主义的本质是资产阶级利益的最大化，当福利共享政策危及资产阶级根本利益的时候，福利政策执行及其效果必然会大打折扣。福利共享作为一种“政治工具”决定了其狭隘性，难以与特定阶段的经济、政治、文化、社会、生态建设紧密联系在一起。也就是说，资本主义的福利共享无法从整个社会生产力持续发展、生产关系完善的高度去推进，很多时候成为少数人的政治操控工具。为了短期利益、少部分人利益，必然显示出其短视性、狭隘性、碎片化。

新时代我国共享发展同资本主义国家的福利共享有着本质的区别，主要在于：一是共享发展是中国特色社会主义的本质要求。共享发展是社会主义的共享发展，否定共享发展就是否定社会主义道路。共享发展制度是社会主义制度的有机组成部分，是区别于资本主义制度的本质要义之一。二是社会主义的共享发展是能够真正实现的。之所以能够实现，关键在于社会主义公有制的保证。社会主义公有制保障了人们在生产资料占有上的平等性以及相应的公平分配，保障人们平等的发展条件；社会主义民主政治从根本上保障人们的平等发展权益，促使人们享有公平的发展机会；社会主义的传统文化蕴含着丰富的共享精神、和谐思想，为共享发展提供了深厚的人文精神支撑。三是共享发展作为发展理念与方式，从社会生产力持续发展、生产关系不断完善的高度去推进，体现生产力与生产关系的辩证统一。既是对中国特色社会主义建设规律、对人类社会发展规律的遵

① 吕健：《共享发展的社会主义政治经济学》，复旦大学出版社 2016 年版，第 123 页。

循，也是对社会发展的价值依循。

总之，新时代我国共享发展在“质”上的规定性可以这样去认识：共享发展是差异的共享，是对“平均主义”的否定以及对贫富分化的防范与扭转；是中国特色社会主义的本质要求，是通向未来共同富裕的发展过程；是对社会发展规律与社会价值的遵循，体现了人类文明发展的内在逻辑与根本方向。

二、新时代我国共享发展的“量”

就共享发展而言，“量”是发展在规模、程度、速度等方面可以用数量表示的规定性，以及发展所关涉的内部要素在结构方面的排列组合方式。“量”是共享发展在“质”的范围内的增减变化，不会影响到社会主义共享发展的“质”的规定。认识共享发展的“量”，需要把握共享与发展的一致，这就必须从总体、个体两个角度去认识。其一，共享发展是一个发展的“总量”目标，是指全社会物质、精神财富的积累程度；其二，共享发展有一个个体发展的“均量”目标，主要指人均物质与精神财富占有量的增减变化。提升共享水平必须以发展为前提，这就关涉到发展的量的积累问题与分配问题。如何促使发展量的增加、积累与分配，我们认为至少需要从以下三个层面进行分析与把握。

首先，差异性的发展格局。一是立足区域差异的实际。由于地理条件、文化历史、交通环境、发展政策等各种原因，我国各个区域、民族地区的发展还存在较大的差距。共享发展首先是科学发展，而科学发展必须讲究实事求是，必须立足差异发展的实际。各个区域同步发展、平均发展是不现实的，也是不符合发展规律的。依据区域差异发展的实际，我们才能做到避免急躁冒进，防止违背客观实际，做到科学规划、整体推进；才能遵循不平衡发展规律，推进发展从不均衡到均衡方向不断前进；才能遵循经济本身的质量互变规律，推进经济发展在“质”上的循序渐进地提升。二是以差异促进市场竞争。我国走的是社会主义市场经济之路，社会主义市场经济同样需要遵循价值规律，需要建立完善的市场竞争机制。市场配置资源是最有效的方式，有利于经济的发展；市场竞争机制激发了人们的潜力，最大限度地发挥了人们的积极性。有竞争，就有人们能力以及相应的收入上的差异，由此也带来个体发展方面的差异。否则，失去竞争机制，势必会走到“平均主义”的老路上，也由此失去发展的活力与动力。三是以差异促进优势互补。（这里的差异指事物在质与量两个方面的差异性）各个区域有自己的产业特色、各类部门有自己的发展特长、每个个体有自己的专业特长。强调差异发展，就是为了保持个性特色，发挥各自的优势所长，增强发展中的吸引力和制胜力，促进优势互补。从市场竞争角度看，需要多个类别的市场主体，既相互竞争，又彼此互补；从供给角度看，需要完善的供给结构，而完善的供给结构，以丰富、多层次的产业发展为前提；从需求角度看，只有做到差异性发展，才能生产出丰富、高质量的产品，以满足人们多层次、多样化的共享需求。

其次，多层次的需求结构。人的发展与社会发展是辩证统一的，二者统一于人类社会发展的实践。与差异性的发展格局相适应，人们的需求结构也是多层次的。在满足、激发人们多层次的需求中促进社会发展“量”的积累。

发展始终是人的发展与社会发展相互促进的过程。共享发展的根本目的是促进人的全面发展。在市场经济条件下，人们的素质、能力发展是多层次的，这就决定了人的需求水平是不一样的。反过来说，只有满足人们多层次的需求，才能逐步提高每个人的素质与能力，促进人的全面发展。一方面，每个人的素质与能力提升，会促进生产效率的提高，从而会促进科学技术的发展，也必然有利于经济社会的发展；另一方面，人的全面发展促进社会发展。人的素质、能力提高以后，生活水平要求将随之提升，就会产生新的更高的需求。这些新的需求可以增加消费，促进经济发展；而且新生的需求往往是新生经济的一个重要方面，可以促进新兴产业的诞生与兴旺。总之，生产与需求是相互影响、相互促进的，也是不断发展的。围绕人们多层次的需求结构安排生产，必将促进发展过程中产生新的量变，并最终促使经济社会发展质的提升。

最后，渐进式的发展轨迹。共享发展的过程是渐进的量的增加以及阶段性的质的提升过程。共享发展不是主观愿望所能实现的，必须遵循发展规律。改革发展一定时期，共享的内容、范围、层次受着客观的经济社会发展水平限制。因此，要引导人们摒弃不切实际的幻想，防止“欲速则不达”的结局。

推进共享发展，我国走出了一条符合我国国情的循序渐进的发展过程。邓小平在总结过去的成功经验和挫折教训后，对社会发展目标提出了新的认识。他明确指出：“生产建设、行政设施、人民生活的改善，都要量力而行，量入为出。”①1979 年，邓小平明确提出了“实现中国式的现代化”。1982 年中共十二大宣布了翻两番的奋斗目标，考虑到国民经济面临的实际问题，在 1981 年后，邓小平一度降低了“小康”标准，即 20 世纪末的国民生产总值人均争取达到 800 美元。1998 年，翻两番的目标得以提前实现。随后，党的十三大明确地阐述了“三步走”的发展战略，其中的第一步和第二步目标都已经成功实现。当下，我们正在为实现第三步战略目标而奋斗。

1997 年党的十五大，绘就了战略目标的蓝图：“第一个十年实现国民生产总值比 2000 年翻一番，使人民的小康生活更加宽裕，形成比较完善的社会主义市场经济体制。再经过十年的努力，到建党一百年时，使国民经济更加发展，各项制度更加完善；到世纪中叶建国一百年时，基本

① 《邓小平文选》第二卷，人民出版社 1994 年版，第 355 页。

实现现代化，建成富强民主文明的社会主义国家。”① 党的十九大报告中提出：“第一个阶段，从二〇二〇年到二〇三五年，在全面建成小康社会的基础上，再奋斗十五年，基本实现社会主义现代化。……第二个阶段，从二〇三五年到本世纪中叶，在基本实现现代化的基础上，再奋斗十五年，把我国建成富强民主文明和谐美丽的社会主义现代化强国。”② 这样，对社会主义现代化战略进行科学规划的同时，也进一步完整勾画了我国共享发展进程的时间表和路线图。这一战略安排将全面建成小康社会后的 30 年分成“两个 15 年”，是渐进式共享发展轨迹的鲜明体现，具有现实可行性。

三、新时代我国共享发展的“度”

度是事物质和量相统一的哲学范畴，指出了一事物保持其质的稳定性的量的限度与幅度。共享发展是一个差异性的发展过程，从量上看，这个差异主要体现为人们生存发展水平、质量的“差距”问题。但这个“差距”应该有一个合理的“度”，当然，这个度的安排也是具体、历史的。随着经济社会的发展，具体的“度”的标准也会发生相应的变化。从经济方面看，其上下的临界点即是收入分配的“平均主义”和贫富的“两极分化”。但共享发展是全面的发展，因此，差距的“度”以经济考察为基础，但又不局限于经济、物质方面，还关涉到政治、社会、文化、生态等方面。国内已有学者对共享发展的指数指标体系进行了研究，为实践工作提供了测度的标准和方法。③ 这里，我们可以从区域发展的均衡性、制度安排的公正性、社会结构的合理性、幸福指数的适度性等方面来把握新时代我国共

① 《江泽民文选》第二卷，人民出版社 2006 年版，第 4 页。

② 习近平：《决胜全面建成小康社会　夺取新时代中国特色社会主义伟大胜利——在中国共产党第十九次全国代表大会上的报告》，人民出版社 2017 年版，28—29 页。

③ 参见张琦等：《中国共享发展研究报告》（2016），经济科学出版社 2017 年版，第 27—43 页。

享发展“度”的问题。

首先，区域发展的均衡性。从现实来看，我国中西部地区、城乡之间的发展差距还很大。我国人群发展的不平衡性主要还是受制于区域发展的不平衡。共享发展必须重视区域发展的均衡性，没有区域发展的均衡就无法促进共享发展。区域发展的不平衡必然带来人群发展的不平衡，不仅影响经济的持续健康发展，也会影响到人们的全面发展进程。区域发展的不平衡，意味着随着社会发展进程加快，社会财富越来越集中在东部区域、集中在城市的部分成员一方；社会发展的成果只能被部分群体享有，这就不是真正的共享发展，分化严重会带来畸形的发展。从哲学角度认识，事物发展的不平衡性是绝对的，平衡性是相对的，没有完全绝对的平衡。“绝对而持久的完美是不存在的，人所得到的均衡一般都是某些方面和暂时的。”① 我们提出发展的均衡性，主要是指相对于共享发展的要求，某些区域发展已经严重失衡，人才资源、产业发展、公共资源等集中在少部分发达区域，很有可能导致人群间的贫富分化趋势加大。因此，必须从区域发展的均衡角度、人们可接受的贫富差距程度，研究区域经济发展、社会发展、环境发展等方面的指标体系，把控共享发展中的度的问题。要进一步加大对中西部地区的政策支持力度，建立基于区域文化的经济发展战略，合理调控并不断缩小区域发展之间的差距。

其次，制度安排的公正性。共享发展以人民群众公平的权利保障为前提，失去了公平的权利保障，共享发展是很难实现的。“社会公正一旦出现问题，就意味着制度安排出现了问题。”② 现阶段社会不公现象突出体现在民众的基础性的权利没有得到应有的保障，基本生存发展底线出现了一些问题。制度安排的不公正、不合理，所涉及的社会成员数量往往比较多，陷入不利处境的人员就容易产生对社会的不满甚至对立情绪，

① 曹全喜：《均衡论》，华龄出版社 2007 年版，第 49 页。

② 吴忠民：《社会矛盾新论》，山东人民出版社 2015 年版，第 211 页。

大量社会紧张状态就由此产生。当然，在人类社会的任何历史阶段，绝对的公平是不存在的。“从客观角度来看，社会公平的相对性是由差异的绝对性先在地决定了的，并且，还是差异为公平提供了必然的生长环境，公平是为框囿差异的过分恣肆而产生的。”① 因此，我们也应该在具体的历史时空中，追求相对的公平。“人们之所以要求社会公平合理是因为他们都具有作为‘人’而存在的类同一性”。② 也就是说，在共享发展的特定阶段，制度安排的公正性有其根本的哲学依据，现实而言必须有其一个相应的度的限定。当下，要通过有效的制度安排，保障人们生存发展的基本权利，确保人们的基本生存底线不出现任何问题。同时，维护社会成员的基本权利，还可以有效地防止公权的扩张，进一步促进社会的公正发展。

再次，社会结构的合理性。依据社会分层理论，即根据收入、财富、名望、教育、职业、住房等标准，可以把社会成员分为上层、中层和底层。很多学者指出，在现代社会和市场经济条件下，橄榄形社会结构是最有利于社会安全的。“各国的发展经验表明，中产阶级已成为西方国家推动现代化社会发展、引导社会消费、稳定社会形势、定型社会规范及主流社会价值观的社会结构的主体力量”。③ 从共享发展的角度看，橄榄型社会结构意味着社会成员的基本权益得到普遍的保护，消除了相对剥夺感。社会已经从总体上解决了绝对贫困问题，在很大程度上缓解了相对贫困问题。人们自主就业、自主创业的机会得到了保证，也保障了社会各阶层之间的流动性。“中等收入者占多数的“橄榄型”社会结构，意味着社会成员在经济社会发展过程中普遍受益，是共享社会的重要标志。”④ 因此，橄

① 易小明：《社会差异研究》，湖南人民出版社 1999 年版，第 238 页。

② 易小明：《社会差异研究》，湖南人民出版社 1999 年版，第 245 页。

③ 陶希东：《共建共享：论社会治理》，上海人民出版社 2017 年版，第 231 页。

④ 梁理文：《走向共享社会：社会阶层结构与中等收入群体研究——以广东为例》，《广东社会科学》2017 年第 6 期。

榄型社会结构的形成是共享发展“度”的限定性的判断标准之一。当下，我国离橄榄型社会结构还有一段距离，我国现在的中低收入者、低收入者和贫困者的数量超过了70%。确立共享发展的度，就是不断减少中低收入者在整个群体中的比重，使得各部分人群比例更加合理。当下，必须攻克体制机制方面的顽瘴痼疾，突破利益固化的藩篱，加快社会阶层的合理流动，防止利益阶层的固化和垄断；必须着力保护社会成员的财产权、扩大财产性收入，不断壮大中等收入阶层；必须管控非法利益、规范合理利益，为底层人群创造更多的服务和机会，提高中低收入者的水平，为橄榄型社会结构创造必要的条件。

最后，幸福指数的适度性。共享发展的最终目标是提升人们的幸福感。国民幸福总值（GNH）也称国民幸福指数。幸福指数作为反映民众生活质量的核心，是制定共享发展政策的重要参考依据。幸福指数是人们幸福感的度量值，是一项衡量民众对幸福具体感受程度感的核心指标。“总体上看，GNH的考量致力于创造一种环境，让每个公民都通过自己的努力，能够有公平的机会，去实现自己的幸福。GNH以一种新的、更加综合的方式来定义发展，来考虑实际的社会福利，而不是用消费的方式。”① 与国内生产总值（GDP）相比，GNH不仅关注物质需求，而且关注心理、精神、文化等方面的需求，注重将符合人性发展的需求置于评价各项发展状况的核心位置。当然，在共享发展中，一方面，我们要承认经济因素GDP在国民幸福指数中的重要作用，但也不能过于夸大经济的因素。把握幸福指数的适度性，要正确对待GDP与GNH之间的关系。因为幸福指数并不一定与国民收入呈现正向关系，社会财富的增加不一定能为大多数人享有，甚至会带来贫富分化现象。另一方面，我们也不能完全否定GDP，将幸福指数意义绝对夸大化。GDP虽然有其不可避免

① 王玲玲、冯皓：《发展伦理探究》，人民出版社2010年版，第94页。

的缺陷，但仍然是考察社会经济发展的一个重要硬性指标。重视 GNH 的考量，只是说明我们对共享发展的内涵有了更为全面的认识，但不能据此将 GNH 作为衡量个人生活质量和社会发展进步的唯一尺度。GDP 与 GNH 作为两种考核指标，都具有独特的地位与作用，二者之间并不是非此即彼的关系，而是相互补充的关系。正确的做法是适时以两种考核指标作为测算依据，具体、历史、动态地把握共享发展的“度”。现实中我们可以依据我国区域经济发展的不同程度，在将 GDP 作为考核指标的同时，对于经济发展水平比较高的地区适时引入 GNH 作为重要的考核指标，以逐步提升人们的生活质量与幸福程度。

第三节　辩证发展：共享发展理念的实现过程

辩证法是关于普遍联系的科学，唯物辩证法以普遍联系的观点认识世界。世界上任何事物和过程都处于普遍联系之中，整个世界是一个相互联系的统一整体。恩格斯说：“当我们深思熟虑地考察自然界或人类历史或我们自己的精神活动的时候，首先呈现在我们眼前的，是一幅由种种联系和相互作用无穷无尽地交织起来的画面”。[①] 联系是客观的，人们不能随意割裂事物之间的联系，而只能按照客观事物的本来面目认识事物内部或事物之间的联系，并在正确认识的基础上利用这些联系。辩证法不仅是普遍联系的科学，还是运动发展的科学。辩证法是关于自然、人类社会和思维的运动和发展的普遍规律的科学。运动、发展是绝对的，世界上任何事物都处于运动发展过程之中。恩格斯曾指出：“辩证哲学推翻了一切关于

① 《马克思恩格斯选集》第 3 卷，人民出版社 1995 年版，第 359 页。

最终的绝对真理相与之相应的人类绝对状态的想法。在它面前，不存在任何最终的、绝对的、神圣的东西；它指出所有一切事物的暂时性；在它面前，除了发生和消灭、无止境地由低级上升到高级的不断的过程，什么都不存在。”① 以运动发展的视角探析共享发展的实现过程，要求我们渐进推进共享发展。

一、从历史发展视角，坚持继承与创新的辩证统一，站在社会主义本质高度推进共享发展

从社会发展的经验来看，20 世纪 90 年代以来，针对一些国家经济上虽然获得增长但由于不注重共享，从而出现“社会贫富差距不是缩小而是扩大、贫困人口不是减少反而增加”的状况，对此人们进行了深刻的反思。国际上提出了“基础广泛的增长”“分享型增长”“包容性增长”“益贫式增长”等理念。这些理念的践行，对提高人们的生活水平、促进社会的公平正义、维护社会健康有序发展等方面取得了一定成效，对于我国的共享发展理念具有重要启示意义。

事物是矛盾的统一体，与自己的对立面有着相互依存、相互作用、相互利用的方面，若完全离开自己的对立面就很难独自存在和发展。为此，我们提出的共享发展理念，既借鉴和吸收了国际上包括资本主义国家先进的发展理念，又结合国情对其有所发展和超越，坚持了继承与创新相统一的辩证原则。当然，这种继承与创新是以坚持社会主义本质要求为前提的。共享发展理念立足于我国基本国情，体现了中国特色社会主义本质要求。广大人民群众共享改革发展成果，是社会主义的本质要求。为此，我们提出的共享发展理念，既总结、吸收了世界尤其是西方

① 《马克思恩格斯全集》第 21 卷，人民出版社 1965 年版，第 308 页。

国家社会发展的历史经验与教训，又探寻了中国特色社会主义与西方社会发展的根本差异性即从社会主义本质高度出发推进共享发展，坚持了普遍与特殊相统一的辩证原则。我们提出的共享发展理念，既从现实出发强调发展的工具、手段意义，也反思社会发展的实质问题，追求发展的目的、价值要求，坚持了合规律性与合目的性相统一的辩证原则。总之，从历史发展视角看，共享发展理念既符合社会主义本质要求，也符合人类社会发展的历史趋势、符合人类所追求的价值取向，具有引领人类社会发展的重要意义。

二、从社会现实视域，坚持共享与发展的辩证统一，在促进发展中破解共享难题

共享与发展具有内在的统一性。一方面，共享为发展提供方向、动力和价值遵循。首先，共享为发展提供目标方向。共同富裕是中国特色社会主义的根本原则，每个人都平等享有社会发展成果是中国特色社会主义的目标追求。其次，共享为发展提供根本动力。共享既是发展的目的，也是发展的一种手段。坚持共享发展，既能促进社会公平、改善民生，又能为经济发展创造更多有效消费需求，拉动内需，有利于提升经济发展的效率。最后，共享为发展提供价值遵循。共享发展使得社会发展有了明晰的价值判断依据和正确的价值引领。把是否促进经济社会发展，是否给人民群众带来实实在在的获得感，作为改革成效的评价标准。2015 年 10 月习近平在与党外人士召开座谈会时强调，改革发展搞得成功不成功，最终的判断标准是人民是不是共同享受到了改革发展成果。另一方面，发展为共享提供认识前提、物质基础与制度条件。首先，社会发展到一定历史阶段，人们才有可能产生共享的意识与要求。全面建成小康社会的新阶段，人们对共享发展的要求更加强烈，共享发展的政策、制度共识也更易

达成。其次，社会发展为共享提供物质基础，只有物质财富积累到一定程度，才有可能实现真正的共享。最后，发展为共享提供制度条件。共享发展需要一系列的制度保障，社会发展日益推进社会文明进步，为制度完善创造必要的前提和基础。

应该承认，我国自社会主义制度建立特别是改革开放以来，社会各方面有了长足的进步，在共享发展方面也进行了一些有益的探索，取得了一些成效。但因社会建设滞后，社会建设总体投入不足、投入结构不合理，由此产生共享不均和不足问题。“现在，中国在经济方面已经处于工业化中期阶段，但社会结构和社会发展水平尚处于工业化初期阶段，经济社会发展很不平衡、很不协调，这是产生诸多经济社会矛盾和问题的结构性原因”。[①] 共享不足是当前以及今后一个阶段需要重点解决的发展难题。为此，需要以发展为前提，解决共享不足问题。需要坚持经济与社会的协调发展，在发展中努力回应人民群众诉求，尽力解决共享不均问题，打破不合理的行业垄断和地区壁垒；完善收入分配调控机制体制和政策体系，逐步形成橄榄型分配格局；建立合理的利益补偿机制，对社会弱势群体予以一定的倾斜和保护。

三、从发展过程视角，坚持前进性与曲折性的辩证统一，持续地推动共享发展

唯物辩证法认为，人类社会的发展，是一个由低级到高级、由片面到全面、由简单到复杂的进化过程。共享发展是渐进的共享，不可能一步到位、一蹴而就，而是一个长期的渐进过程。“共享一定是可持续发展的，一定要有内在的动力，能推动共享不断向着更高的层次发展。同时，人类

① 陆学艺:《别让社会结构成为现代化的“瓶颈”》,《人民论坛》2012 年第 1 期。

社会必须通过不断提高共享质量来发展自己。”[①] 全面建设小康社会的奋斗目标也体现了从低水平到高水平的“过程发展观”，共享的内容是随着生产力发展和财富增加而不断丰富的。正如习近平指出，我们要根据现有条件把能做的事情尽量做起来，积小胜为大胜，不断朝着全体人民共同富裕的目标前进。

任何事物的发展都是曲折前进的，共享发展同样不是简单的线性发展过程。一方面，对我国而言，共享发展没有完整的、直接的经验照搬，远没有形成成熟、可靠的发展模式。西方国家社会共享的发展经验可以为我们提供一些借鉴，但其社会私有制的本质差异性，决定了其共享制度存在着先天的弊端，对我们而言无法也不能完全复制。由此，探索我国的共享发展是一项巨大的创新工程，需要长期的改革摸索，期间必然充满着曲折性。另一方面，就现实而言，我国处于社会主义初级阶段，生产力发展水平还不高，发展不平衡、不协调、不可持续问题还比较突出。不论是共享的人群范围，还是共享的现有水平，与人民群众的期待还有很大差距。虽然社会的发展必然会推进社会共享水平的逐步提升，但这也只是总的历史趋势，在具体发展阶段，并不排除因为共享与发展不协调等问题而带来共享水平、质量会出现暂时的停滞甚至倒退状态。为此，要引导人们认识共享发展前进行与曲折性的统一。既要持续地推动共享发展，让人民对共享发展充满信心，又要立足我国的基本国情，充分估量推进共享发展过程的艰巨性、复杂性、长期性。

实践中，首先，需要处理好稳定性与连续性的关系。在现有客观条件的基础上，充分考虑社会发展的可承受能力，将人们的收入提高建立在劳动生产率提高的基础上，将福利水平的提高建立在经济可持续增长的基础上，在社会稳定发展的基础上确保共享发展的连续性；其次，需要处理好

① 王庆五：《共享发展》，江苏人民出版社 2016 年版，第 211 页。

渐进性与飞跃性的关系。我国经济发展进入新常态，在新的发展阶段应给共享发展以科学的目标定位与方法指导，在循序渐进中寻求重大突破，使共享发展不断形成新的量变，在量变和质变相互作用的基础上不断拓展共享发展的广度与深度，以达到更高水平的全面共享。

四、从运动变化视野，坚持差异性与均衡性的辩证统一，在动态均衡中推动共享发展

共享发展既是一个包含人群发展差异性的过程，也是一个不断缩小人群发展差异性而走向均衡性发展的过程，是包含着差异与均衡相统一的辩证发展过程。在传统的计划经济体制下，我国的收入分配是平均主义的分配制度，严重地阻碍了生产力的发展，导致共同贫穷。平均主义与共享发展本质上是不同的，平均强调的是数量的均等，而共享强调的是意义的公正；平均暗含着不公，而共享包含一种有数量差异的平等。共享具有历史性和阶段性，在不同的社会发展阶段，共享的水平是不一样的。在同一社会发展阶段，也无法消除人们共享水平的差异。社会发展总是包含差异的发展，共享发展也必然体现差异性与均衡性相统一的辩证原则。

一方面，共享发展并不否定人群发展存在差异性这一客观现实。当然，这里的差异性包含了发展在质的方面的差别和量的方面的差距两个方面。从全球各个国家、民族等发展状况的现实看，发达国家与发展中国家发展水平差异性还很大，处于不同发展阶段而呈现质的差异。同时，由于当代资本主义国家的利益至上性，还难以实现全球范围的共享发展。从历史总体进程看，人类社会是不同民族、不同人群发展由差异悬殊到差异不断缩小的进程。在共产主义社会没有实现之前，完全否定发展的差异性是不可能的。社会主义初级阶段的中国，由于生产力水平还不高，无法实现

按需分配，不同人群发展存在一定程度的差异性有其客观必然性。但是，相对于社会主义共同富裕的发展目标，不能回避当下中国发展存在差异性而带来的种种问题。这种差异性主要体现在东西区域差异、城乡差异、收入分配差异、社会保障差异等众多方面。当然，我国人群发展差异性主要体现为同一社会发展阶段的量的差距，其形成有着众多原因：就发展的基础而言，是历史根基、地理条件、制度政策、经济发展、文化教育、社会环境等多种因素复杂交织的结果；从发展的规律来看，社会发展是一个非线性的由不均衡到均衡、不断循环上升的动态发展过程。邓小平也指出，少数人先富才能进一步带动全体人民共同富裕，先富与后富的时间间隔必然带来不同人群发展的差异性。就发展的悖论而言，社会发展进程中会产生不可避免的发展代价，即一定时期为获取社会整体、长远利益而不得不暂时牺牲少部分人的发展利益。这种必要的代价必然会带来一部分人受到特定的制度、政策安排而发展受限。因此，这种发展代价也是人群发展水平形成差异性的一个重要原因。

另一方面，共享发展虽然包含发展的差异性，但人群发展水平的差异不能太大，需要走向均衡发展。一个国家内一切成员获得平等地位的前提是实现均衡发展。从哲学视野看，所谓均衡发展是一种保持发展在质方面的同一性和量方面的均等化的发展方式。社会主义中国必须走向均衡发展，这是因为：就社会主义的本质而言，就是要消灭剥削、消除两极分化，最终达到共同富裕。社会主义初级阶段的中国，只有保持均衡发展，才能不断缩小不同人群发展水平的差异，为最终走向共同富裕打下坚实的基础。从经济发展规律来看，实现均衡发展有助于促使市场经济各要素间的协调运行，使得生产与消费之间保持结构平衡，最终促进经济本身的持续发展。从社会发展动力而言，实现均衡发展有利于提升人口的总体素质，增强人们对社会主体地位的认同感，提高不同人群参与改革发展的积极性、主动性、创造性，更好地推动社会发展。从社会发展秩序来看，实现均衡发展有利于减少因利益差距过大而产生的对抗性矛盾与冲突，防止社会离心力的加剧，促进社会和谐发展，为经济、社会发展创造稳定的社会前提。

因此，推进共享发展，必须运用差异与均衡相统一的辩证思维。既不能因为差异发展存在的客观性而简单地轻视甚或否定均衡发展的必要性、重要性、紧迫性，也不能因为片面追求均衡发展而轻视甚或忽略差异发展存在的现实性、必然性、长期性。提出并推进共享发展，就是依据社会文明发展的趋势，在社会发展的一定时期，在承认人群发展水平存在一定程度差异性的同时，尽力实施均衡发展，让不同人群基于平等发展权而获得大致同一的发展水平，防止差异扩大化、放纵化带来的消极效应。推进共享发展，必须通过改革重点消除造成差异悬殊的体制机制与不合理的政策。同时，要立足客观实际，正确引导人们的预期，防止简单化一的改革发展之举措。总之，改革需要树立差异与均衡相统一的辩证思维，在差异与均衡之间保持合理的张力，而这一张力的保持也必须历史、具体地动态把握。

实践中首先应处理好统一性和多样性的关系。一方面坚持统一性。政府应依据共同富裕、共享发展的本质要求，公平公正地确定分享的比率，促进均衡而不是走向平均主义，不能把共享引向主张“均贫富”的错误道路上去。另一方面坚持多样性。承认人们事实上在享有方面存在一定程度的差距，共享发展的具体政策、措施应因地制宜，依据不同地区发展的实际情况而动态变化、调整与确认。其次，应处理好原则性和灵活性的关系。一方面需坚持原则性。既要贯彻党和国家的根本性要求，把守住底线。在新的社会条件和发展基础上，应防止两极分化日益严重的趋势，把人群共享的差距控制在合理的限度内，把“蛋糕”分好，保持共享在动态发展中走向大致的均衡。另一方面需坚持灵活性。不同主体在享有上存在一定程度差别，意味着对人们利益多元化和利益追求的肯定，维护利益分配的灵活多样性。这样，通过合理共享机制把个人利益、国家利益、社会利益整合起来，以更有效率的差异化不断做大“蛋糕”，以合理的差异化奠定均衡“共享”的物质基础。

第四节　内在张力：共享发展的矛盾调适

社会发展总是存在各种张力现象，共享发展过程同样具有其内在的张力。社会主义共享发展之路没有现成的经验照搬、没有具体的模式套用，而只能在实践中摸索前进。因此，推进共享发展不可能一帆风顺，必定呈现曲折的发展进程。科学认识共享发展内在张力的本质特征、价值功能以及具体的张力形态，并在此基础上为张力确立合理的边界并不断进行调适，以充分发挥张力的积极效应、尽可能降低或避免其消极效应的产生等这些问题，对于减少或避免共享发展中的曲折或挫折具有重要意义。

一、共享发展内在张力的内涵及其价值意蕴

在共享发展中，存在各种张力现象。“在社会发展的过程中，往往存在着这样一些矛盾：矛盾的两端不可或缺而又无法均衡，总是处于一种‘此消彼长’或‘彼消此长’的相互拉拽的力量之中，并在这种相互拉拽的力量之中保持动态平衡，从而推动社会在这一动态平衡中带着某种负作用向前发展。这种状态就是社会发展的张力状态。”① 一方面，从本质上

① 强以华：《论社会发展的伦理张力》，《哲学研究》2003 年第 12 期。

看，各种张力现象是事物之间矛盾作用的客观体现。所谓“矛盾两端不可或缺”即意味着矛盾双方相互吸引、相互依赖的方面；所谓“此消彼长”或“彼消此长”等即意味着矛盾双方相互制约、相互作用的方面。另一方面，这种张力现象又是一种特殊类型的矛盾显现。在共享发展的一定阶段，矛盾张力的任何一端都不能完全克服另外一端，二者间也难以达到完全的平衡。矛盾两端相互拉拽、牵扯的力量既维系着适度的紧张状态，又始终保持着动态的大致平衡，从而形成一定的张力。“如果社会张力过于紧张，社会张力的张力弦就有绷断的危险，社会有序的结构关系就可能被破坏。”① 正是这种张力的存在及其作用的积极发挥，促使共享发展的健康、有序、持续推进。

从社会发展规律看，共享发展应该遵循人类社会发展的客观规律。张力的存在及其运行机理本身就是社会发展规律的一种显现。在共享发展中，依据矛盾变化的情势，保持张力弦处于最佳状态，促使张力达到最佳效应，就可以发挥张力的积极作用。从社会发展价值取向看，共享发展内在地包含着共享伦理，“是一种建立在社会主义经济基础之上的，突出人民主体地位，以人民利益作为衡量是非善恶对错的最高标准的伦理价值体系，它是对以为人民服务为核心的社会主义伦理价值体系的一种更为清晰、更富有时代内涵和更具有可操作性的表达。”② 适度的张力促使共享发展遵循共享伦理，以更加合乎伦理的方向发展，有利于加快社会的共享进程，以使得人们最终均过上和谐、美满、幸福的生活。

具体而言，合理的张力对于共享发展具有重要的价值意蕴。首先，适度的张力有利于释放全社会活力。共享发展是一个差异的均衡过程。处理好差异与均衡的内在张力，为实现全民共享而大力推进利益的均衡，可以打破僵化的利益格局，尤其是以体制机制改革破除既得利益集团的固有利

① 夏东民：《现代化原点结构：冲突与转型》，中国社会科学出版社 2007 年版，第 73 页。

② 彭柏林：《共享伦理的基本要求及其在志愿服务领域体现》，《伦理学研究》2017 年第 4 期。

益，满足民众对利益、权利的共享诉求；同时为满足人们不同层次的差异需求，不断完善社会主义市场经济促使人们公平竞争。破除僵化的体制机制和完善市场经济，有利于释放全社会的活力。其次，适度的张力有利于保持社会健康发展。共享发展以社会整体与局部的协调发展为前提。调节好整体与局部的内在张力，以局部的突破带动整体发展；同时依据社会系统、整体的运行规律，以全面共享引领全面建设，避免社会片面发展带来的消极甚至病态效应，从而保持社会健康、良性发展。再次，适度的张力有利于激发社会动力。共享发展是需求与供给的有机统一，协调需求与供给间的内在张力，以人们的共建保障充分、优质的供给，不断提升发展质量，满足人们美好生活需要，在满足消费升级的需要中激发人们参与生产的积极性，不断获得社会发展的动力；同时，以共享的有效需求带动市场，形成需求与供给间的良性循环，从而不断激发社会发展的动力源。最后，适度的张力有利于保障社会的有序运行。共享发展是公平与效率相统一的发展。科学对待公平与效率间的内在张力，尽力消除发展中的不公平现象，疏通人们在利益诉求方面的渠道，以共享缓和社会矛盾紧张状态；同时，以效率提升为解决不公平问题以及实现更高层次的社会公平奠定强大的物质基础。公平与效率间的张力可以成为社会安全阀，从而保障社会稳定、有序运行。

总之，适度的张力既有利于遵循社会发展规律而推进“发展”，又符合伦理价值目标而实现“共享”，促使“共享”与“发展”相得益彰、相互促进，从而顺利推进全民共享、全面共享、共建共享以及渐进共享。

二、共享发展内在张力的主要形态

习近平指出，共享发展包含着全民共享、全面共享、共建共享以及渐进共享四个方面，这四个方面紧密相关、彼此相融，构成有机统一的整体。基于张力视角，共享发展的四个方面分别包含差异与均衡、整体与局部、需求与供给、公平与效率间的内在张力。

（一）全民共享：差异与均衡间的内在张力

从发展的主体上看，共享发展是全民共享。共享发展既需要保持差异发展，也需要追求均衡发展。就全民共享而言，存在着差异与均衡间的内在张力。

一方面，差异与均衡之间相互统一、相互促进。首先，共享发展以社会生产力持续发展为前提，差异发展为均衡发展奠定物质基础。从总体上看，均衡发展的总体水平与社会物质生产力的发展是一致的。推动生产力发展，一是立足差异发展的现状，渐进推动均衡共享。立足于我国社会主义初级阶段各区域发展不同层次之现状，因地制宜，逐步推进共享进程。二是维系差异发展的环境，更好地促进市场竞争。实践证明，社会主义市场经济是发展生产力的内在要求。坚持共享发展，要求人们在市场经济中公平地参与竞争，满足不同人群多层次的比例共享与差异发展。三是保持差异发展的特色，有利于各方面的优势互补。不同区域发展有着自己的地理资源、文化传统、民族特色等。坚持差异发展，既保持各区域或各部门的特色，又利于各自的协作发展、优势互补。总之，在鼓励人们追求差异发展过程中，促进社会生产力发展，为社会均衡发展提供坚实的物质基础。其次，共享发展内在要求均衡发展，需以“均衡”保持差异发展“度”的限定。人们在追求差异发展过程中，应保持差异发展合理的度，动态推进社会均衡发展。一是均衡发展有利于社会公正的真正实现。就共享发展而言，社会公正不是停留于抽象的口号上，而是现实地存在于均衡发展过程之中。只有均衡发展，才能防止过度差异发展带来的社会不公，进而保证全民共享。二是均衡发展有助于不断消除区域或行业的凝固性，使得经济、社会发展合乎所有人的发展需求，进而可以更好地巩固差异发展带来的经济、社会成果。三是均衡发展有助于增强对于不同人群的感召力、凝聚力，进而促使社会稳定、有序发展，反过来为差异发展赢得和谐的社会环境。

另一方面，差异与均衡之间相互矛盾、对立。差异发展的出发点是个体利益、局部利益和当下利益，而均衡发展的逻辑起点是社会利益、全局利益和长远利益。在共享发展中，若片面强调人们对物质功利、差异发展的追求，那么一部分人为尽可能获得利益，会以牺牲另外一部分人的正当欲求或整体、全局、长远利益为代价，导致不同区域、不同群体利益分享的差距拉大，尤其是强弱并存，均衡发展就无法实现。但若片面追求均衡发展，过分强调整体利益、共享利益、长远利益，而轻视或忽略各个区域、部门的正当利益，轻视或忽略人们在市场经济条件下的多样、多层次需求，必然会抑制人们积极性的发挥，最终影响均衡发展量的积累和质的提升。马克思指出，人们正是在对利益的追求过程中不断满足并提升人的生活需要。人们的需求动机一旦被抑制，经济社会发展的动力就易丧失，均衡发展的内容也最终会变为空洞无物。

相对于全民共享，需要处理好差异发展与均衡发展之间的关系。共享社会要求社会的均衡发展，保障每个人的正当权利，满足各类群体尤其是弱势群体的实际利益。同时不得阻碍他人正当利益的获取、社会整体利益的增进。唯有如此，才能逐步推进全民共享，与全民共享的实现就处于一致的状态。反之，若片面追求均衡发展而牺牲差异发展，则社会发展就会失去内在动力，全民共享也难以实现；若片面追求差异发展而牺牲均衡发展，则会加剧利益群体的对立，极易产生社会的两极分化。这样，与全民共享的实现就处于一种对立状态。在差异发展与均衡发展关系之间，二者既相互依赖、相互促进，又相互制约、相互作用。也即任何一方无法也不能完全压制另外一方，二者间始终保持着动态平衡的相互拉拽之力，由此，处于一种内在的张力之中。

（二）全面共享：整体与局部间的内在张力

从发展内容上看，共享不应是社会发展成果的单一内容，而应是全面的共享。全面共享以社会全面发展为前提。共享发展既要重视各个局部领域的功能，又要重视因局部间的相互联系、相互作用而形成的整体功能。就全面共享而言，存在着整体与局部间的内在张力。

一方面，整体与局部之间相互统一、相互促进。首先，全面共享以局部领域的功能发挥为前提。建设、完善好经济、政治、文化、社会、生态各个领域是全面发展、全面共享的前提。从客体角度看，社会是一个包含各子系统组成的客观的系统整体，经济、政治、文化、社会、生态每个领域都可以视为一个子系统，任何一个领域对社会全面发展、全面共享，都具有不可或缺的功能。一是经济、政治、文化、社会、生态各领域的互动作用，有利于保持社会整体的平衡与有序。社会系统是有序的系统，各个子系统的相互作用，保持着彼此的依赖与契合，推进着社会整体始终处于从有序走向无序、从无序走向有序的过程。二是经济、政治、文化、社会、生态各领域的互动作用，有利于促进社会整体的不断发展。社会子系统之间相互补充、彼此协同与契合，促进社会整体处于总体上的前进、发展之趋势。其次，全面共享追求社会整体的功能效应。社会整体功能的有效发挥是各个局部领域功能发挥的根本前提。一是以社会整体功能保障局部领域功能的有效发挥。社会整体功能不是社会各结构层次、组成要素的简单相加，它具有各组成部分所没有的整体特性。各个局部是整体中的构成部分，只有在社会整体功能即全面发展前提下，才能更好地保障经济、政治、文化、社会、生态各局部领域功能的有效发挥。二是整体规制局部，整体功能状态及其变化影响着各个局部。社会系统具有“全息”现象，经济、政治、文化、社会、生态各领域的发展都要受到社会整体的制约和影响。社会全面发展对组成它的子系统具有协调、限制、平衡作用。在社会整体的控制和协调下，局部领域的发展、共享要服从社会全面发展、全面共享的总体规划和影响，不能脱离社会整体而过分地超前或滞后。

另一方面，整体与局部之间存在相互矛盾、彼此对立的方面。就客体角度而言，倘若只重视某些局部领域功能发挥，而其他领域功能未充分发挥，势必会影响到社会系统的健康运行，社会整体功能就无法发挥。而一旦社会整体出现问题，局部领域的功能发挥必然会受到影响。从主体角度看，社会虽然是由个人组成的，但任何社会现象都不是个人活动和个人行为的直接总和，整体社会的合力也不是所有单个人的简单相加。参与共享发展需要社会各组成部门人员的合理匹配，并形成最佳的整体合力。但现实中，人们往往过多认可本系统、自我所在部门的重要性，认为自我系统、部门在推动共享发展中发挥着最重要的功能，因而会或多或少地轻视或忽略其他系统、部门领域的功能。若片面强调自我系统、部门的应有功能，就不可避免地同时妨碍社会其他子系统、部门功能的应有实现，由此造成整体与局部间关系的阻梗甚或割裂。由此，全面发展、全面共享的目标就难以实现。社会发展总体上遵循着不平衡的发展规律，若片面强调社会整体的稳定功能发挥，过分强调各个领域的均衡发展，轻视甚至压制某些局部领域的引领作用，尤其是轻视局部领域在改革发展中的突破功能，最终也不会利于整体的发展。只有以局部领域的突破带来社会整体发展，在整体发展中实现局部领域的突破，共享发展的质量方可全面提升，从而更好地实现人们的全面共享。

总之，相对于全面共享，社会整体与局部是一个矛盾的统一体。当处理好局部与整体的一致关系，使得局部领域的发展与社会整体相协调，社会能做到全面发展时，就能保证全面共享；而当局部的发展与社会整体严重不协调，出现片面甚至畸形的发展时，就难以实现全面共享。在整体与局部之间，不可否定整体的功能，也不可忽略局部的作用。二者间相互依赖、相互制约的动态关系形成一种内在的张力。

（三）共建共享：需求与供给间的内在张力

从实现原则上看，共享发展既包含着共建，也包含着共享，是共建与共享的辩证统一。共享发展既需满足人们合理的共享需求，也要求人们共同参与社会生产以保障充分供给。就共建共享而言，需求与供给是一对矛盾统一体，存在着内在的张力。

一方面，需求与供给之间是相互统一、相互促进的。首先，满足人们利益需求，必须以共建保障社会供给。共建是共享的前提。一是依靠共建，保障充分供给。共享发展的前提是应拥有丰富的物质财富与精神财富，需要不同领域、多种行业、多类人群在实践活动中生产创造。离开了人们的协作生产，无法提供丰富的社会财富供给，共享需求就成了无源之水、无本之木。二是依靠共建，保障高质量的供给。人们的需求层次在不断提升，只有提高生产效益，不断完善供给结构，才能以多层次、高质量的供给满足人们不断提升的共享水平。其次，共享引领共建，需求对供给也有着重要的反作用。一是需求决定供给。根本而言，需求决定着供给的存在价值。凡是不能适应共享发展的生产供给，一定会失去其存在的意义而最终被抛弃。二是需求引导供给。需求引导着供给的重点和方向。一定时期，应满足人们基础性的共享需求以及部分合理的高层次需求，以需求层次的提升引领供给结构的完善。三是需求拉动供给。共享既是发展的目的，也是发展的一种手段。坚持共享发展，在促进社会公平、改善民生的过程中，通过满足人们的正当需求、引导合理需求、激发高层次需求，挖掘有效的消费潜力，有利于拉动全面的供给，提升经济社会发展的效益。

另一方面，需求与供给之间也存在对抗和冲突。共享与共建、需求与供给也会出现背离现象。首先，就供给方面来看，如果我们不能很好地以共享引领共建，无法满足人们的合理需求，就难以实现真正的共享。

目前的主要问题有：一是供给不足。民生建设诸多领域的公共基础设施，贫困地区生产、消费等供给均严重不足。另外，相对于人们不断提升的共享水平，在民主、法治、文化、生态等方面也存在着供给不均与不足的问题，不能满足人们日益增长的美好生活需要。二是供给过剩。虽然有社会的供给，但供给结构不完善，低层次的供给无法满足人们多样化、个性化的消费需求，造成一定时期供给过剩，难以实现人们的全面共享。三是供给无效。现实中社会生产虽然提供了一些供给，却不一定能很好地满足人们需求，甚至起着负向作用。例如，以破坏环境为代价的发展就无法满足人们对生态权益的需求，甚至阻碍了人们其他合理需求的实现。其次，就需求方面来看，如果不能很好地满足人们的共享需求，反过来也影响着有效供给的实现。人的需求满足、利益实现与发展程度是紧密相关的。人的需求满足、利益实现即素质、能力发展程度也影响着社会的发展状况。实践中，如果一部分人多方面的需求长期无法得到满足，其共建的素质、能力发展必然受限。这样，影响共建合力，进而影响着有效的供给保障。另外，人们的需求向更高层次发展，也影响着供给结构的完善与供给质量的进一步提升。目前，我国存在有效供给能力不足的问题，带来大量的“需求外溢”，消费能力严重外流。因此，必须推进供给侧结构性改革，把改善供给结构作为主攻方向，实现由低水平供需平衡向高水平供需平衡跃升。

相对于共建共享，需求与供给间是一对矛盾的统一体。当处理好需求与供给间的一致关系，需求和供给能做到彼此相互适应，使得市场有序运转、社会健康运行时，就能保证共建与共享的相互促进；而当需求和供给出现严重不协调，相互制约、彼此作用，难以凝聚共建合力或者难以实现真正的共享时，共建共享目标就无法实现。在需求与供给关系间，二者相互制约、相互作用。只有在以需求引领供给和以供给保障需求的同时作用下，方可推进共建共享。由此，二者之间始终存在着一定程度相互牵扯的紧张关系，处于一种内在的张力之中。

（四）渐进共享：公平与效率间的内在张力

从实现过程上看，共享发展是一个渐进的过程。共享发展既是对公平正义的追求，也是对发展效率的追寻。只有在效率提升的过程中，逐步实现社会公平，才能达到渐进共享之目的。就渐进共享而言，公平与效率间是一对矛盾统一体，存在着内在的张力。

一方面，公平与效率之间是相互依存、相互促进的。首先，公平正义的实现有利于提升效率。共享发展本身体现了公平正义，公平正义的实现为效率的提升提供基本动力。改革发展成果不是少部分人的专享品，每一个人都应公平享有。实现社会公平，有效改善民生，既能调动、激发社会各阶层和群体生产经营的积极性和主动性，又可以促进人们增加生产和消费投入，形成拉动经济增长的稳固内需，持续地提升生产效率。其次，效率是实现公平的物质基础和制度条件。生产效率的高低决定着收入分配的内容与规模。提升生产效率，促进生产力的发展和创造更多、更好的物质与精神产品，可以为公平分配奠定物质基础。另外，就共享发展而言，社会公平包括机会公平、参与公平、分配公平等全方位、全过程的公平，需要多方面体制、机制的保障。而体制机制的完善也是建立在生产效率提升、社会生产力发展的基础上。因此，生产效率的提升是解决分配不公平的根本途径。

其次，公平与效率相互制约、相互作用。效率和公平在一定条件下也会出现冲突。效率原则不可能自发地实现公平；公平原则也并不必然会促进效率的提高。在共享发展中，若片面强调一时的公平、共享，不去追求生产效率，没有充裕的物质、精神财富的保障，就难以谈及人们发展权利的公平获得。另外，过分强调公平，很容易滑向平均主义，不利于市场经济价值规律作用的发挥，由此会牺牲生产效率而导致社会发展难以为继。但若片面追求生产效率，又会以牺牲社会公平为代价，导致社会发展人群的分化。从国际经验来看，经济高速增长阶段通常伴随着收入差距拉大，但收入分配格局并不会随着经济的进一步增长而自动改善。我国出现的人群分化问题与长期以来的效率优先原则有着必然的联系。

相对于渐进共享，公平与效率始终是一对矛盾，需要处理好公平与效率之间的关系。在效率提升的前提下，不断提升公平的程度，使得效率与公平都能达到较高的程度，与渐进共享就处于完全统一的状态。反之，如果以牺牲效率为代价换取公平或者以牺牲公平为代价换取效率，效率与公平之间严重失衡，既影响效率提升，也影响社会公平水平提升，这样，与渐进共享就处于完全对立的状态。正是公平与效率关系间相互影响与作用的状况，我们无法只顾及公平，也无法只注重效率。正确的做法是依据渐进共享的过程，确立效率与公平之间合理的张力。

三、共享发展内在张力合理调适的主要原则

共享发展内在张力虽然是一种客观存在，但其具有双重效应，对共享发展的进程既具有积极的促进作用，也具有消极的破坏作用。在共享发展过程中，人们无法对内在张力的矛盾双方何者优先给出一个普适性的答案，只能在出现冲突的具体阶段，依据实际情形对若干内在张力进行及时的调适，合理调适应遵循以下若干基本原则。

（一）客观性原则

张力的存在是共享发展进程中的客观现象。社会发展不可能处于无张力状态，共享发展的过程必然贯穿着内在的张力。世界上的各个历史时期，从来没有存在过一个绝对稳定与和谐的社会。“社会矛盾和社会张力

的存在，从来都是一种社会常态。”① 共享发展虽然包含着社会主体的意志与目的，但张力的存在不是以人的意志为转移的。例如，我们不能为了实现“共享”而片面强化“均衡”、“整体”、“需求”与“公平”，我们也不能为了促进“发展”而片面强调“差异”、“局部”、“供给”与“效率”。在差异与均衡、整体与局部、供给与需求、公平与效率之间，如果任意否定消除一方、利用矛盾的一端完全克服另外一端，导致张力弦绷断，其必然带来社会结构的失序、发展的停滞甚至巨大的社会冲突。在共享发展的一定时期，差异与均衡、整体与局部、供给与需求、公平与效率间也不可能达到完全的平衡状态，二者间一定会存在相互拉拽的适度紧张之势。那种试图可以消除某些张力的想法都是虚幻的、徒劳的，否则，会因违背规律而遭受惩罚。

因此，认识张力的客观性特征，有利于我们正确把握共享发展中张力的运行机理及其功能效应，消除非此即彼的线性思维或单纯的主观热情与愿望，在认识并利用共享发展内在张力客观运行规律的基础上科学推进共享发展。

（二）变动性原则

社会发展中的任何张力即作为矛盾双方间相互对抗与相互吸引的力量，总是处于一种“此消彼长”或“彼消此长”的相互拉拽之中。在共享发展的整个进程中，矛盾张力双方力量对比不是恒定不变的，随着时间的推移、环境的变化、条件的改变等，双方力量对比会发生一些变化，体现为一种永恒的变动性。平衡是相对的，不平衡是绝对的。也就是说，矛盾双方由于相互作用而呈现必要的紧张状态是一个动态发展过程。

在动态平衡中达至适宜的理想状态，就会产生适度的张力，从而推动

① 叶匡政：《社会张力也是安全阀》，《领导科学》2016 年第 9 期。

共享发展。“社会张力具有可变性的前提条件是滞后要素必须随着前行要素的不断前移而不断跟进，进而拉动原点不断跟进，这样，要素间的社会张力就会随之变化，随之弱化，在动态中保持相应的社会张力。”① 例如，当经济发展到一定程度时，随着物质水平的提升，人们对社会全面共享、对需求质量的要求也会越来越高；当整个社会效率的提升促使经济社会发展进步时，人们对社会公平权利的期盼也就越来越高。由此，认识到这种变动性，需要社会主体依据矛盾双方力量的变化，有意识地参与和适时地进行调节，以使得矛盾双方达至大致的平衡。

（三）适度性原则

张力是矛盾双方之间相互制衡、相互作用产生的力量，具有相互吸引、相互依赖的方面，也具有一定的相互对抗性。由于“社会发展的张力的两端都有价值，并且一旦某一端的价值增至某一界限，又会衍生出某种负价值，而且其价值越大往往负价值也就越大。”② 当张力两端发生冲突时，若任由张力一端力量发展或任意强化某一端力量而轻视或忽略另一端力量，其衍生的某种负价值肆意横行，内在张力的消极效应就会出现，必然会产生社会发展进程的阻力。

各种张力的矛盾两端相互拉拽状况最终会左右共享发展的进程。在一定时期，当张力的负价值形成的滞后力量有可能等于或大于社会前行力量时，共享发展的进程会出现暂时的困难、停滞甚至回旋倒退。例如，我们曾为了发展经济强化了“效率”而轻视了“公平”，出现社会分配扭曲、贫富差距过大等很多未预料到的连带问题，反过来也阻碍了经济发展；我们曾注重经济发展，但轻视了全面发展，却带来价值道德迷失、利益集团僵化、生态污染等不利社会发展的后果。因此，就共享发展而言，需要通过

① 夏东民：《现代化原点结构：冲突与转型》，中国社会科学出版社 2007 年版，第 77 页。
② 强以华：《论社会发展的伦理张力》，《哲学研究》2003 年第 12 期。

全面深化改革，运用适宜的改革策略、合理方法不断调适张力双方力量对比状态，对矛盾一方产生的时机、环境、条件等给予一定的纠偏与调整，使矛盾两端相互作用产生的张力归于合理的度的范围，防止矛盾两端的严重失衡。也即只有保持共享发展内在张力的适度性，才能避免张力的消极效应。

（四）人本性原则

社会发展有自身的自组织运行秩序，遵循自身的运行规律，但社会发展根本目的是促进人的全面发展。引导张力发挥积极作用，同时有效避免张力消极效应最为根本的是需要遵循人本性原则。基于人本性原则，应确立一种“伦理张力”。“我们只能在承认张力始终存在的基础上，使这种张力成为合乎伦理的张力；确立‘伦理张力’应是处理社会发展张力的最佳选择。”[①] 这就需要社会主体根据实际情况，设定张力两端拉拽合理的道德界限，促进社会公平正义、实现人民根本利益、满足所有人的幸福生活需求。

张力调适的人本性原则要求人们共享水平与社会发展程度达成基本一致。现实中，在差异与均衡关系之间，存在的突出问题是人们在收入分配方面的差异性还比较大。因此，调适的重点是更加注重利益均衡的要求，切实保障每个人的权利和自由，尤其是保障弱势群体的利益。在公平与效率关系之间，当下的主要问题是在对经济效率追求的同时，整个社会对公平正义关注得还不够。实践中应重点完善各项制度，保障人们应有的公平发展机会、公平发展权利，公正享有发展成果；加强政策扶持与调节，以利益调整为着眼点强化利益均衡，努力缩小地区和贫富差异。在供给与需求之间，一个突出问题是社会发展还不充分，供给的结构不完善，供给的

① 强以华：《论社会发展的伦理张力》，《哲学研究》2003 年第 12 期。

质量还不高。现实中关注的侧重点应推动创新发展，加强生产结构的调整。在局部与整体的关系中，突出问题是社会、生态等领域的建设还相对滞后，影响了全面建设的进程。因此，张力调适的侧重方向应确立为注重局部的短板，加强局部与整体的协同，以全面建设不断提高人们的共享质量与幸福程度。

第五章　国内外共享实践的经验与反思

我国共享发展之路没有现成的模式可以套用，也没有直接的经验可供完全借鉴，需要在实践过程中不断探索前进。为了避免发展过程中不必要的曲折，最大程度降低发展中的代价，有必要汲取国内外共享发展的经验启示与教训，在理论与实践反思的基础上，科学、持续地推进共享发展。

第一节　我国共享发展的探索历程与基本经验

实现共享发展、共同富裕是中国共产党人追求的目标。习近平总书记关于共享发展理念的重要论述有其历史的基础，是中国共产党人执政理念的继承与发展。新中国成立以来，我国共享发展之路经历了长期的探索历程。社会主义共享发展之路有一个渐进完善的过程，为我们积累了宝贵的经验与启示。

一、新中国成立后至改革开放前我国共享发展的探索历程与举措

以毛泽东同志为核心的党的第一代中央领导集体带领广大人民群众推

翻了压在中国人民身上的“三座大山”，建立了中华人民共和国。社会主义制度的建立，为我国实现共享发展奠定了根本制度前提。毛泽东坚定地认为，只有社会主义制度才能从根本上保证共同富裕。尽管社会主义建设时期走了一些弯路，但中国共产党人对共享发展的探索并没有停歇，在理论与实践上都积累了宝贵的经验，推进了中国特色社会主义共享发展理论和实践的不断完善。

（一）立足全局协调关系，广泛激发人民群众伟力

新中国社会主义建设初期，毛泽东的《论十大关系》《关于正确处理人民内部矛盾的问题》等是探索具有中国特色社会主义共享发展道路的集中体现。共享社会主义成果，前提是发挥人民群众的力量推进社会主义建设。在《论十大关系》中，毛泽东提出，把国内外的一切积极因素调动起来，为社会主义事业服务。他指出，积极因素有着空前的广泛性，包含党内和党外、直接和间接的力量，同时还要善于利用积极因素来化解消极因素。

共享发展的过程也是全面协调的过程。社会主义建设是个系统工程，共享发展必须立足全局，统筹兼顾，正确处理各种关系。毛泽东从经济、政治、民族、国防、外交等领域提出要处理好多个领域的十大关系。毛泽东强调十大关系本质上就是矛盾关系，必须正确认识矛盾辩证关系，及时化解矛盾，做到全面协调发展。

（二）把握社会矛盾性质，正确处理人民群众利益冲突

从矛盾视角看，共享发展之所以有必要性，是因为人群之间存在着利益差别与矛盾，需要不断化解；社会主义共享发展之所以有现实可能性，是因为社会主义的矛盾是人民内部矛盾。毛泽东在《关于正确处理人民内部矛盾的问题》中强调，社会主义仍然存在矛盾，但主要的是人民内部矛盾，即在人民利益根本一致基础上的矛盾。人民内部矛盾的处理方式应该

用民主的方法去解决。

坚持共享发展，需要有推进共享发展的正确思路与方法。毛泽东强调，在经济方面实行“统筹兼顾、适当安排”的方针；在共产党与民主党派关系上，实行“长期共存、互相监督”的方针；在科学文化工作中，实行“百花齐放、百家争鸣”的方针。毛泽东还特别强调需协调好国家利益、集体利益与个人利益关系。毛泽东指出，国家、集体和个人在根本利益上是一致的，但是三者之间又存在着区别和矛盾。他鲜明地指出：“要讲兼顾国家、集体和个人，把国家利益、集体利益放在第一位，不能把个人利益放在第一位。”① 当然，重视国家利益和集体利益，并不意味着要否定个人利益。毛泽东指出：“公和私是对立的统一，不能有公无私，也不能有私无公。”② 只有正确协调好三者利益，才能为共享发展扫清障碍、提供契机。

（三）建立社会主义民主政治制度，保障人民平等地位

新中国成立后，中国共产党领导中国人民建立了社会主义基本政治制度，建立健全了各级政权机构。围绕“一切权力属于人民”构建了民主政治一系列基本制度：人民代表大会制度、中国共产党领导的多党合作与政治协商制度、民族区域自治制度等。政治制度与政权机构的确立，保障了社会政治有序运行。人民内部各阶级、各社会阶层日益走向和谐，为共享发展奠定了政治制度基础。

人们平等地位的获得、基本权益的保障是共享发展的根本前提。新中国成立后至改革开放前这一历史阶段，中国社会发生了重大的变化。首先，消灭了以往阶级之间严重的不平等现象，实现了人们之间初步但广泛的平等。1950年颁布了《中华人民共和国土地改革法》，中国农民获得了

① 《毛泽东文集》第8卷，人民出版社1999年版，第136页。
② 《毛泽东文集》第8卷，人民出版社1999年版，第134页。

土地，得到了解放，也获得了前所未有的社会平等地位。在城市通过对资本主义工商业的改造，结束了工人以往悲惨的被剥削命运，使工人获得平等的社会地位，并成为社会的主导力量。其次，各民族之间实现了平等。1954 年颁布的《中华人民共和国宪法》明确规定，“各民族一律平等。禁止对任何民族的歧视和压迫，禁止破坏各民族团结的行为。”① 最后，女性获得了解放，地位得到了提高。新中国成立后，全面提高妇女的地位，颁布了《中华人民共和国宪法》《中华人民共和国婚姻法》《中华人民共和国继承法》《中华人民共和国刑法》《中华人民共和国民法典》等，以法律形式确保妇女的平等地位。1956 年颁布了《中华人民共和国女工保护条例》（草案），给予了女性权益的多方面保护。

（四）推动教育、卫生、社会事业发展，提升人民生活水平

推进教育、医疗卫生、社会保障等民生建设，努力提升人民生活水平。国家在初步建立社会主义教育制度基础上，制定了适合国情的教育方针、政策、制度和各类教育规章及管理办法，推进了一些教育教学改革。1965 年，中国的小学入学率达到 89%，中学入学率为 24%。卫生事业全面大发展。在防治流行性疾病和保护母婴健康方面取得了显著成绩；建立了医疗保健制度，城乡卫生医疗网基本形成。体育事业包括竞技体育也得到长足发展，群众体育蓬勃开展。社会救助政策、城镇的劳动保险和一些福利政策也得以制定并实施。1951 年，颁布实施了《中华人民共和国劳动保护条例》，对职工的社会保障项目作了具体规定。1962 年 6 月，国务院制定和颁布了《关于精简职工安置办法的若干规定》，对我国失业保障做出了初步的探索。

教育、社会事业的发展，促进了社会共享发展。但由于当时我国发展

① 《建国以来重要文献选编》上，中央文献出版社 1992 年版，第 522 页。

底子薄，经济基础比较落后。为此，毛泽东也有了渐进共享的思想萌芽。他强调，建设一个富强的社会主义国家，需要立足国情，增产节约，反对铺张浪费，注重勤俭建国。

二、改革开放新时期我国共享发展的推进历程与举措

改革开放时期，我们大胆破除落后的体制障碍，建立了适应生产力发展的一系列新的体制机制。社会主义市场经济基本制度以及与其相适应的分配制度建立，既快速推动了经济的发展，也推动了共享发展的进程。

（一）立足本质要求，逐步实现共同富裕

共同富裕是社会主义的本质规定和最终目的。我国是一个人口众多、地域广阔、发展极不平衡的国家，不同地区同步发展、同步富裕是不可能的。为此，邓小平提出了先富带动后富的“两个大局”科学构想并付诸实践。邓小平提出：“沿海地区要加快对外开放，使这个拥有两亿人口的广大地带较快地先发展起来，从而带动内地更好地发展，这是一个事关大局的问题。内地要顾全大局。反过来，发展到一定的时候，又要求沿海拿出更多力量来帮助内地发展，这也是个大局。那时沿海也要服从这个大局。”[①]1992 年，党中央实施了由沿海、沿江、沿边、沿线和内陆纵深推进的全方位开放格局，形成“经济特区—沿海开放城市—沿海经济开放区—沿江沿线沿边开放城市—内地经济特区”逐步推进的开放开发梯次格局。面对一部分人已经先富起来，社会差距逐渐拉大的现实，江泽民强调，“我们要保护发达地区、优势产业和通过辛勤劳动与合法经营先富起来人们的发展活力，鼓励他们积极创造社会财富，更要高度重视和关心欠

① 《邓小平文选》第三卷，人民出版社 1993 年版，第 277—278 页。

发达地区以及比较困难的行业和群众，特别要使困难群众的基本生活得到保障，并积极帮助他们解决就业问题和改善生活条件，使他们切实感受到社会主义社会的温暖。”① 以江泽民同志为核心的党的第三代中央领导集体提出了“坚持区域协调发展、逐步缩小地区发展差距”的战略方针，做出了实施“西部大开发”战略，是对邓小平“两个大局”思想的继承与具体实践。以胡锦涛同志为总书记的党中央提出科学发展观，强调全面、协调、可持续发展，坚持统筹兼顾的方法。统筹区域发展，实施西部大开发、振兴东北地区老工业基地、中部地区崛起、东部地区率先发展战略等，逐步扭转区域发展差距扩大的趋势，为共享发展开辟空间。党的十八大以来，以习近平同志为核心的党中央对发展的本质与意义进行了系统的阐释。党的十八大报告中把“必须坚持走共同富裕道路”加入到中国特色社会主义道路的论述之中，提出“实现发展成果由人民共享，……提高居民收入在国民收入分配中的比重，提高劳动报酬在初次分配中的比重。”②2015 年 10 月，中共十八届五中全会首次提出了包括共享在内的五大发展理念，以保障实现全面建成小康社会的目标。党的十九大报告明确提出贯彻新发展理念，建设现代化经济体系，不断推进新时代中国特色社会主义。习近平从中国人民美好期盼出发，强调坚持共享发展理念，保证全国人民共享全面建成小康社会成果。

（二）完善市场经济，改革收入分配制度

个人收入分配政策，关系到每个人的切身利益，关系共享发展的实际落实。改革开放前，我国实行按劳分配政策，对于促进我国经济发展和保障劳动人民当家作主起到了积极的作用。但在实行过程中，明显地表现出

① 《江泽民文选》第三卷，人民出版社 2006 年版，第 540—541 页。

② 胡锦涛：《坚定不移沿着中国特色社会主义道路前进 为全面建成小康社会而奋斗——在中国共产党第十八次全国代表大会上的报告》，人民出版社 2012 年版，第 36 页。

平均主义倾向。中共十一届三中全会后，开启了对我国计划经济体制改革。邓小平提出："一部分人生活先好起来，就必然产生极大的示范力量，影响左邻右舍，带动其他地区、其他单位的人们向他们学习。这样就会使整个国民经济不断地波浪式地向前发展，使全国各族人民都能比较快地富裕起来。"① 按照时间的先后，分为农村收入分配体制改革和城市收入分配制度改革两个阶段：以家庭联产承包责任制为主要内容的农村经济体制改革，实行了"交足了国家的，留够了集体的，剩下全是自己的"这一新的分配方式。随后开始的城市经济体制改革，以计件工资为主要形式，把职工个人的收入跟自己的劳动贡献以及企业的经济效益直接挂起钩来。随着对社会主义建设规律认识的不断加深，对收入分配体制的改革不断深入。中国共产党十三次代表大会报告明确提出，在坚持公有制主体地位的前提条件下，大力发展商品经济。在分配方式方面，提出在坚持按劳分配为主体的前提下实行多种分配方式。1992 年召开的中共第十四次代表大会确立了我国改革的目标是建立有中国特色的社会主义市场经济体制。1993 年 11 月召开的中共十四届三中全会，进一步推进了我国收入分配体制改革，第一次明确提出把竞争机制引入劳动者个人报酬。党的十四大以来，按照建立社会主义市场经济体制的要求，对我国的收入分配制度进行了调整，使我国的收入分配状况有了明显改善。但是，完全适应市场经济需要的收入分配关系尚未完全理顺。1997 年，中共十五大提出把按劳分配与按生产要素分配结合起来。实行这一分配制度，不仅有利于树立和增强劳动者的主人翁责任感，提高生产效率，而且还有利于充分调动和发挥一切生产要素的积极作用，充分有效利用一切社会资源。但由于我国收入分配体制还不够完善，又出现了收入差距拉大等许多问题。2003 年召开的十六届三中全会和 2006 年召开的十六届六中全会提出要完善我国收入

① 《邓小平文选》第二卷，人民出版社 1994 年版，第 152 页。

分配制度，规范收入分配秩序。党的十八大以来，以习近平同志为核心的党中央立足我国国情，站在全面建成小康社会、实现中华民族伟大复兴中国梦的历史高度，推进国有经济和民营经济的共同发展，始终兼顾效率和公平的有机统一，不断深化收入分配制度的综合改革，缩小居民收入分配差距，扩大中等收入群体，着力构建保障"发展成果由人民共享"的长效机制。

（三）推动社会全面进步，实现全面小康社会

小康社会内在要求推进共享发展，同时也为共享发展提出了阶段性目标。从邓小平提出小康目标到现在，我国社会实现了由贫困到温饱，由温饱到小康的历史性跨越。邓小平指出，"中国式的现代化，必须从中国的特点出发。"①1979 年，邓小平用"小康"来描述中国式的现代化。他说："我们要实现的四个现代化，是中国式的四个现代化。我们的四个现代化的概念，不是像你们那样的现代化的概念，而是'小康之家'。"②第一次把我们党的战略目标同人民群众的生活密切地联系起来。1982 年，党的十二大正式提出到 20 世纪末要使人民生活达到小康水平。小康社会较之"小康之家"，目标更具体、更清晰、更全面、更强调社会的协调发展。1987 年，党的十三大把"实现小康"作为我国"三步走"第二步战略目标。十三大以后，在经济改革和对外开放的推动下，我国经济得到高速增长，除 1986 年增长 8.5%以外，其余年份的增长速度都在 10%以上。我国人民生活水平实现了由贫困到温饱的历史性跨越。1997 年 9 月，江泽民在党的十五大报告中首次提出 21 世纪初开始"进入和建设小康社会"，并对第三步战略目标作出了具体部署。2002 年，党的十六大提出，要在 21 世纪头 20 年，全面建设更高水平的小康社会。2007 年 10 月，党的十七

① 《邓小平文选》第二卷，人民出版社 1994 年版，第 164 页。
② 《邓小平文选》第二卷，人民出版社 1994 年版，第 237 页。

大提出全面建设小康社会目标的新要求。中国特色社会主义进入新时代，习近平着力强调要全面建成小康社会。“全面建成”与“全面建设”一字之差，却表明小康社会奋斗目标更加切近，行动方向更加明确。作为“两个一百年”奋斗目标的第一个百年奋斗目标，“十三五”规划紧紧围绕实现全面建成小康社会来制定。习近平指出：“全面建成小康社会，是我们党向人民、向历史做出的庄严承诺，是十三亿多中国人民的共同期盼。”①

（四）坚持以人为本，促进人的全面发展

共享发展的根本目的是所有人的发展，这就要求坚持以人为本。邓小平强调的共同富裕思想体现了人民立场。他指出，经济的发展，最终体现在人民生活水平上。改革和发展的一切措施，都要从人民群众的根本利益出发，让人民群众得到更多的实惠。人民群众是现代化建设的主体力量，必须充分重视人民群众力量，尊重他们的首创精神。“中国的事情能不能办好，社会主义和改革开放能不能坚持，经济能不能快一点发展起来，国家能不能长治久安，从一定意义上说，关键在人。”② 改革开放中，家庭联产承包制、乡镇企业、村民自治等许多做法都发挥了人民群众的智慧和伟大创造。以江泽民同志为核心的党的第三代中央领导集体紧紧围绕“建设一个什么样的党，怎样建设党”这一历史主题，提出“三个代表”重要思想。“三个代表”重要思想强调了人民利益至上理念。人的全面发展与经济、社会发展是相互促进的辩证关系。在党的十六大报告中，江泽民指出：“推进人的全面发展，同推进经济、文化的发展和改善人民物质文化生活，是互为前提和基础的……社会生产力和经济文化的发展水平是逐步提高、永无止境的历史过程，人的全面发展程度也是逐步提高、永

① 《十八大以来重要文献选编》下，中央文献出版社 2018 年版，第 350 页。
② 《邓小平文选》第三卷，人民出版社 1993 年版，第 380 页。

无止境的历史过程。”[①]21世纪之初，中国共产党人提出了科学发展观，并将“以人为本”作为其中的核心内容。科学发展观强调要处理好经济社会发展和人的全面发展关系。胡锦涛提出：“坚持以人为本，就是要以实现人的全面发展为目标，从人民群众的根本利益出发谋发展、促发展，不断满足人民群众日益增长的物质文化需要。切实保障人民群众的经济、政治和文化权益，让发展的成果惠及全体人民。”[②]中国特色社会主义进入新时代，习近平指出，要全面深化改革，破解利益固化的藩篱，重塑利益分配格局，促进社会公平正义。他强调要坚持共享发展，依法保障各民族群众更好共享改革发展成果。“要把体现人民利益、反映人民愿望、维护人民权益、增进人民福祉落实到依法治国全过程，使法律及其实施充分体现人民意志。”[③]共享发展内在地包含了对实现人的全面发展的终极追求，以共享发展引领社会的全面进步，保障人民的全面权益，渐进推动人的全面发展。

（五）关切人们实际生活，全面推进民生建设

解决民生问题是共享发展的重要体现。邓小平始终关心人民群众的实际生活，把人民群众的温饱和贫困问题作为当时最大的民生问题。邓小平认为解决民生问题必须发展生产力，“社会主义阶段的最根本任务就是发展生产力，社会主义的优越性归根到底要体现在它的生产力比资本主义发展得更快一些、更高一些，并且在发展生产力的基础上不断改善人民的物质文化生活。”[④]民生问题事关社会主义建设事业的成败得失。邓小平明确提出把“人民拥护不拥护、人民赞成不赞成、人民高兴不高兴、人民答应不答应”作为判断民生工作成败得失的最高标准。江泽民提出“三个代表”

① 《江泽民文选》第三卷，人民出版社2006年版，第295页。
② 《十六大以来重要文献选编》上，中央文献出版社2005年版，第850页。
③ 《十八大以来重要文献选编》中，中央文献出版社2016年版，第184页。
④ 《邓小平文选》第三卷，人民出版社1993年版，第63页。

重要思想，提出了把关注民生作为党长期执政的基石，把更多关注就业、生态与环境保护，促进人权，防止两极分化，人的全面、自由发展作为这一阶段民生建设的主要内容。胡锦涛把保障和改善民生放在更加突出的位置，制定了一些为民、利民、惠民的政策，采取了适宜的系列举措：不断增加公共教育投入，着力解决弱势群体子女上学难的问题，深化教育体制改革，办好人民满意的教育；实施积极的就业政策，以创业带动就业，切实维护劳动者的合法权益；积极推进医疗卫生事业改革，促进基本公共卫生服务逐步均等化，推进基本医疗保障体系建设等；建立覆盖城乡居民的社会保障体系。以习近平同志为主要代表的中国共产党人对民生建设进行了进一步的巩固强化，习近平提出："保障和改善民生是一项长期工作，没有终点站，只有连续不断的新起点。"[①]他强调，通过"精准扶贫""脱贫攻坚"等举措以坚守住民生安全的底线；通过建立更加公平普惠的分配、医疗、养老等制度保障民生；通过施行社会福利、社会救济等更加有效的兜底政策；通过更有效、更合理的制度安排，维护社会公平正义。

三、社会主义共享发展的基本经验

改革开放40年的历程，我国在共享发展方面取得了一些重要成就。反思探索之历程，我们尝试总结如下几个方面的基本经验，为社会主义的共享发展之路提供一定的借鉴与启示。

（一）立足社会主义本质要求，坚持社会主义共享发展之路

共享是中国特色社会主义的本质要求，必须坚持社会主义共享发展之路。

① 《习近平总书记系列重要讲话读本》，学习出版社、人民出版社2016年版，第215页。

首先，反映社会主义共同富裕的价值追求。我们是社会主义国家，尽管我们处于社会主义初级阶段，但不能背离和放弃共同富裕的价值追求。习近平强调："一个国家实行什么样的主义，关键要看这个主义能否解决这个国家面临的历史性课题。"① 同步发展、同步富裕是不切实际的幻想。邓小平同志强调，社会主义允许先富，实现过程是先富带动共富，最终目的是共富。资本主义私有制是贫富分化、阶级对立的根源，福利共享政策也只是资本主义私有制范围内的局部调适与改进，根本上无法克服资本主义的内在矛盾。从本质上看，社会主义的共享发展同西方资本主义福利共享存在根本上的差别。社会主义共享发展可以汲取西方发达国家在福利共享方面的有益经验，但根本上不可盲目迷信西方国家的福利制度，必须为我所用，不可全部照搬，尤其要防止被"民粹绑架""资本绑架"。立足社会主义本质要求，必须坚持人民本位原则，坚持最大多数利益至上原则；坚持社会主义方向不动摇，必须探索经济发展与社会发展的统一，努力增进人民福祉，提高人民的生活水平，完善具有中国特色的社会主义共享发展之路。

其次，着力体现社会主义制度的优越性。从社会主义本质要求意义上看，共享发展不仅是一种发展方式问题，还需要从政治的高度去认识与把握。发挥中国特色社会主义制度优势，就是从生产关系角度让制度更加成熟定型，更好地推动共享发展，让人民有更多获得感。不同于西方社会仅仅局限于福利方面的共享，社会主义的共享发展是全面发展、全面共享。也就是说，我们是立足于推动社会生产力更好、更快发展，在推动社会健康、持续发展的前提下，去保证人民群众的共享；共享发展不是权宜之计，也不是一时的策略性要求，而是中国共产党人一脉相承的坚持，是对推动社会发展和人的发展辩证统一的坚守。改革开放 40 年来，人民群众

① 《习近平总书记系列重要讲话读本》，学习出版社、人民出版社 2016 年版，第 28 页。

对全面共享的要求越来越高。着力体现社会主义制度的优越性，必须推动社会主义市场经济、民主政治、社会民生、思想文化、生态文明等方面的建设，重视各个方面的相互制约与相互促进关系；必须立足国情，坚持共享发展与时代特征的统一，既不好高骛远，也不失去理想追求，在循序渐进中寻求重大突破。

（二）坚持以人民为中心的发展，全心全意为人民服务

从世界经验来看，“经济发展并不必然带来平等和安全，反而可能加剧不平等和动荡不安，从一国之内到世界范围皆然”。[①] 发展以什么为中心，涉及的是发展的性质和本质问题，体现了对待发展的根本立场、根本态度。只有坚持以人民为中心的发展，才能引领和指导科学的发展方式，保持社会的安定有序和长治久安。

其一，坚持以人民为中心的发展思想，是制定发展战略的思想意识前提。“创新发展、协调发展、绿色发展、开放发展、共享发展”五大发展理念贯穿了以人民为中心的发展思想，既表明我们党执政为民的价值理念，同时又体现社会发展规律的新要求，实现党的执政理念与发展规律新认识的有机统一。以人民为中心的发展思想是引领和推动我国发展全局深刻变革的核心，是我们制定经济政策、推动经济发展的根本立场。共享发展若离开了以人民为中心的发展思想，就会失去或者偏离正确的方向，就会产生诸多形式主义问题。只有始终坚持以人民为中心的发展思想，才能促进人际平等和社会安全，扎实推进社会主义的共享发展。

其二，坚持以人民为中心的发展思想，可以更好地满足最广大人民群众的利益诉求。经济发展有利于提升人民的幸福感、获得感，但并不是说经济发展了，人民群众的幸福感、获得感就一定能够提升。坚持共享发展

① 权宗田：《中国共产党对实现共同富裕的探索与制度设计创新研究》，人民出版社 2014 年版，第 343 页。

就是为了公平对待人民群众，以群众的利益增进与分享为检验发展的客观标准。从人民群众最关心最直接最现实的利益问题入手，以利益的渐进增进、公平分配，增强人民的“获得感”；从现实的社会问题入手，更好地化解新时代的社会主要矛盾，在矛盾的化解、调适中满足人民的利益诉求；更好确立人民群众的历史主体地位，促进人民团结、推动社会安定有序，在和谐发展中增进人们的幸福感、获得感、安全感。

（三）推进全面深化改革，完善中国特色社会主义共享发展制度

党的十八届五中全会明确提出，坚持共享发展，必须“作出更有效的制度安排”。有学者指出，新时代我国共享发展制度体系“以实现全体人民共同富裕为中心功能导向、以激发经济发展活力、厚植党的民心基础和维护社会公平正义分别为经济、政治、社会三个方面的具体功能导向。”①

在推进全面深化改革进程中，应不断完善中国特色社会主义共享发展制度。就激发经济发展活力而言，应创新国有经济的经营管理制度与国有经济的收益分配制度。大力发展公有制占主导的混合所有制经济，保证混合所有制经济朝着促进经济发展与实现社会共享的方向协同并进；使公有制更多地存在于与民生相关的领域，更好地提升公有制的共享共富优势。②同时要引导非公企业进行制度改革，为其发展提供公平的制度环境。不仅如此，我们充分认识到公有制企业与非公有制企业不是非此即彼的关系，而是紧密联系的命运共同体。公有制企业与非公有制企业相互竞争、协同前行，在推进共享发展中发挥着各自的作用。另外，通过扩大中等收入群体比重来扩大内需，激发国内的消费潜力，催生新的经济增长点。

① 刘晋祎：《新时代我国共享发展制度体系构建的三重逻辑》，《贵州社会科学》2018 年第 3 期。

② 邹升平、贾力：《社会主义公有制与共享发展的逻辑共性及实践途径》，《思想理论教育》2018 年第 7 期。

就夯实党的民心基础而言，要做好精准扶贫脱贫，不断增进民生福祉。要大力完善基本公共服务制度体系。坚持普惠性、保基本、均等化的方向，建立健全公平教育制度、普遍性养老金制度、完善劳动标准和就业制度等各种基本公共服务体系和社会保障制度，加大精准扶贫脱贫力度，实现人人共享。要建立健全公共服务监管制度，对事关人民生命安全的领域如安全生产、医疗卫生、食品安全等加大监管力度，完善公共服务领域的体制机制，增强人民群众对社会的安全感、信任感。就促进社会公平正义而言，“注重初次分配中的按劳分配规律和平均利润率规律的共同作用。……注重再分配环节中政府所具有的调节纠偏作用。”① 通过税收调节、公共财政、利益补偿等相互衔接、配合的制度体系，充分发挥社会财富再分配制度的调节作用，解决好收入分配差距问题。建立健全保障公平权益制度，既包括经济性利益的公平享有，也体现为机会、权利、荣誉、尊严等非经济方面的社会发展要素的公平享有。

（四）以效率与公平有机统一为原则，加强市场调节与政府调控

理论上看，效率与公平是有机统一的，不能离开效率孤立地谈公平，也不能离开公平孤立地谈效率。效率是公平的基础，提高效率，可以更好地促进公平；低下的效率只能导致低下的公平；反过来，公平是效率的保证，要提高效率，就必须有一个公平的社会环境。历史地看，传统资本主义突出效率的价值，强调社会精英的作用，却忽视大多数普通民众，产生很多尖锐的社会矛盾，加剧了社会分化和不稳定性。在社会主义共享发展历程中，我们曾经高度重视公平却又轻视效率，也曾经重视效率却又轻视了公平，结果在经济、社会领域产生了种种问题。因此，推进共享发展，

① 刘晋祎：《新时代我国共享发展制度体系构建的三重逻辑》，《贵州社会科学》2018 年第 3 期。

需要以效率与公平有机统一为原则，加强市场调节与政府调控。

统筹兼顾公平效率，是夯实共享发展的根基。以效率与公平有机统一为原则，需发挥市场对资源配置的决定性作用和更好发挥政府作用。既要充分发挥市场经济对效率提升、对高质量发展的推进作用，又要防止市场经济容易导致两极分化、产生物质功利思想等消极作用，使得社会主义市场经济与共享发展实现内在统一。社会主义市场经济同西方社会市场经济相比具有相同点，都强调市场的作用。但我国社会主义市场经济还凸显了政府与市场的有机结合，强调政府宏观调控与市场经济的共同作用，以发挥各自的优势，弥补各自的短处。通过市场经济优化资源配置、提高效率、促进经济发展，为共享发展提供物质基础。但是竞争是市场经济的固有特征，优胜劣汰是其必然表现。市场经济有其推进市场交换领域公平的作用，但靠市场自发的力量是难以完全实现社会公平的。这就需要发挥政府的调控作用，政府通过制度安排、法律规范、政策支持设定市场行为的价值导向，倡导公平、共富、共享，将市场的逐利行为引导到共享发展和共同富裕的发展目标之下。不仅如此，一些学者曾指出，政府和市场在特殊场合也会出现“失灵”现象。因此，为了避免政府和市场的双重“失灵”，我们还应处理好政府、社会、市场三者之间的关系，充分重视社会力量的作用，适时调动各类社会组织以及公众的力量参与到民生事业发展之中。

第二节　西方国家福利共享的经验与启示

社会主义国家的共享发展与西方国家的福利共享有本质上的差异。当然，西方福利国家的制度有其历史的功绩，有效降低了社会的不平等程度，减少的贫困人口的数量，缓和了社会阶级之间的矛盾，社会保障政策、福利制度等还提供了高技能的人力资源，为经济社会的平衡发展提供了物质基础、人力支撑和制度保障。与此同时，资本主义制度的固有本性，使得福利国家最终陷入种种困境。西方社会福利制度的历史变迁，从深层次看是资本主义国家为了适应生产力的发展而在现有制度框架内对生产关系不断调整的结果。西方社会福利国家积累的经验与教训，对我国的共享发展具有重要的启示意义。

一、西方国家福利共享的主要经验

现代福利国家的制度具有重要的历史功能。一是起到了维护社会稳定与利益增进的功能。社会保障与社会福利制度缓和了阶级矛盾，是统治阶级维护社会稳定的手段。不仅如此，还带来了整个社会利益的增进。“统治阶级用自己的少部分让利换得了统治的稳定，并且实际结果是换取了整个社会利益总量的翻倍。”① 二是促进了社会公平。福利国家着眼于弱势群体，给予生活、就业、发展方面的帮助，弥补了市场经济的缺陷，也弥补了个人收入在“事实上的不平等”，促进了社会公平。三是社会福利还有利于经济发展，保障了劳动力再生产，促进了劳动力素质的提高。具体的福利政策对调控宏观经济、抑制经济波动，调整供求和生产消费结构等方面都具有一定的作用，为经济社会发展创造了稳定的社会制度与生产环境。

由于市场经济的规律极容易带来两极分化，加上社会成员实际能力存在差距，人们实际收入水平存在很大差异。经济学家常用基尼系数来衡量收入分配的状况。西方主要福利国家如德国、法国等的基尼系数比较低，均为贫富差距比较小的国家。

① 王云龙等：《福利国家：欧洲再现代化的经历与经验》，北京大学出版社 2010 年版，第 217 页。

国家或政府是社会福利的供给与保障主体。学者王云龙曾指出，以法国为例，政府在现代福利体系中的作用十分明显，政府承担着责任主体、推行主体、资源调动、独立决策和协调作用。法国政府通过其行政权力，调动和运用整个社会资源，为弱势群体提供住房、医疗、就业、养老等多种福利。西方福利国家中有的是以福利型为主的国家，有的是以保险型为主的国家，他们的社会保障制度都有法律的支撑，政府依法规强力推行社会保障。社会福利供给需要大量的物质资源，政府发挥其行政力量及其影响力，动用政府的财力和广泛的社会资源。政府对于社会保障政策的制定，具有独立性与主动性，不会因社会阶层和利益集团的影响而改变。[①]法国的社会保障水平较高，较高的支出水平有利于缩小贫富差距。当然，法国福利国家建设是一个漫长的过程，是多种要素综合的结果，但政府的主导作用是显而易见的。

（二）以发展机会为着眼点，重视初次分配的机会均等和规则公平

德国、法国以及北欧各国都重视初次分配中的机会均等和规则公平。福利国家注重为公众尤其是弱势群体提供公共教育和培训，以促进机会均等的发展机会。通过立法形式保证教育和就业培训政策实施，努力创造平等的就业机会、公平的竞争机会以保证初次分配的公平合理性。“许多西方国家大力提倡‘终身培训是终身就业的保障’的新概念，通过对不同对象进行形式多样的培训，在实践中大大提高了劳动力素质和再就业能力。”[②]以英国为例，英国大力发展职业培训，建立促进就业与求职津贴的协调机制，重视反就业歧视，以法律规定禁止对妇女、残疾人、少数民族

① 参见王云龙等：《福利国家：欧洲再现代化的经历与经验》，北京大学出版社 2010 年版，第 131—132 页。

② 金玉秋：《西方就业理论及其实践对我国的启示》，《学术论坛》2018 年第 8 期。

人口等实行就业歧视。[①] 在促进规则公平方面，“制定鼓励竞争，限制垄断的竞争促进政策，包括实施反垄断、反托拉斯、反不正当竞争行为的法规，……注重维护市场竞争中弱者的合法权益，如对中小企业参与竞争的支援措施，对包括农业在内的弱势产业的扶持保护政策，建立集体谈判的工资决定机制等。”[②]

（三）建立多层次的税收体系，加大收入分配调节

福利国家的税制设计复杂而精细，建立多层次的税收调节体系，充分考虑纳税人的具体情况，追求不同条件下纳税人的税负公平。多层次的税收调节体系主要包括累进所得税、财产税、严格的税收申报与征管，以及对部分人群的免税政策。

个人所得税一般采取超额累进税率。法国对个人所得税实行高额累进制，对高收入者课以重税。英国是世界上第一个推行个人所得税的国家，政府通过个人所得税，加大收入分配调节力度。“英国个人所得税法对储蓄收入和股息收入有特别规定，其中储蓄收入适用的超额累进税率是20%和40%，股息所得适用10%和32.5%的超额累进税率。这样，英国个人所得税总额的一半是由占成年人口6%的富裕阶层来承担的，对于90%的纳税人来说，他们面对的则是10%和20%的较低税率和基本税率。”[③]

财产税也是福利国家缩小贫富差距的重要手段。财产税包括土地税、财富税、房产税、不动产税、车船税以及遗产和赠与税等。其中遗产和赠与税在调节财富占有上的贫富差距是非常有力度的。遗产税主要包括：一是总遗产税制，即对遗产总额进行征税，将税后遗产分给继承人。实施该

① 参见赵静：《英国就业促进制度的发展及对我国的启示》，《现代商贸工业》2009年第7期。

② 王云龙等：《福利国家：欧洲再现代化的经历与经验》，北京大学出版社2010年版，第207页。

③ 张丽萍：《从英国税收和福利政策看中国收入差距问题》，《法制与社会》2008年第4期。

税种的国家主要有美国、英国、新西兰等。二是分遗产税制，即按照继承人分的遗产征税，税率实行超额累进税率，考虑到被继承人的经济承担能力。实施该税种的国家主要有法国、德国等。三是混合税制，即先对财产所有人的遗产总额部分课征一次税收，再对继承人分得的遗产的超额部分课征分遗产税，达到两税合征。从税率设计看，遗产和赠与税税率水平普遍高于个人所得税。[①]

对困难群体、欠发达地区和公益捐助实行免税政策。福利国家对低收入群体规定了相对的减税、免税政策。德国对抚养子女免税额、子女上大学免税额、老年退休金免税额等作了详尽的规定。法国对经济欠发达地区给予优惠，帮助落后地区新建或扩建企业，扶持贫困地区发展。美国对各种基金组织的慈善捐助都实行免税，还可以抵扣捐助者的收入所得税。

此外，福利国家都有严密、完备的税收申报和征管制度，以防止企业、组织、个人的偷税漏税等违法行为。

（四）构建完善的社会保障制度，增强弱势群体的生存发展能力

社会保障政策是福利国家的灵魂。福利国家以完善的社会保障制度，及时帮助弱势群体，增强他们的生存与发展能力。首先，提供基本的社会保障。福利国家以法律的强制性，在全社会征集社会保障资金，确保社会公众在基本生活无法保障时，及时得到政府、社会的援助，均等地获得相应的社会保障。其次，公共援助制度。在美国，公共援助资金由联邦、州和地方政府共同出资，主要包括对弱势群体的医疗援助计划、对单亲家庭或贫困家庭的社会援助、对绝对贫困群体的食品券补助计划等。德国实行家庭补给制，对家庭养育多子女的给予更多的补助。再次，完善的社会保

① 参见王云龙等：《福利国家：欧洲再现代化的经历与经验》，北京大学出版社 2010 年版，第 209 页。

障法律制度。福利国家为了确保社会保障措施落实到位，颁布了系列法律、制度。一些国家制定了《社会保障法》《劳工法》《保险法》《社会救助法》等。最后，鼓励慈善组织的活动。在西方，存在很多社会非营利组织，非营利组织在救济贫困、资助弱势群体、帮助困难群体积极就业等方面发挥了很大作用，成为一支庞大的社会慈善生力军，营造了广泛的人文社会关怀氛围。

二、西方福利国家面临的问题与挑战

20 世纪 70 年代后期，资本主义发达国家陷入停滞膨胀阶段，政府在福利开支、社会保障开支方面增长过快，财政赤字和国债急剧膨胀，福利国家的社会保障制度面临着诸多问题与挑战，潜藏着一些新的危机。“西方福利主义的政策确实提高了工人阶级的生活待遇水平，缩小了贫富差距，缓和了劳资矛盾，更多的社会群体转化为中产阶级。但是，这种共享滋生出道德危机和社会风险，加剧了政府财政赤字，导致经济投资乏力，失业率居高不下，欧债危机爆发，威胁到欧盟一体化进程。”①

首先，福利国家面临着减负与稳定之间的艰难抉择。福利国家中由于片面强调政府在社会保障中的作用，政府承担的保障项目过多、水平过高，由此社会保障和社会福利开支负担越来越重。长期的福利开支带有巨大的惯性和刚性，高福利开支成为政府财政赤字的基本原因。高福利的国家必然实行高税收政策，以为高福利公共支出提供足够的财政支撑。但这样容易导致劳动力成本上升，降低国际竞争力，同时，无所不包的高福利制度，容易降低劳动者的热情，不利于经济效率的提升。高福利政策“具有天然刚性特征，居高不下，且不断攀升，导致政府公共债务负担日益沉

① 臧乃康：《共享发展：中国特色社会主义的价值立场与行动逻辑》，《南通大学学报（社会科学版）》2016 年第 4 期。

重，陷入恶性循环。”①

其次，随着人口的老龄化和健康水平的提升，现有的福利制度很容易走向破产。随着社会发展水平的提升，一方面是人们的寿命得以普遍提高，但另一方面生育率下降，人口出生率不断下降，导致老龄人口的比重不断上升，由此，退休金、养老方面的公共福利开支与日俱增。同时为了提高人们的健康水平，公共福利用于医疗健康、保险的费用大幅度增加。经济发展带来医疗水平的提升，人类寿命的延长对医疗保健的需求不断递增。为了维持现有保障制度的稳定不变，养老金的价值保持不变，那么在职职工就要付出更多的供款以维持收支平衡；如果“缴费率也维持不变，公共养老金将由于收不抵支而出现支付危机。据预测，如果美国现有的保障政策维持不变，那么整个社会保障制度……到2029年破产。”②

最后，福利制度国家的改革牵掣力太多，改革进程缓慢。随着经济全球化进程的加快，资本和商品全球自由流动加快，民族国家对经济社会发展的调控能力也渐渐消弱。福利国家经过长时间的发展，人们的福利思想根深蒂固，福利制度关系到社会所有阶层和不同群体的切实利益。因此，执政者对福利制度的改革异常小心。此外，各个政党为了获得更多的选民支持，也承诺不断提升福利水平，更不用说反对福利制度。“尽管资本主义不能与福利国家共存，然而资本主义又不能没有福利国家。”③福利制度必须改革，但现实种种情况导致改革牵掣力太多，改革处于进退维谷之状态。

---

① 王云龙等：《福利国家：欧洲再现代化的经历与经验》，北京大学出版社2010年版，第221页。

② 王云龙等：《福利国家：欧洲再现代化的经历与经验》，北京大学出版社2010年版，第221页。

③ ［德］克劳斯·奥菲：《福利国家的矛盾》，郭忠华译，吉林人民出版社2006年版，第2页。

三、西方国家福利共享对我国共享发展的主要启示

西方福利制度国家的理论与实践，有积极的一面，也有消极的一面，需要我们认真总结与汲取，尤其是要防止“中等收入陷阱”和“福利陷阱”。

（一）从社会发展的整体视域制定我国共享政策

从西方福利制度国家的正反经验来看，一方面，要重视市场经济条件下发展社会保障、社会福利事业的重要性。在市场经济优胜劣汰机制下，任何个体都将会面临着更多风险。因此，需要通过社会保障措施，维护稳定的社会环境，也为企业的生存发展提供良好的外部环境。另一方面，要依据我国生产力发展水平，渐进推动共享发展，社会保障水平应该同社会主义初级阶段的国情相适应。吉登斯的积极社会福利理论为我们带来启示，社会保障、民生事业不是孤立进行的，总是与特定阶段的经济、政治、文化、社会、生态建设紧密联系在一起的。也就是说，不能就社会问题谈社会政策，而应从有利于生产力发展和生产效率提高视域推进社会保障事业、推进共享进程。“社会福利国家模式的改革方案和改革重点不能仅仅停留在经济问题一个方面，而应该从政治、经济、社会、文化、生态等方面寻求全面的解决方案。”[①] 因此，需要从社会发展的整体视域来制定我国共享政策，维持发展与共享之间的适度张力，处理好经济效率、社会公正、民生建设和可持续发展的关系。那种离开发展谈共享的做法，一定会走入死胡同。

（二）从人的美好需求出发落实我国共享发展

改革开放带来的丰硕成果，激发了人们新的需求，人们已经不能满足

---

① 高鹏怀:《历史比较中的社会福利国家模式》，中国社会出版社 2004 年版，第 158 页。

于低层次的物质需求，而对美好生活有了新的需求。从主体上说，美好需求不是少数人的奢侈品，而是绝大多数人的正当需求；不是仅仅局限于物质方面的需求，而是拓展为民主、法治、公平、正义、生态环境等多方面的需求；不是仅仅满足于人们同一层次的需求，而是满足人们多层次的需求。不是仅停留于结果的享受，还包括参与过程的享受，体现价值创造的实现。学者彭华民提出，过去，中国的福利制度是一种补缺性福利制度，是基于解决社会问题的趋向，是低度保障、低度福利的制度，而建立在满足社会需要基础上的组合式普惠性社会福利制度才是发展型的、适合和谐社会建立的制度。①

西方社会福利国家已经出现了所谓的"道德公害"，即人们对福利的过度依赖心理。本来用来解决失业问题的福利救助，却被人们当成了逃避劳动力市场就业压力的避风港。越来越多的人寻求借口不去工作，使得失业救济成为了制造失业的催化剂。"国家所提供的福利救济越多，发生道德公害和欺诈的可能性就越大。"② 当然，人的美好需求既需要满足，也需要引导。从人的美好需求出发落实我国共享制度，需要贯彻权利与义务、共建与共享相一致的原则。强调个人对他人和社会的责任感，通过共享制度的建立健全激发劳动者的积极性。在这里，一个重要的方面是高度重视人力资源投资，通过教育、培训等措施提高劳动者的素质与能力，更加关注人的全面发展问题。

（三）发挥多个主体的协同作用统筹推进我国共享发展

从福利国家的演变历程看，福利制度国家建立初期，各国的社会福利保障基本上以国家财力保障为主。经济全球化趋势，福利国家的危机进一

① 参见彭华民等：《福利社会：理论、制度和实践》，中国社会科学出版社 2016 年版，第 20 页。

② 高鹏怀：《历史比较中的社会福利国家模式》，中国社会出版社 2004 年版，第 172 页。

步加深。一些资本为了逃避福利国家的高税收政策而逃避到国外转移资本，福利国家的内部投资不足，就业机会减少，同时，过高的劳动力成本削弱了企业的竞争力，税收减少而福利支出增大。随着国家保障体制的不堪重负，其弊端日益显现。各国家不得不强化企业、个人的社会保障责任以减轻国家的负担，传统的单一国家保障制度逐步演变成多层次的社会保障制度。从实践上看，现代西方的福利政策也趋向于多元主义，政府、家庭、市场承担着相应的职责。只不过不同的国家在三者中有不同的偏重，如美国偏重于家庭和市场，而瑞典则偏重于国家政府部门。西方福利制度国家所取得的成就，是以多方面因素动态联系为基础的，即"一个强有力的，即具有决策能力和调控能力的国家；能保障企业主的支配自由，并使其生产力不断提高的市场经济；能够防范经济发展所造成的后果问题，并稳定所有居民的生活条件的社会福利部门的扩充；以及私人家政特别是家庭的功能。这四个社会领域各自发挥着自身特有的、能在其他领域引出后果问题的能动性"①。

在我国传统的体制下，企业的社会负担比较沉重，影响了国有企业的竞争力。共享利益最基本的实现方式包括自发共享与人为共享两种方式，自发共享强调市场机制对于实现共享的作用，而人为共享认为利益不可能在自由市场经济基础上自动实现，强调通过外在规则、社会规范的约束进而实现。②片面强调自发共享或人为共享都有一定的弊端。探索新的共享发展，需要发挥政府、市场、社会、个体等多个主体的协同作用，界定各自的功能边界，统筹推进，充分发挥政府、企业、社会组织、个体的主体作用，在追求效率的基础上，实现更高层次的社会公平。因此，共享发展制度应该具有开放性、灵活性、包容性，适应社会发展的多层次需求。

---

① ［德］弗兰茨—克萨韦尔·考夫曼：《社会福利国家面临的挑战》，王学东译，商务印书馆2004年版，第4页。

② 参见吕健：《共享发展的社会主义政治经济学》，复旦大学出版社2016年版，第132—133页。

第三节　“中等收入陷阱”现象与共享发展

所谓“中等收入陷阱”，是指当一个经济体的人均收入达到中等水平后，由于不能顺利实现经济发展方式的转变，进一步的经济增长被原有的增长机制锁定，导致经济增长动力不足，最终出现经济发展停滞，收入分配不均、社会畸形化发展等问题。我国的发展要防止跌入“中等收入陷阱”。就国际比较参照系而言，我国已经处于中等收入发展阶段，能否跨越“中等收入陷阱”，顺利迈向高收入国家，是学界讨论的热点话题。笔者基于共享发展视域，尝试从马克思主义理论视角探讨这一问题，以其拓展思路寻求“中等收入陷阱”的原因及提出相应对策。

一、共享发展视域下“中等收入陷阱”现象及其产生

关于我国是否经历“中等收入陷阱”现象，学界观点有不同的争论。当然，绝大部分学者认为“中等收入陷阱”现象是一个客观存在的真命题。对于“中等收入陷阱”现象产生的原因，我国经济学家从经济学视域探讨得比较深入。

（一）“中等收入陷阱”现象存在之争辩

对于中国是否可能落入“中等收入陷阱”现象，有以下几派观点。1. 否认派。有学者反对、批判“中等收入陷阱”现象，主张“中等收入陷阱”是一个伪命题。2. 谨慎派。一些学者认为“中等收入陷阱”现象是世界范围内一种可归纳、需要注重的统计现象，反映着现实生活中无可回避的真

问题。[①] 中国必须经历这一严峻考验，防止落入陷阱。3. 乐观派。在肯定“中等收入陷阱”现象的前提下，认为中国将很快从中等收入国家进入到高收入国家，中国将不可能落入拉美式的“中等收入陷阱”。我们认为谨慎派有其合理之处，居安思危，才能防患未然。党的“十三五”时期是我国跨越“中等收入陷阱”的关键时期。

（二）“中等收入陷阱”本质之争

巴西、墨西哥、阿根廷等一些拉美国家，早在20世纪70年代就迈入中等收入国家行列，此后却陷入近半个世纪的发展停滞。人均国民总收入难以突破中等收入水平的上限，始终不能跨入高收入国家行列。

关于“中等收入陷阱”的本质，不同学者也存在不一致的观点。高淑桂曾概括指出：有学者认为“中等收入陷阱”是经济增长问题，有人认为是经济发展问题，还有人认为是协调可持续发展的问题。我们倾向于第三种观点。这是因为，社会是一个有机体统一体，经济、政治、文化、社会（狭义）、生态等各方面是相互渗透、相互作用的。社会作为一个整体，没有一个相互割裂的、纯粹的经济世界。而且，社会发展与人的发展也是辩证统一的，不能离开人的需求、人的发展片面探讨社会发展问题。因此，“中等收入陷阱”问题除了可以从经济、政治、文化等具体视域进行分别研究外（必然存在一定的片面性），有必要从共享发展的整体性视域进行探索。

（三）“中等收入陷阱”产生原因

每个落入“陷阱”的国家都有其自身的原因。经济发展理论告诉人们，在不同的经济发展阶段，经济发展的战略、增长方式和动力机制是不

① 参见贾康、苏京春：《中国的坎——如何跨越中等收入陷阱》，中信出版社2016年版，第4页。

同的。"中等收入陷阱"说到底是因为社会供给与社会需求没有形成大致的平衡和良性的相互促进关系造成的。共享发展既关注社会发展，又关注人们共享，着力解决社会供给与社会需求的关系。因此，从这个角度看，"中等收入陷阱"产生的根本原因可以归咎为没有很好地实施共享发展战略。

首先，从发展主体看，社会人群的贫富分化是"中等收入陷阱"现象产生的重要原因。公众收入分配不合理、不公平，贫富分化严重是拉美国家落入"中等收入陷阱"的重要原因。由于贫富分化严重，国内消费、内需不足，这是导致经济发展动力不足的一个重要诱因。虽然收入差距在短期内可以刺激经济的增长，但从长期看不利于经济向更高水平的发展；而一国内消费、内需的旺盛能持续稳定地促进经济的中高速增长。根据宏观经济学理论，社会的边际消费倾向是递减的，即居民收入中用于消费的比例会因收入水平的上升而逐渐递减。也就是说一定时期，中低收入群体的消费欲望和消费实际需求要远远高于高收入群体的消费欲望和消费实际需求。当一个国家未较好地实施社会共享发展战略，少数富人获得财富的增长时，大部分人难以共享社会发展成果。如果人们的收入差距过大，那么整个社会的消费需求会随着社会发展不升反降。社会总供给与总需求就无法达到动态的平衡，社会发展必然受到影响。

其次，从发展要素看，经济增长方式落后、产品结构单一、政治动荡不安、发展质量不高，难以满足人们丰富的需求是"中等收入陷阱"现象产生的又一个重要原因。"中等收入陷阱"现象是社会整体发展中出现的现象，是多重因素相互交织共同作用的结果。社会本身是个有机统一体，发展是个系统性的工程，并非由单一的经济因素所导致，而是由政治、经济、社会、文化等诸种因素相互交织、相互制约、相互作用的结果。拉美国家落入"中等收入陷阱"，既是因经济战略的失误，又是因受到政治制度、文化传统、社会政策、历史传统等多重因素的影响。当一个国家未较好地实施共享发展战略，导致经济增长方式落后、政治动荡不安、社会发展不协调、经济发展质量不高时，也就难以满足人们需求水平的提升。也就是说，当社会的供给质量与需求难以维系动态的平衡时，社会发展就极容易落入“中等收入陷阱”。

再次，从发展动力看，收入差距会沿着流量变化的方向累积，越富有的人群，其储蓄与投资能力越强，从而加大了财富存量不平等的扩大速度。当大部分人群难以拥有财富积累，限制了穷人投资物质资本的能力时，就会使得整个社会物质资本积累不足。缺乏足够的物质资本，降低社会的平均工资水平，会进一步削弱穷人以及社会整体的收入水平和投资能力；即使穷人有能力积累物质资本，不平等也可能会降低他们的人力资本水平。人力资本的缺乏会降低物质资本的回报率，使得前沿技术无法在社会推广，社会生产效率得不到有效改善。当大部分人“心有余而力不足”时，必然会影响人们积极性的发挥。而另外少数既得利益集团，又因改革创新动力不足，影响社会发展的持续动力。社会不公正还会引发激烈的社会动荡和政局不稳，经济社会发展极易出现反复。这就是说，当一个国家未较好地实施共享发展战略，难以提升人们的共建能力，引起新的社会不公，难以激发人们的智慧与创新能力时，必然会导致社会动力不足，这也是落入“中等收入陷阱”的重要诱因。

最后，从发展过程看，不当的福利赶超，过度福利化的民粹主义的“绑架”也是“中等收入陷阱”现象产生的一个重要原因。在拉美国家，建立在民粹主义基础上的民众对福利的强烈愿望和政治领袖意欲掌权的强烈意愿，互相激荡、互相满足，共同造就了福利赶超的不当结局。在经济赶超的背景下实施福利赶超，经济产出和实际工资水平一开始得到普遍提高。同时这些国家出台了劳工立法，迎合意愿提高社会保障水平，经济出现短暂的繁荣景象。但由于过度消耗，没有积累，其进一步的发展就会遇到瓶颈制约。将福利赶超作为经济赶超的重要目的，掏空了经济发展的后劲和持续改进福利的基础。社会支出日益扩大，劳动力成本上升，导致失业率不断上升。从共享发展的视域看，共享应该是渐进共享，福利应当随着经济的发展逐步提高。在供给与需求关系之间，不是简单的满足与被满足之间的关系，还要通过供给引导需求、刺激需求、激发需求。当一个国家未能较好地实施共享发展战略，不能做到渐进共享，供给能力不够，影响了供给与需求之间的平衡时，也就难以做到持续发展。

二、“中等收入陷阱”：我国发展面临的危与机

有学者指出，中国的发展与拉美地区的发展有十分相似之处：一是都曾经经历过 30 年黄金增长期；二是都面临经济飞速发展后的疑难杂症，尤其是贫富差距过大；三是都具有多个民族和多元文化；四是都面临民粹主义的情愫膨胀。[①] 中国作为发展中大国，是一个特殊的“大国经济体”，不论是国内发展还是全球交往中，都面临着很多发展难题。这些问题既有历史原因所造成的，也有伴随发展而新出现的。因此，必须抓住发展的机遇，审慎面对并化解这个发展阶段易产生的诸如“中等收入陷阱”的危险。

当下，我国正处于经济增速和转型发展换挡期、结构调整和产业升级阵痛期。一是经济增长进入速度下行期。经济发展规律决定中国经济增长速度在这个时期应该换挡。我国已经是第二大经济体，经济总量巨大，继续保持高速增长既面临生产要素供给约束，也会带来很多不协调问题。经济增长速度不能一直保持高速状态，在一定时期，会呈现不同程度的回落现象，这也是经济发展不平衡规律在时间维度上的体现。“在中等收入阶段，随着劳动力数量及其占总人口比重下降，人口红利逐步消失，不可再

① 参见贾康、苏京春：《中国的坎—如何跨越中等收入陷阱》，中信出版社 2016 年版，第 97—100 页。

生资源快速消耗，特别是粗放型增长逐步低效化、资本投资收益递减等，必然导致经济增速下行。”① 在经济增长速度换挡时期，能否提高经济发展的质量和效益、推动转型发展是一个重大的考验。二是经济增长进入动力转换期。加快经济结构战略性调整是我国应对经济形势的迫切需要，是应对制造业产能过剩问题，粗放发展带来的资源、生态、环境问题的必然选择。新旧发展动力的转换是实现转型发展的核心所在，在注重旧动力提质增效的同时，必须加快培育新的增长点，把经济发展与结构调整、社会建设与改善民生有机结合起来，实现可持续的共享发展。三是经济结构进入磨合期。我国的“三次产业结构、城乡经济结构、新旧产业结构、消费需求结构发生重大变化，加之资本市场迅速发展，经济结构进入调整期，供给侧矛盾越来越突出，需要加快调整变革。”②

中国处于社会转型期，虽然我国的经济社会发展面临着众多的问题，但中国共产党的坚强领导、社会主义制度优势、厚实的发展基础、悠久的传统文化是成功跨越“中等收入陷阱”的有利因素，是成功实现转型发展的保障。只要能保持持续稳定的中高速经济增长，并且在发展过程中坚持共享发展理念，协调解决各种社会问题，那么成功跨越“中等收入陷阱”成为高收入国家并非没有可能。

三、共享发展:“中等收入陷阱”的避免与跨越

如前所述，“中等收入陷阱”是多种因素相互作用的结果，避免与跨越“中等收入陷阱”需要基于共享发展视域，寻求相关对策。已有学者的研究大部分是从公平公正的价值立场，从收入分配、扩大内需这个角度论证的。我们以为这种论述只是把握了共享发展内涵的一个方面，对于共享

① 王永昌:《探索跨越“中等收入陷阱”的中国方案》,《人民日报》2016 年 3 月 14 日。

② 王永昌:《探索跨越“中等收入陷阱”的中国方案》,《人民日报》2016 年 3 月 14 日。

发展的完整内容还没有全面把握，也由此难以提出多维度的对策思考。我们认为，可以从以下几个维度进一步认识。

（一）共享发展内在要求全民共享，更加注重公平公正，有利于人们平等享有社会发展成果

“中等收入陷阱”的实质是“一国经济由低收入阶段进入中等收入阶段后经济发展方式转型问题，而收入分配制度是找准‘效率’和‘公平’平衡点的‘砝码’。”① 一个国家进入中等收入阶段后，要继续维持经济发展的效率，必须加强社会公平建设，使得效率与公平维系在大致平衡的状态。

首先，建立公平的收入分配机制是社会公平建设的最直接体现，有利于构建“橄榄型”社会收入结构。因此，需要完善收入分配体制改革，完善按劳分配为主体、多种分配方式并存的分配制度，包括调节所得税、政府转移支付和健全社会福利保障机制等。其次，将打赢脱贫攻坚战作为兜底政策，是实现社会公平的重要方面。消除贫困是全面建成小康社会的重要任务，是缩小分配差距、消除两极分化的重要举措。共享承认差距，但差距要保持在合理的范围内。同时，缩小分配差距、消除两极分化也是保持社会稳定有序的重要环节。没有稳定的社会发展环境，跨越“陷阱”就只能是奢谈。最后，推进区域、城乡建设基本公共服务均等化是社会公平的重要举措。均等化的基本公共服务有利于不同区域、不同人群共享社会发展成果，增强人们共享发展的普惠性、持续性。这些不同方面的举措都有利于扩大国内消费需求，产生稳定的内在动力。同时，充分挖掘国内市场消费潜能，也可以及时应对当今国际市场的不稳定性，避免国际市场风险，强劲助推我们的发展能够顺利跨越“陷阱”。

① 邹东涛、付丽琴：《跨越“中等收入陷阱”必须深化分配制度改革》，《江西社会科学》2013 年第 3 期。

（二）共享发展内在要求全面共享，更加注重整体协调，促进社会全面进步

社会的经济、政治、文化、社会、生态各个方面是一个紧密联系的统一体。只要社会某一方面出现短板问题，就会影响社会的健康发展。中国的“跨越”之路不能仅仅依靠经济单方面的发展，而应依赖于社会的全面协调发展和经济社会整体发展层次的跃升。“发展中国家跨越‘中等收入陷阱’过程中并不仅仅是经济增长的过程，还包括解决社会、政治、文化、生态等各方面的问题，需要将其看作一个系统工程”。① 李楠、焦晓云指出，我国在经济、政治、文化、社会、生态等各方面都面临着一些问题。跨越“中等收入陷阱”，“必须坚持以‘四个全面’为指引：全面建成小康社会为跨越奠定物质基础；全面深化改革为跨越提供动力源泉；全面依法治国为跨越提供法治保障；全面从严治党为跨越提供政治保障。”②

共享发展内在要求全面共享，更加要求社会的整体协调。协调发展理念强调发展的整体均衡性，协调“既是发展手段又是发展目标，同时还是评价发展的标准和尺度”，实现全面小康和跨越“中等收入陷阱”，“协调发展是制胜要诀”。为了避免陷入“中等收入陷阱”，“中国当前必须跨越‘社会危机陷阱’，致力于缩小城乡收入差距、缩小地区收入差距、社会管理创新。”③ 有学者指出，“如果城镇化发展与经济发展形成良性互动，城镇化率的提升有利于转移剩余农业劳动力，带来劳动力配置结构的优化，促进经济增长；与此同时，经济发展也会创造更多的非农就业机会，进而

① 孙代尧、张艳萍：《五大发展理念：跨越“中等收入陷阱”的中国方案》，《中国特色社会主义研究》2017 年第 3 期。

② 李楠、焦晓云：《“四个全面”引领中国跨越“中等收入陷阱”的路径分析》，《理论探讨》2012 年第 2 期。

③ 厉以宁：《论“中等收入陷阱”》，《经济学动态》2012 年第 12 期。

带动城镇化发展。然而，过度城镇化会造成……一系列‘城市病’问题”。[①]解决城市与乡村之间的协调发展问题，必然涉及经济、政治、文化、社会等各个方面，需要基于社会整体视角予以解决。

（三）共享发展内在要求共建共享，更加注重质量和效益，依靠创新驱动提升发展的质与量

国内学者指出，在战略转变上，鉴于落入“中等收入陷阱”国家的教训和成功跨越“中等收入陷阱”国家的经验，需要转变经济发展方式和经济结构；在动力机制转变上，需要从要素投入驱动转变为效率驱动；在制度改革上，需要加快制度创新，完善与经济发展相关联的制度安排。而这三个方面最主要的是需要依托创新驱动，提升发展的质量与效益。创新是社会进步的灵魂，创业是推进经济社会发展、改善民生的重要途径。我国政府提出“大众创业、万众创新”的号召，也是发挥人民群众力量，推进共建共享的重要体现。

过去在从低收入迈向中等收入的过程中，中国经济发展主要依赖劳动力、资本、自然资源、土地等要素驱动，由此形成了粗放式的经济增长模式。但是，当由中等收入特别是由中上收入向高收入转变时，粗放式的经济增长动力将逐步减退。转变经济增长方式，实现从要素驱动向效率驱动的转型是顺利跨越“中等收入陷阱”的关键。实现从要素驱动向效率驱动的转型必须以创新和技术进步来提高劳动生产率。人力资本则是全要素生产率提高的重要源泉。共建共享，就是最大程度地通过共享激发人的积极性，挖掘人力资本的潜力。这一方面是挖掘现有的潜力，另外一方面是通过教育培训，增加对教育的投资，大力提倡大众创业、万众创新，释放人才红利。丰富的人力资本能够更好地驱动创新、促进技术进步、促使产业

① 胡鞍钢等：《中国跨越中等收入陷阱：基于五大发展理念视角》，《清华大学学报（哲学社会科学版）》2016年第5期。

结构升级，实现经济发展方式的转型，从而顺利跨越“中等收入陷阱”。

（四）共享发展内在要求渐进共享，更加注重持续发展，实现共享与发展的协调

发展是硬道理，必须始终“坚持以人民为中心的发展思想”，不断开创共享发展新境界。

渐进共享是防止“不当的福利赶超”的正确战略。首先，渐进共享充分依据了中国的国情。我国作为最大的发展中国家，表明我国的发展与发达国家相比还有很大差距。现实国情决定了我们的共享只能是渐进共享，必须逐步提升人们的共享水平。否则，将会脱离实际，违背具体问题具体分析的哲学常识。其次，渐进共享也充分体现了社会公正渐进实现的客观规律。共享本身蕴含着对社会公平的追求，而一个社会公平正义的实现需要一个长期的过程。在一定时期，没有绝对的社会公平正义，妄想短时间内达到完全的公平，最终只能陷入平均主义，不利于市场的竞争，不利于社会动力的激发。再次，从社会发展规律而言，不平衡的发展是绝对的。渐进共享充分照顾了发展差距的现实，不断缩小不同区域、不同人群间发展的差距，从不平衡到相对平衡，这个符合经济社会发展的规律。复次，共同富裕是我们的目标追求，但实现这一目标需要一个长期的渐进过程。中国目前国内的发展不平衡、不协调、不可持续问题还很突出；同时，伴随我国国力的增强，在全球交往中也会面临许多新的矛盾和问题。化解发展、前进中的矛盾、问题，推进共享发展、实现共同富裕需要一个长期的过程。渐进共享的过程就是不断缩小差距的过程，只有贫富差距适中的发展中国家，才能最终跨越“中等收入陷阱”。最后，就人们的需求而言，人们的需求也不是恒定不变的，而是随着社会发展有一个不断提升、丰富的过程。以发展不断满足需求、刺激需求、激励需求，以需求的逐步提升反过来促进社会发展，有利于社会的可持续发展。

第四节　“塔西佗陷阱”现象与共享发展

习近平总书记提醒全党要警惕“塔西佗陷阱”。国内外学者对“塔西佗陷阱”现象研究得比较多，探讨了公权信任及其矫正问题。但已有的研究成果主要从政治学科视域包括用西方政治话语寻求解释，但“西方话语与中国的国家性质和政治文化有着根本矛盾，不能用它来解释中国政府公信力问题，它也不能对中国政府公信力的构建提供理论指导。……要消除西方话语带来的思想混乱，用中国特色社会主义理论来统一思想、凝聚共识。”[①] 西方政治话语具有思维上的狭隘性和实践对策上的偏颇。超越“塔西佗陷阱”不可能是权宜之计，也不是短时的应对之策，而需要根本的方略予以应对。我们从马克思主义理论视域出发，提出共享发展作为科学的发展理念、发展方式，不仅可以有效地解决公权信任问题，而且可以体现党同人民群众之间的血肉联系，联结政府与群众之间的“心路”，是超越“塔西佗陷阱”的根本方略。

一、“塔西佗陷阱”的公权信任问题

古罗马历史学家塔西佗在名著《历史》一书中认为：“一旦皇帝成了人们憎恨的对象，他做的好事和坏事就同样会引起人们对他的厌恶。”[②]“塔西佗陷阱”是指政府不管怎样做都会受到公众的质疑、批评，甚至公众不再相信政府的现象。就政府而言，现代政府应该讲道德、讲诚信，政府是整个社会诚信的楷模，发挥着重要的示范、引领作用。而一旦

① 范勇鹏：《用中国话语解释公信力问题》，《人民日报》2017 年 12 月 17 日。

② ［古罗马］塔西佗：《历史》，商务印书馆 1981 年版，第 7 页。

政府丧失公信力，即使政府说的是真话、做的是好事，都难以被老百姓认同，甚至被怀疑为在说假话、做坏事。这样，凡事都遭到社会公众的质疑而导致诚信危机，就容易跌入“塔西佗陷阱”的泥沼，最终成为一个失道寡助的“孤家寡人”。问题是时代的声音，人心是最大的政治。为此，要警惕“塔西佗陷阱”，重视党和政府的人心向背等重大问题。

在任何社会，信任作为一种社会资本，是非常宝贵和稀缺的。而在各种信任关系中，社会公众对公权力的信任尤为重要。曲蓉指出，作为信任关系中的主要类型，“公共信任主要包括四个层次的内容：首先，对社会成员的一般信任；其次，对各种社会角色的信任，例如对医生、商人或政府官员的信任；再次，对社会制度及运行机制的信任；最后，对民主社会的一般价值观的信任，包括对民主、公正、宽容的信任。”①学者韩宏伟也指出，政府公信力是一种公共信任。作为公共信任，其具有自身的一些特征：首先，政府的公信力与公权力交织在一起。一方面，在公权力衍生出的公共事务中蕴含着公信力；另一方面，政府借助于公信力可以更好地实施其公权力。其次，政府公信力主要发生在公共领域，关乎社会公众基本权利、公共利益的实现问题。最后，不同于平权型的社会公众之间的信任，政府公信力的信任结构是垂直的。政府可以基于政治权力来强化或提升自身的公信力。②

公共信任的以上特征表明，政府公信力一旦受到破坏，其影响力与不良效应将是广泛深远的。政府与社会公众之间的信任关系如果破裂，可能会引发“多米诺骨牌效应”，导致整个社会信任体系的受损，甚至会陷入“塔西佗陷阱”。这是因为，首先，公信力是整个社会和谐稳定的重要条件。“当公众信任政府的能力时，在面临社会集团的利益调节，社会

① 曲蓉：《论公共信任：概念与性质》，《道德与文明》2011年第1期。

② 参见韩宏伟：《超越“塔西佗陷阱”：政府公信力的困境与救赎》，《湖北社会科学》2015年第7期。

阶层之间的摩擦和冲突，以及在特殊时期的突发性危机事件时，社会秩序能够保持相对良好的状态。同时，公众出于对政府的信任，理性自觉地遵从社会制度和相关政策，也使社会秩序得以良性和可持续的运转。”①而一旦公众与政府的信任关系受到破坏，难以维护和谐安定的社会秩序，社会就易于陷入动荡，政局的稳定也难以保证。其次，公信力是政府公权力有效运行的重要基础。政府的公信力，通过其先进理念、思想文化、意识形态或政治社会制度的辐射或影响，在潜移默化、日积月累中，获得社会公众广泛的认同和信任。政府公信力如果遭受破坏，对社会公众的言行举止难以产生足够的吸引力，人们也就不会自愿、自觉地服从政府公权力的要求。最后，公信力是增强人们政治认同的重要环节。公众对政府的信任是政府政治合法性的真正来源。“政治认同是人民群众对于政权的赞同态度、支持行为及由此产生的对政权代表的国家的心理归属感。”②政治认同和政府公信力是紧密联系在一起的，政府的公信力是增强人们政治认同的重要环节。如果政府的公信力很差，就难以激发公众对政府的政治信仰，这样，就不利于凝聚社会共识，难以增强人们的政治认同。

在当代中国，政府公权公信力缺失问题在一定程度上存在，也引发了一些矛盾和风险。政府的政务诚信已经遭受到部分公众的怀疑，一些公众对地方政府或官方的回应总是处于将信将疑，甚至不完全信任的状态；对食品安全、医疗药品安全、楼房安全、交通安全等不良行为、事件的产生，形成了归责于政府的习惯性思维。“地方政府话语体系与舆论表达诉求出现了断裂”。③官民之间的相互信任已经出现了一些危机。地方政府行政行为失信于民，究其原因主要有：首先，领导干部缺乏执政能力，人

① 李丹婷：《公众对政府的信任与和谐社会的建构》，《福州党校学报》2006年第4期。
② 常轶军：《政治认同：国家治理现代化的根与魂》，《光明日报》2018年2月8日。
③ 付耀华：《我国地方政府公信力“塔西佗陷阱”的自我救赎》，《领导科学》2016年第9期。

民群众不能信服。一些地方政府没有科学的发展理念，发展布局缺乏全面性、公共政策缺乏稳定性、民生政策缺乏连续性，不能扎实地推进社会建设。地方政府官员没有真心实意地推进民生发展，有些官员为了标榜自身的业绩，大搞政绩工程、形象工程；或只顾眼前经济利益，盲目投资、上项目，却不顾民生发展，牺牲了生态环境；或喜欢搞“一言堂”，“拍脑袋”决策，不顾长远利益，以致负债累累、寅吃卯粮。其次，对于政府公信力问题，应坚持用马克思主义唯物史观、群众观来思考。如果领导干部缺乏为民的执政意识和行为，就会造成政府的失信。在我国，官本位思想依旧还残留在部分官员脑海里，政府在制度、政策制定以及措施执行中没有听取民众的意见，不能很好地贯彻为人民服务的宗旨。有些政府官员对人民不负责，对人民群众的感情淡漠，不能较好地为民作主、为民解忧、为民谋利，相反是高高在上，官僚主义、形式主义、奢靡之风严重，贪图自身享乐。再次，地方政府公共权力运行不规范，损害了社会公正。一些地方政府缺位，公共建设不到位，公权力不能很好地保障民众的基本权利。一些地方政府与民争利，政府越位，公权力肆意扩张。一些官员以权谋私、敛财牟利，存在利用公共权力蚕食民众利益、损害民众权利的现象。最后，地方政府自身不守法、不诚信，败坏了社会风气。我国的法治建设虽然取得了不小的成绩，但相对于经济发展，还显得滞后，一个突出的表现是一些地方政府官员缺乏法治思维、法治意识，不仅不能带头遵守法律，相反还违背法律。有些领导以牺牲民众个体利益为代价换取所谓的集体、公共利益。有的干部信口开河、口无遮拦，随意承诺却不兑现，严重伤害了民众的情感。地方政府官员的不守法、不诚信的行为败坏了社会风气，不仅如此，不诚信的形象一旦形成就难以消除，这就是道德惩罚的长期性、潜在性、危害性。这些失信于民的行为，严重损害了社会公正，也严重损害了党的形象和地方政府公信力，进而使党的思想理论、政策主张得不到公众的理解和支持。

二、共享发展对超越“塔西佗陷阱”的重要价值

新时代提出共享发展理念蕴含着坚定的人民立场，包含着对人民群众利益的深切关切、对社会公正的维护和对人民群众的信任。共享发展不仅可以有效地解决公权信任问题，而且体现了党同人民群众之间的血肉联系，这一科学发展理念是超越“塔西佗陷阱”的根本方略。

（一）共享发展的人民立场是超越“塔西佗陷阱”的价值之基

公权力缺乏公信力的主客观原因很多，其中，人民立场是否坚定是导致公权力缺乏公信力的主观原因。“人民立场是中国共产党的根本政治立场，是马克思主义政党区别于其他政党的显著标志。”[①] 因此，破解“塔西佗陷阱”，首先需要牢固树立人民至上的价值理念，共享发展的人民立场是超越“塔西佗陷阱”的价值之基，具体体现在以下几个方面。

首先，共享发展体现了发展为了人民的情怀与信念。树立人民至上的价值理念，是我们党自建党以来事业成功、人民信任与拥护的根本保证。共享发展特别强调对于人民群众各领域权利的有效确认与有力保障。只有依法保障全体公民享有的广泛权利，才能保障公民各项权利不受侵犯。共享发展要求领导干部坚定人民立场，培养权为民所赋、权为民所用的民权思维，始终做到敬民、爱民、为民的统一。

其次，共享发展体现了我们党全心全意为人民服务的根本宗旨。党的根本性质和宗旨，决定了我们党必须始终站在人民立场上，把为人民谋利益谋幸福作为自己全部活动的出发点和归宿。人民群众是发展的主体，也是发展的最大受益者。坚持以人民为中心的发展思想，必须依靠人民检验一切工作的得失成败，看人民是否真正得到了实惠，人民生活是否真正得

① 《十八大以来重要文献选编》下，中央文献出版社 2018 年版，第 352 页。

到了改善，人民权益是否真正得到了保障。

最后，共享发展体现了坚持党的群众路线的根本要求。“建构友善互信的政民关系离不开良政与善治。……善治需要政府与民众对公共生活进行合作治理，通过还政于民，赋予民众更多机会和权利参与政府的公共决策活动，以保障公共政策的合法性、有效性与稳定性，实现公共利益的最大化。”①“在任何时候任何情况下，与人民同呼吸共命运的立场不能变，全心全意为人民服务的宗旨不能忘，群众是真正英雄的历史唯物主义观点不能丢，始终坚持立党为公、执政为民。”② 共享发展坚持党的群众路线，为了人民、信赖人民、依靠人民。要求站在人民立场上推进社会发展，在发展过程中始终保持党同人民群众的血肉联系。

（二）共享发展的利益关切是超越“塔西佗陷阱”的根本之道

“生活满意度与政治信任是显著相关的，生活满意度低的人对政府的信任度较低，对与其生活质量直接相关的基层政府的满意度更低。”③ 就现实而言，破解“塔西佗陷阱”、增强政府公权公信力的一个重要方面是各级政府必须坚决维护人民群众的利益，重视人们实际权益，提升生活满意度。共享发展不仅关注社会发展，更为重要的是关注每个人实际利益的公正获取。共享发展就是为绝大多数人谋利益的发展，共享发展的利益关切是超越“塔西佗陷阱”的根本之道。

首先，共享发展要求利益共享。人们奋斗争取的一切都同他们的利益密切相关。毛泽东、邓小平等老一辈无产阶级革命家努力践行为人民谋利益的宗旨。实现和维护好人民根本利益，才能有效保障人民的立场。共享

① 韩宏伟：《超越“塔西佗陷阱”：政府公信力的困境与救赎》，《湖北社会科学》2015 年第 7 期。

② 《十八大以来重要文献选编》上，中央文献出版社 2014 年版，第 309 页。

③ 耿静：《政府信任的差序化：基层治理中的“塔西佗陷阱”及其矫治》，《理论导刊》2013 年第 12 期。

发展要求从群众的现实需要出发，真诚倾听群众呼声，真情关心群众疾苦；注重解决公平正义问题，让人民群众共享改革发展成果。

其次，共享发展要求权利共享。民心是最大的政治，建立公平持续的社会保障制度，是赢得人心的重要举措。当正当权利未被尊重、基本诉求未被满足时，民众就会表达自己对政府的不信任。共享发展着力解决教育、就业、医疗等民生问题。让人民享有公平的教育权利、就业权利、健康权利是增强对政府公权信任，保持党同人民群众血肉联系的重要方面。党的十九大报告提出全面建成多层次的社会保障体系，对新时期社会保障体系建设作出了新的重大部署，对于保障民众的权益共享有着重要的意义。

最后，共享发展要求共建共享。“要提升地方政府公信力，必须培育公众的参与意识。”① 共享发展要求共建共享，共享发展的过程，也是保障人们获得平等参与发展机会的过程。共享发展坚持发挥社会主义民主的特色，让公众在积极参政的过程中，更好地了解地方政府制定的各种公共服务政策，理解地方政府制定公共政策的出发点、目标及政策的价值取向。让公众积极参与社会治理，增强居民对地方发展的认同感和归属感，拉近居民与基层政府的距离。在共建共享中培养公众的参与意识，使公众与地方政府之间能够进行很好的沟通、对话，增进公众和地方政府之间的相互理解，从而提升地方政府公信力。

（三）共享发展的幸福追求是超越“塔西佗陷阱”的愿景之引

人民对政府公权的信任，不仅停留于社会发展的现状，还体现在政府能否为人民带来更加美好生活的期待上。人民满意度和幸福感是党和政府工作的着力点和落脚点。共享发展成果的过程就是追求幸福的过程，让

① 付耀华：《我国地方政府公信力“塔西佗陷阱”的自我救赎》，《领导科学》2016 年第 9 期。

13 亿多中国人在共享发展过程中不断追求幸福，走向共同富裕，是超越“塔西佗陷阱”的愿景之引。

首先，共享发展有利于增强人民的获得感，让人人共享发展成果。获得感“指的是建立在物质生活水平切实提高基础上的满足，这种满足不仅包括对收入、福利待遇提高，以及对衣、食、住、行等条件改善的切身感受，而且还包括精神文化生活质量提升的亲身体会”。① 世界各国在发展方面既积累了有益经验，也有过深刻教训。从教训看，一些国家在发展过程中不注重共享，少数人的“获得感”建立在大多数人的“失落感”甚至“被剥夺感”之上，造成一国国内纷争不止、内斗不断。共享发展通过不断改善民生，提升人民物质文化生活质量，优化人民生活环境，有利于增强人民的获得感。

其次，共享发展有利于增强人民的幸福感，让人人共享幸福小康生活。“幸福感强调的是在自身需要得到满足条件下产生的喜悦情绪，这种喜悦情绪不仅指在自身生活和工作中享有的诸如自尊和自豪等身心愉悦的精神状态，更是指在自我追寻和实现中得到的诸如社会认同和价值共鸣等欣喜快慰的心灵体验幸福路上。”② 在共享发展过程中形成利益共同体、发展共同体、享有共同体，在共同体中更好地追寻和实现社会认同和价值共鸣，让每一个人都有实实在在的幸福感。坚持共享发展，集中力量提高人民生活水平，在安定、和谐社会中，提升人民的幸福指数。我们党把为人民创造幸福作为始终不渝的奋斗目标，紧紧围绕这一主题和目标推进共享发展，赢得广大人民群众的大力支持和拥护，一定能超越“塔西佗陷阱”。

最后，共享发展有利于增强人民的安全感，让人人共享安定有序生活。“安全感凸显的是一种渴望长期和长效稳定的心理诉求，这种心理诉

① 张士海、孙道壮：《获得感、幸福感、安全感：以人民为中心的时代彰显》，《国家治理》2017 年第 4 期。

② 张士海、孙道壮：《获得感、幸福感、安全感：以人民为中心的时代彰显》，《国家治理》2017 年第 4 期。

求不仅体现着对当前现状没有后顾之忧的稳定预期，更体现着对未来健全社会保障和维持社会公平的殷切期待。”[①] 党的十九大报告提出：“加强社会心理服务体系建设，培育自尊自信、理性平和、积极向上的社会心态。”[②] 在共享发展中，改革不合理的收入分配机制，提高就业质量和人民生活水平，大力加强住房、医疗、失业、养老等社会保障体系建设，坚持精准扶贫和脱贫，将有助于改善社会心态，防范和化解由于社会心态问题而引发的风险和不确定性，增强整个社会的安全感，让人人共享有序生活。

三、共享发展：破解“塔西佗陷阱”的关键举措

在我国，执政的中国共产党与广大人民群众有着天生的血脉联系，这是西方政党与政府无法做到的。践行共享发展，是破解“塔西佗陷阱”的现实举措。

（一）坚持“有效市场”与“有为政府”的有机统一，更好地增进人民幸福

共享发展既解决发展问题，又解决共享问题。在共享发展中做到“有效市场”与“有为政府”的有机统一，就是以发展保障共享，以共享促进发展，更好地为人民增进利益、带来幸福，这是有效破解“塔西佗陷阱”的重要路径。

首先，只有做到“有效市场”与“有为政府”的有机统一，才能更好地完善社会主义市场经济，推进社会发展。实现全面建成小康社会奋斗目标，仍然要把发展作为第一要务。这里的发展不是一般性的低层次发展，

① 张士海、孙道壮：《获得感、幸福感、安全感：以人民为中心的时代彰显》，《国家治理》2017 年第 4 期。

② 习近平：《决胜全面建成小康社会　夺取新时代中国特色社会主义伟大胜利——在中国共产党第十九次全国代表大会上的报告》，人民出版社 2017 年版，第 49 页。

而是“实现更高质量、更有效率、更加公平、更可持续的发展”。做到“有效市场”与“有为政府”的有机统一，核心问题是处理好政府和市场的关系。只有建立“有效的市场”，遵循市场经济的规律，才能不断提高生产效率。同时，完善社会主义市场经济还需要加强政府的宏观调控与引导，打造更加有为的政府。既发展经济，又改善民生，让人民群众共享美好生活。也只有让人民生活更加美好的政府，才能算是有为的政府。

其次，只有做到“有效市场”与“有为政府”的有机统一，才能更好地做到发展与分配、发展与共享的步调一致。共享水平的提升与民众对政府的信任紧密相关。“政府要取信于民，必须坚持‘有所为有所不为’的原则，并在其‘不为’上真正后退，在‘可为’上发挥最大效用。”① 一方面，主张分配优先于发展是不正确的。“有效市场”反对杀富济贫式的再分配。在“不为”上真正后退，需要政府的行政权力不任意干涉市场经济，该退出的领域一定要退出，保证市场经济的公平竞争。另一方面，重视发展而轻视分配也是不正确的，社会主义国家发展的目的就是从满足广大人民的需求出发，更好地分配成果。在“可为”上发挥最大效用，政府要在坚持社会主义基本经济制度和分配制度的基础上，不断完善再分配调节机制。

最后，只有做到“有效市场”与“有为政府”的有机统一，才能更好地做到效率和公平的一致性。经济的发展促进了社会的进步，伴随社会进步的同时，诸多的社会问题也不断产生、叠加。“公共问题的复杂性、动荡性和多元性，导致政府不可治理问题的增加。与此同时，民众对政府的期望与日俱增”。② 人心向背不仅仅决定于经济发展、物质生活改善这一方面，还取决于社会是否做到公平正义等方面。如何把效率和公平统一起来，做到“回应民意，是地方政府公信力走出“塔西佗陷阱”的关键。”③

① 黄涛：《超越“塔西佗陷阱”的三道坎》，《红旗文稿》2014 年第 12 期。

② 黄涛：《超越“塔西佗陷阱”的三道坎》，《红旗文稿》2014 年第 12 期。

③ 付耀华：《我国地方政府公信力“塔西佗陷阱”的自我救赎》，《领导科学》2016 年第 9 期。

有为的政府必须在提高经济发展效率的同时，更好地改善民生。共享发展追求的是不断缩小人们的收入分配差距，不断增加公共服务产品供给，在保障和改善民生中达到共享，在发展中不断促进公平公正以赢得人心。

（二）坚持集体利益与个人利益的有机统一，有利于做大“蛋糕”与分好“蛋糕”

坚持集体利益与个人利益的有机统一是共享发展理念的重要内涵，是维护政府形象，有效破解“塔西佗陷阱”的另一路径。“共享发展理念提倡的集体主义，把集体利益优先于个人利益作为总原则或首要原则，强调个人对集体有高度的义务感和责任感，这是走社会主义道路的内在要求。”[①] 在社会主义国家，人民群众的利益和集体利益在本质上是一致的，个人与集体之间不存在根本对立的利益矛盾。社会主义的集体主义应该是“真实的集体”，它把社会普遍利益和个人利益真实地统一于一体。共享发展理念既强调集体利益，又强调个人利益，坚持了集体利益与个人利益的有机统一。

第一，共享发展理念强调集体利益。共享发展要求不断做大“蛋糕”，增进集体利益，关注社会民生问题。“从某种意义上说，社会主义建设的重心在于公共性建设，而公共性问题则集中表征为社会民生问题。”[②] 实现共同富裕是共享发展理念的目标追求。“要实现集体主义提倡的共同富裕，避免两极分化，如果仅仅在分配领域坚持集体主义还不够，还要在所有制结构方面，从生产关系、基本经济制度方面来解决这一问题。”[③] 因此，要进一步巩固和发展公有制经济。习近平多次强调要坚持公有制主体地位，发挥国有经济主导作用。习近平强调：“公有制主体地位不能动摇，国有经济主导作用不能动摇，这是保证我国各族人民共享发展成果的制度性保

---

① 朱益飞：《共享发展呼唤集体主义的回归》，《毛泽东邓小平理论研究》2016 年第 11 期。
② 杨洋、胡近：《“共享发展”价值意蕴的三重维度》，《宁夏社会科学》2018 年第 4 期。
③ 朱益飞：《共享发展呼唤集体主义的回归》，《毛泽东邓小平理论研究》2016 年第 11 期。

证，也是巩固党的执政地位、坚持我国社会主义制度的重要保证。”[①] 要重视国有企业的强根固魂作用，应当探索公有制经济内部的共富机制，探索集体所有制有效实现形式，发展壮大集体经济以及各种合作经济。只有国有经济、集体经济发展壮大了，才能够为协调城乡发展、缩小贫富差距、不断改善民生创造物质前提。

第二，共享发展理念关注个体利益的公平享有。共享发展理念要求在不损害集体利益的前提下，鼓励人们为自身利益而奋斗。关注个体利益的公平享有不是平均享有，社会主义市场经济下的共享发展是一定差异的共享，必须保障非公有制经济的合法利益。“国家保护各种所有制经济产权和合法利益，坚持权利平等、机会平等、规则平等，废除对非公有制经济各种形式的不合理规定”[②]。此外，关注个体利益，要通过基本公共建设、收入分配、财政补贴、税收保障政策等多种手段进行宏观调控。全面建成小康社会的艰巨任务是要实现农村人口脱贫，在全面建成小康社会和走向共同富裕的道路上“一个都不能掉队”。从改革开放初期允许和鼓励“部分先富”到今天明确提出“一个都不能少”，这是我们实现共享发展，坚持集体利益与个人利益有机统一的重要体现。

（三）坚持过程分享与结果共享的有机统一，有利于促进公平、增进信任

共享发展既重视结果的共享，也重视过程的共享。全方位、全过程的共享有利于促进公平、增进信任，有利于破解“塔西佗陷阱”。这是因为：

首先，共享发展对服务型政府的要求更高。政府要增强为发展服务、为基层服务、为群众服务的意识和本领。仅仅重视结果的共享，往往很难以体现政府服务的全方位过程。过程合理合法、程序公平公正，才能平等

---

① 《十八大以来重要文献选编》下，中央文献出版社 2018 年版，第 5 页。
② 《十八大以来重要文献选编》下，中央文献出版社 2018 年版，第 246 页。

地保障人们的参与权，真正实现共建与共享的统一。另外，没有过程共享，就难以考虑到人民群众能力的提升过程，难以顾及人民群众参与过程中的价值成就感。政府只有运用现代科学技术提高治理水平，不断为人民提供高效优质的公共服务，人民才会对政府更满意。

其次，人民群众对于政府的不信任，并不是突然发生的，而是有一个逐渐积累的过程。一个地方，问题积累到一定程度，就有很大可能掉入"塔西佗陷阱"。政府、媒体、群众应真诚互动和良性对话，切实保障人民群众的知情权、参与权、表达权、监督权。完善民主决策机制和政务公开等途径扩大群众的参与权，保证从决策到执行等各个环节都有公众参与，接受公众的监督。只有重视过程中的共享，培育公众的参与意识，在过程中纠正公众对地方政府认识的偏差，加深了解、增进理解、消除误解，才能及时消除不信任的隐患。

最后，共享发展是全方位的共享，政府对人民群众的权益保障，人民群众有信息知情权。在现代社会，共享必定是信息的充分共享。就信息共享来说，信息不对称、信息误传也容易造成老百姓对政府的不信任。越是透明度高的政府，表明其行为越是具有合法性，越是能够做到切实为民众服务；越是透明度高的政府，越敢于接受群众监督、善于接受批评，也越不至于遭受非议。共享发展要求增强政府的民本意识，运用现代科学技术提高治理水平，回应群众诉求、改进服务质量。"借助'互联网+'这一理性工具，延展信息传播视域、延伸公共主体的感性与理性能力，形成一种人人监督、人人互评、人人共享的网络民意政治新局面。"①

① 杨洋、胡近：《"共享发展"价值意蕴的三重维度》，《宁夏社会科学》2018 年第 4 期。

第六章　共享发展理念的实践理路与现实个案

共享发展关涉到共建问题，又关联到共享命题，实现共享发展绝不能局限于单一视域。共享发展的实践方式是全面建设，以整体建设系统推进；实践原则是以人民为中心，以人际合力的激发推进共建共享；实践保障是完善制度安排，以制度保障共享发展的有序推进。

第一节　实践方式：全面建设

党的十八大报告勾画了在新的历史条件下全面建成小康社会的奋斗目标。全面建成小康社会是全面发展的社会，也必然是全面共享的社会。共享发展是全面共享。全面共享要求共享的内容更丰富、层次更多、质量更好。全面共享以社会的全面发展、全面生产为前提。因此，推动社会全面发展、加强社会全面生产、实现人们全面共享，其在实践进程上是根本一致的。

一、社会生产是全面的生产

马克思、恩格斯指出人类社会的生产是包含了物质资料、精神、社会关系以及人口生产与再生产的全面生产。

首先是物质资料的生产和再生产。人类的生存、发展，必须以物质资料的生产为前提。“人们为了能够‘创造历史’，必须能够生活。但是为了生活，首先就需要吃喝住穿以及其他一些东西。因此第一个历史活动就是生产满足这些需要的资料，即生产物质生活本身”。① 没有物质资料的生产，哪怕只中断一年，人类根本上就无法正常延续，也就无法谈论人类的发展。可以说，人类的文明就是建立在物质资料生产的基础上的。

马克思从广义生产视域揭示了生产与消费、分配、交换之间的有机联系，他说:“生产既支配着与其他要素相对而言的生产自身，也支配着其他要素……因此，一定的生产决定一定的消费、分配、交换和这些不同要素相互间的一定关系……不同要素之间存在着相互作用。每一个有机整体都是这样。”② 也就是说，现代人类社会正是以物质生产为中心，衍生了诸多社会生活内容，构成了复杂、多样而又相互联系的整体性社会。

其次是精神的生产和再生产。马克思指出，精神生产是伴随着物质生产过程逐步产生的。在《德意志意识形态》中，马克思写道:“人们的想象、思维、精神交往在这里还是人们物质行动的直接产物。表现在某一民族的政治、法律、道德、宗教、形而上学等的语言中的精神生产也是这样。”③ 在物质实践活动中逐渐产生了人类的精神活动。“语言也和意识一样，只是由于需要，由于和他人交往的迫切需要才产生的”。④

马克思认为，在资本的形成时期，精神生产成为前资本主义生产关系解体的重要因素之一，“所有这些关系的解体，只有在物质的（因而还有精神的）生产力发展到一定水平时才有可能。”⑤ 在资本主义发展过程中，

---

① 《马克思恩格斯文集》第1卷，人民出版社2009年版，第531页。
② 《马克思恩格斯文集》第8卷，人民出版社2009年版，第23页。
③ 《马克思恩格斯文集》第1卷，人民出版社2009年版，第524页。
④ 《马克思恩格斯文集》第1卷，人民出版社2009年版，第533页。
⑤ 《马克思恩格斯文集》第8卷，人民出版社2009年版，第155页。

精神生产作为主要动力之一，推进了社会生产力的进步。“固定资本的发展表明，一般社会知识，已经在多么大的程度上变成了直接的生产力，从而社会生活过程的条件本身在多么大的程度上受到一般智力的控制并按照这种智力得到改造。”①

再次是社会关系的生产和再生产。马克思在分析异化劳动时指出，人的社会关系也是在物质生产劳动中生产出来的，“通过异化劳动，人不仅生产出他对作为异己的、敌对的力量的生产对象和生产行为的关系，而且还生产出他人对他的生产和他的产品的关系，以及他对这些他人的关系。”② 社会关系是发展的，是由需要和生产方式决定的。随着物质生产实践的发展，会不断采取新的形式，越来越显示出其复杂性。

马克思认为人是社会关系的主体。社会关系的生产和再生产是资本主义发展过程中重要的生产形式之一。“生产过程和价值增殖过程的结果，首先表现为资本和劳动的关系本身的，资本家和工人的关系本身的再生产和新生产。这种社会关系，生产关系，实际上是这个过程的比其物质结果更为重要的结果。”③ 社会主体的人推进着社会关系的变革，进而推动社会的进步。“他们既再生产这种相互关系，又新生产这种相互关系。这是他们本身不停顿的运动过程，他们在这个过程中更新他们所创造的财富世界，同样地也更新他们自身。”④

最后是人口的生产与再生产。人类社会的延续，最为根本的是需要人类主体自身的生产与再生产。在人的自身生产中，包含着人与人之间的自然血缘关系与历史性社会关系。历史构成的社会关系与人的自然关系也是相互联系的，人与人之间的社会关系是从人的自然（血缘关系）基础上产生并不断丰富发展的。“这种家庭起初是唯一的社会关系，后来，当需要

① 《马克思恩格斯文集》第 8 卷，人民出版社 2009 年版，第 198 页。
② 《马克思恩格斯文集》第 1 卷，人民出版社 2009 年版，第 165 页。
③ 《马克思恩格斯文集》第 8 卷，人民出版社 2009 年版，第 107 页。
④ 《马克思恩格斯文集》第 8 卷，人民出版社 2009 年版，第 204 页。

的增长产生了新的社会关系而人口的增多又产生了新的需要的时候，这种家庭便成为从属的关系了”。[①] 随着生产本身的发展，起初作为唯一社会关系的家庭关系开始从属于物质生产关系，逐渐向新的复杂社会关系转换。

马克思指出，人的自身再生产既是一个自然的过程、也是社会的过程，是社会环境的产物，不可能离开物质生产、精神生产以及社会关系的生产与再生产而独立产生。人的自身再生产不仅是数量的增加，也是人的素质的全面提升。马克思指出，资本主义社会发展也把作为多方面的发展人培养了出来，“培养社会的人的一切属性，并且把他作为具有尽可能丰富的属性和联系的人，因而具有尽可能广泛需要的人生产出来”。[②]

马克思对社会生产及其相互关系作了充分的论述，除此之外，如前文所述，社会生产还包括生态生产。因此，在马克思全面生产理论中，人类的生产活动应包括物质、精神、社会关系、人口、生态生产等在内的全面生产。物质、精神、社会关系、人口生产与再生产都同生态生产与再生产有着紧密联系，它们相互制约、相互作用、相互契合。马克思曾指出：“所有的人的关系和职能，不管它们以什么形式和在什么地方表现出来，都会影响物质生产，并对物质生产发生或多或少是决定的作用。”[③] 马克思的话实际上也说明，孤立的生产是不可能的，五种生产有着相互渗透、相互制约的方面。只有在全面生产推动下，社会生产力方可获得稳定有序的推进，才谈得上人们的共享发展。

二、全面生产对全面共享的启示

人类社会是一个有机体，五种生产之间是相互影响与制约、彼此融合

① 《马克思恩格斯文集》第 1 卷，人民出版社 2009 年版，第 532 页。
② 《马克思恩格斯文集》第 8 卷，人民出版社 2009 年版，第 90 页。
③ 《马克思恩格斯全集》第 33 卷，人民出版社 2004 年版，第 350 页。

与转化的紧密统一体，五种生产的实际运行都与全面共享有紧密的关联。一方面，五种生产是全面共享的前提和基础。全面发展、全面共享受着五种生产状况的制约，各类生产与再生产的连续性直接影响到全面发展、全面共享的状况，五种生产的实际运行分别会对全面发展、全面共享产生直接、间接的影响，五种生产的合力最终会作用于全面发展、全面共享的状貌。“正是在不断变化发展的实践活动中，人们之间形成了越来越丰富的交往关系，创造着越来越全面的社会关系，个人由此将获得越来越多的社会规定性，成为全面发展的人。”[①] 由此，马克思的全面生产理论对全面发展、全面共享具有重要的启示意义。

从物质资料的生产角度来看，物质资料的生产与再生产是社会有机体的活力源泉之一，是推进社会全面发展的重要动力，但由此不能将物质资料的生产看作社会有机体生长、发展、演化的唯一推动形式，过分强化单一的物质资料的生产必然会带来种种问题。一是强化单一的物质资料的生产往往会轻视其他几种生产，轻视其他几种生产在物质生产中的渗透性、交互性、转化性，最终也会影响到物质资料的生产与再生产本身，影响社会发展的动力支撑。二是强化单一物质资料的生产的作用，往往会只顾眼前的物质利益、局部的功利价值而严重影响全面发展、全面共享的实际进程，从而影响人口的生产与再生产、影响人口的素质与能力发展。三是人口生产与再生产的破坏也必然会影响到其他几种生产，最终会影响到五种生产整体合力的发挥，甚至导致社会有机体整体局面的失衡、系统关系的紊乱、动态发展的停滞。

因此，当代中国的社会发展，重视物质资料的生产、提出以经济建设为中心，是激发社会有机体动力源的重要体现。但与此同时，需要我们从五种生产相统一视域进行物质资料生产。这就要求我们不能将物质资料生

① 杨耕：《马克思主义历史观研究》，北京师范大学出版社 2012 年版，第 63 页。

产、经济建设的作用看作社会发展的唯一推动力，在看到物质生产、经济建设作用的同时，也要看到其他几种生产的作用以及对于物质生产的促进、渗透、影响作用，尤其是对于全面发展、全面共享的支撑建设作用。因此，经济建设要以适度改造自然、维护生态平衡，加强环境的建设为前提。否则，以影响社会机体的健康运行为代价的物质资料的生产不仅不利于物质资料的生产与再生产，还会影响到其他几种生产与再生产，最终必然会影响到全面发展、全面共享。

从社会关系生产角度看，“在现代社会中，社会关系的生产是最具本质性的生产形式，因为它像一只看不见的手，……贯通在物质生产、人的生产和精神生产的整个过程中”。① 社会关系生产必定会给一切生产活动打上自己的烙印，人们之间的经济关系、政治关系、伦理关系等无一不是依靠社会关系为中介而联络的。现实而言，经济、政治、文化等方面的制度以及相应的体制、机制是塑造社会关系的重要环节或载体。不同的社会制度下，就会产生不同的社会关系，人的命运、生存发展状况就会有不同的结局。“黑人就是黑人。只有在一定的关系下，他才成为奴隶。”②

全面共享的推进，需要完善社会主义制度，加强各方面体制机制，尤其是社会体制方面的改革创新。就社会体制而言，社会体制改革要着眼于协调利益关系、解决社会矛盾、增强公共服务、促进社会公平正义。通过社会建设，提升社会公共服务能力、保障和改善社会民生，为社会的整体发展提供良好的社会环境。另外，要加强经济体制、政治体制的改革完善，继续完善人民民主权利保障制度等。

从精神生产的角度看，共享发展有其思想文化根源。人类的精神生产自从产生后，就具有一定的独立性，对其他生产具有重要的反作用。现代

① 俞吾金：《被遮蔽的马克思》，人民出版社 2012 年版，第 401 页。

② 《马克思恩格斯选集》第 1 卷，人民出版社 1995 年版，第 344 页。

社会的发展，越来越显示出精神生产与物质生产的紧密联系，精神生产越来越凸显了其价值意义。全面共享的推进同思想文化、价值观念有着紧密联系。现代社会中的突出问题是物质的强盛与精神的式微形成鲜明的对比，表现在人们受物化思想的支配而过分追逐物质功利，加剧了人与人之间诸多不和谐因素的产生，也必然影响共享发展的进程。人们过分相信科技的力量、物质的力量，而对包容、互利、仁义等人文精神崇尚不够。对人的全面发展的关注是全面共享的目的所在，人的全面发展不仅需要物质的支撑，也需要精神、人文力量的支撑。

全面共享的推进，一方面要创建与共享发展相适应的思想意识和价值观念。需要重视思想文化建设，重视共享理念的宣传，全方位进行共享文化的创建，提高人的思想文化素养。另一方面需要充分认识“物质至上”思想的负面作用和消极影响，认识到单一经济建设的风险性、不确定性。我们重视经济建设在共享发展中的作用，但要有足够的谨慎，应该破除“物质至上、物质万能”的片面观点，不能仅依靠物质的层面寻求共享发展的对策。因此，要将人文精神渗透到经济建设之中，重视文化软实力建设；同时，需要改善人际关系、促进人际合力，充分发挥每个人参与共享发展的积极性。

从人口生产与再生产的角度看，人的实践活动是推进社会有机体生长、发展、演化的根本动力。没有人口的生产和再生产，所有的生产都无法进行。另外，社会有机程度的最主要标志是促进人的全面发展，不能忽视社会机体发展的根本目的——促进人的发展，要将物质生产与再生产与人口的生产与再生产相统一起来。只有社会的五种生产才能推进社会的全面发展，从而造就全面发展的人。社会的单一生产只能造成社会的畸形发展，造成“单向度的人”，从而影响人的全面发展。

人口的生产和再生产既是社会发展的目的，又是根本手段。从社会发展的目的意义上说，需要适度控制人口数量，提高人口素质，提高生活质量，不断促进人的全面发展；从社会发展的手段意义上说，需要重视人的文化教育，引导人们建立一种共生共存共建的生活方式，实现人们代际间的可持续发展。

从生态生产的角度看，人与自然的关系与人与人的关系交织在一起。人对自然疯狂的占有、剥夺实际上反映了人对物质利益的贪欲以及人对他人的统治欲望。只有解决了人与人之间的矛盾关系、解决了社会制度方面的问题，才能最终解决人与自然的矛盾关系。马克思论述了生态危机从根本上看是资本逻辑带来的，资本主义的利润原则强化了过度消耗的生产方式和生活方式。因此，马克思认为消除生态危机最为根本的途径是要从社会关系、社会制度视域寻求答案。他提出，只有限制和消除资本逻辑，废除资本主义制度带来的贫困和不公正，建立社会主义、共产主义，人类才可以最终解决生态问题和环境问题，走出生态危机。

生态环境是我国民生建设中的短板，是影响全面共享的重要因素。对于我国社会发展而言，总体上看，社会主义在全面共享建设方面具有制度上的优越性，但对于社会主义初级阶段的中国而言，生态建设的任务依然艰巨。马克思从社会关系、社会制度视域解决生态危机的出路给我们的启示是：从科技的视域寻求环境治理之策只是一个方面。以贝克、吉登斯为代表的当今风险社会理论家认为，当今风险主要来自我们自己创造的技术，即人为的风险。我们的技术创新中很可能在潜藏着新的技术风险：一边在技术地解决生态危机，但一边却又带来了新型的风险，而这种技术风险在当时是无法被察觉的。因此，注重从制度和社会关系的层面去分析当代中国的生态问题，需要重视制度文明建设。倡导绿色发展理念，通过全面改革政治、经济、文化等方面的具体制度，推进绿色发展；建立良好的法治环境，保护人们的生态权益；营造公平公正的社会环境，完善社会关系，增强人际合力，发挥人民群众的智慧与力量，以深层次地解决生态环境问题。

三、新时代我国共享发展中全面建设的实践理路

现时代，提出了“既要做大蛋糕，又要分好蛋糕以及如何做大蛋糕、如何分好蛋糕”的问题，比较系统地回答了新时代我国共享发展中如何全面建设的实践理路。

（一）努力做大蛋糕，奠定共享发展的物质基础

社会生产力发展离不开人们的生产实践活动。分好蛋糕的前提是做大、做好蛋糕。社会上主张“分好蛋糕比做大蛋糕更重要”，分配优先于发展的说法不符合我国社会主要矛盾的判断。做大做好蛋糕，奠定共享发展的物质基础，需要建设现代化的经济体系。当下，要大力发展实体经济，强化实体经济的吸引力和竞争力；加快实现创新驱动发展战略，提高经济发展的质量和效益，生产出更多更好的物质精神产品，满足人民日益增长的美好生活需要。激发各类市场主体的活力，推动国有企业做强做优做大，支持民营企业发展；着力发展开放型经济，更好利用全球资源和市场；加快完善社会主义市场经济体制，破除各方面体制机制弊端，激发全社会创新、创业活力。

（二）依靠全面建设，夯实全面共享的发展基石

全面建成的小康社会是全面共享和全面进步的社会。共建共享的过程绝不是局限于社会建设的单一领域，其必然关涉到经济、政治、文化、社会等多个方面。全面小康社会要求人民生活水平和质量普遍提高，但不同区域、不同群体的利益不协调、不平衡情形还很严峻，影响了全面小康社会的实现。这些问题的产生与解决都需要从经济、政治、文化、社会等多方面的协调发展中寻求答案。

首先，共享发展离不开经济发展，经济发展也离不开生态环境的保护

与改善。生态环境问题归根到底还是经济发展方式的问题。做好生态发展与经济发展的统一，需要在经济发展中大力倡导循环发展、绿色发展、低碳发展，着力推行绿色产业集群、倡导生态经济。其次，共享发展问题关涉人们的生存与发展，是一项重要的民生工程，必须从政治的高度予以关注。我国经济发展的非均衡性十分明显，需要制定差异性的环境政策，通过政策导向、政策扶持、政策调节，加大对革命老区、民族地区、边疆地区、贫困地区的环境资金投入、财政补贴、技术支持，增强落后地区共建共享能力。再次，从文化层面而言，倡导全社会形成自觉的共享文化。共享发展需要制度的规范与约束，但“如果没有文化的跟进，如果没有文化熏陶而使人们产生自觉地遵循制度、服从制度和信守制度的心理、伦理和文化自觉，制度就会沦为中看不中用的稻草人，必然发生制度失灵现象。因此，制度的背后是文化，文化是制度之母。”① 诺思认为，“在人类社会诸种文化传统中所逐渐形成的一些非正式约束，包括人们的行事准则（codes of conduct）行为规范（norms of behavior）以及惯例（conventions）等等，无论是在长期，还是在短期，都会在社会演化中对行为人的选择集合产生重要影响。”② 因此，实践中需要积极探索和遵循共建共享制度硬约束与文化软约束的相互制约、相互渗透、相互促进的规律，以相互促进产生集聚功效来推进共建共享。就社会层面而言，以建立和谐社会为目标，以利益的协调促进人与人的关系和谐，让整个社会凸显人文关怀，进一步推进人与人、人与自然的和谐，以广泛的社会公平保障共享发展的实现。

（三）依托全面深化改革，克服共享发展的现实困境

改革开放以来，我国经济社会发展取得巨大成就的同时，也出现一些

① 方世南：《以整体性思维推进生态治理现代化》，《山东社会科学》2016 年第 6 期。

② ［美］道格拉斯 · C. 诺思：《制度、制度变迁与经济绩效》，杭行译，格致出版社、上海人民出版社 2008 年版，译序第 9 页。

违背社会公平正义，甚至背离共享发展的现象。破解共享发展面临的复杂难题，克服现实遭遇的困境，必须依靠全面深化改革。只有通过全面深化改革，破除一切不合时宜的思想观念和体制机制弊端，才能不断推进共享发展。

随着社会的发展进步，人们公平的共享意识在不断增强。推进全面深化改革的根本目的之一，就是要促进社会公平正义。如果“不能给老百姓带来实实在在的利益，不能创造更加公平的社会环境，甚至导致更多不公平，改革就失去意义，也不可能持续。”① 解决社会公平正义问题，推进共享发展，应该通过制度安排、法律规范、政策支持予以逐步解决。因此，在实施创新、协调、绿色、开放发展过程中，要审视各方面的体制机制、法律规范、政策规定，对于不符合促进社会公平正义的问题，必须进行改革。通过全面深化改革保证人民共享发展机会与权利，实现好最广大人民的根本利益。

（四）实施高质量的渐进发展，实现共享发展的根本目标

共享发展是渐进的发展。在社会发展一定阶段，共享发展不可能一步到位、一蹴而就。随着社会发展水平的提升，人们对生活的质量、层次，对幸福程度的要求越来越高。相对于人们不断增长的需求，共享发展的内容需不断丰富、空间范围需不断拓展、质量层次需不断提升。

在社会主义初级阶段，虽然共享发展水平还是初级的甚至片面的，但其本身有一个不断提升的目标追求过程。如果说共享发展是一个过程，那么，共同富裕则是共享发展达成的目标。共享发展、共同富裕体现了人们对美好社会的期盼，也反映了人们的价值追求，但这种价值追求必须以合规律性为前提。在合规律性与合目的性之间，必须注重二者的一致性。也

① 《习近平总书记系列重要讲话读本》，学习出版社、人民出版社 2016 年版，第 77 页。

就是说，实现共享发展、共同富裕不是纯粹的主观愿望，不可能短期所为、一蹴而就，而必须依据社会发展的实际进程逐步推进。

全面建成小康社会中的“小康”是高质量的“小康”。实现共同富裕是一个长期过程，只有统筹推进创新、协调、绿色、开放、共享发展，才能在高质量的小康社会基础上逐步实现共同富裕目标。新时代的社会发展必须保持一定的速度，但其是以追求有效益、有质量、可持续性为前提的发展。

第二节　实践原则：共建共享

共享发展的过程就是全民共建共享的过程，推进共享发展需要全民共建。当下，我国推进共享发展尚存在诸多制约因素。推进共享发展需要从社会及人的全面发展规律出发采取多种途径和方法建立“人人参与、人人尽力、人人享有”的客观发展机制。

一、推进共享发展面临的现实制约因素

推进并最终实现共享发展是一个长期的过程。当下，我国推进共享发展还面临着一些困境，在思想理念、利益导向、制度保障、力量集聚、经验示范等方面尚存在诸多制约因素。

（一）全社会共享发展理念一定程度的缺乏，影响了人们共建共享实践活动的自觉展开

人们的自觉行动需要先进理念的指导。共享发展作为人们共同的实践

活动，若能在现实中自觉展开，需以全社会树立先进的理念为前提。共享发展理念主要体现为人群间共生共存命运共同体基础上的权益保障意识、公平正义意识、社会责任意识、社会共建意识等。

当下，我国全社会的共享发展思维方式、价值观念还未完全形成，共享发展文化还未很好建立，从而影响了人们实践行动的自觉展开。主要包括：一是公民平等权益的维护意识欠缺。一些人还没有自觉维护自我正当权益的意识，对侵犯自我权益的行为没有进行有效的抵制，不愿寻求有效的公力救助保护手段。二是公民社会建设责任意识不强。一些人缺乏社会公共服务建设的责任意识，或对他人损害、破坏公共资源的行为听之任之，没有进行有效的监督制止。三是共同建设的义务观念还未完全形成。共建需要各类人群的认同以及在此基础上的积极行动，但目前不同人群的智慧和能量还未真正得到发挥，群策群力的共建共享氛围、齐心协力的社会建设氛围有待加强。

（二）经济利益的片面诱导，影响了人们的公平共享

我国一度强调经济发展，但却弱化了社会建设，对社会公共性资源的基础地位缺乏足够的认识。经济建设与社会建设既有一致的方面，也有对立的方面。如果人们能够协调经济与社会建设的关系，就能达到经济利益与社会利益的双赢效果，从而提升人们整体生活质量；如果片面追求经济利益、物质功利，不仅不可避免地会影响社会建设总体质量提升，而且经济本身的发展也受到影响。这样，人们的生活质量不仅不会提升，反而会降低。

当下，人们对社会建设质量提升意识还不够。人们往往以“物质”单一因素作为生活质量提升的考量标准，对经济利益的追逐远远超过对社会建设质量的追求，甚至是以社会建设为代价换取一时的经济利益、物质功利，严重影响了共享发展的实际推进。主要表现为：一是人群间的平等共

享意识欠缺。一些人过分重视自身某部门、某类群体的物质利益，而不顾乃至损害其他部门、群体的平等权益。二是区域间的均衡共享意识淡薄。一些区域地方保护主义严重，过分注重本地经济发展而不惜损害其他区域的社会发展的成果。三是代内与代际间持续共享意识还未完全树立。共享发展不仅是代内的共建共享，更是代际间的共建共享。目前我国粗放式的发展方式还有待完全转变，环境的可持续发展还存在诸多问题，人们对子孙后代生存发展的生态环境问题未给予足够的重视。四是现实与未来永续共享意识缺乏。生态文明建设事关中华民族永续发展和“两个一百年”奋斗目标的实现。现实中一些人只注重眼前、短期的利益，而忽略整体、未来的社会发展问题，缺乏对人们永续共享的关注。

（三）各方推进力量的分散，难以形成共建内在、持久的人际合力

推进共享发展的前提是全民共建，决不可能依靠政府等单一方面的力量。共建共享的前提是发挥多类人群能量，且让各种力量达到有机的结合，合作推进。唯有如此，生态共享活动才可以获得内在的、自然的、持久的整体推动力量。

实践中各方推进力量还很分散，没有形成最佳合力。主要体现为：第一，未较好地赋予公民共建共享问题的参与权。在共享发展立法和决策中对公民在社会治理、自身权益维护、共建行为评价等方面还未赋予充分的知情权、参与权，公民社会建设的主体地位远未形成。第二，社会民间组织发展空间受限，影响了民众的广泛参与。社会民间组织发展空间有待大幅度提升，社会民间组织发育的成长条件还需要大力创设。第三，由于体制、机制以及思想认识等问题，我国政府、企业、公众之间以及各个区域间存在着相互间的利益冲突与博弈，不可避免产生阻力，消解了共建共享主体各方的互信与合作，进一步影响了合力的形成与发挥。

（四）示范经验的欠缺，富有特色、成效的共建共享模式尚需长期的探索历程

共享发展是一个过程，需要在实践中探索前进。共享不足是当前以及今后一个阶段需要重点解决的发展难题，推进共享发展需要一个长期的过程。

就我国而言，目前尚缺乏典型的示范经验和成功的借鉴模式。如何全面推进、渐进推行、全民参与是一个复杂的系统工程。主要体现为：一是富有成效的共建共享经验、模式应该符合自己的国情，具有自己的特色。如何在结合我国国情前提下，吸取西方发达国家共享经验，同时正确处理民族与全球共建共享问题，都需结合实践深入探索。二是我国地域辽阔，地域之间发展具有差异性。共享发展既要有全国层面各个区域间的均衡、协调发展，也要结合区域实情、反映地方特色，依据地方实际确定不同的政策，实事求是地推进。如何既结合各地域实际、构建地方特色的共建共享模式，又在全国范围内整体均衡推进，实现二者的有机结合需要一个探索过程。三是共建共享的具体实施模式如政府、企业、社会相结合模式、市场与公益相结合模式、公权与私权相结合模式等均需要基于实践探索，在经验与理论上予以进一步总结和完善。

二、构建共建共享社会治理新格局

党的十九大报告提出："打造共建共治共享的社会治理格局。加强社会治理制度建设，完善党委领导、政府负责、社会协同、公众参与、法治保障的社会治理体制，提高社会治理社会化、法治化、智能化、专业化水平。"[①] 共建共享体现了社会治理的本质属性，具有重要的时代意义。构建

① 习近平：《决胜全面建成小康社会　夺取新时代中国特色社会主义伟大胜利——在中国共产党第十九次全国代表大会上的报告》，人民出版社 2017 年版，第 49 页。

共建共享社会治理新格局，需要理念、制度、方式上的创新。

（一）构建共建共享社会治理新格局的时代意义

“社会治理”与“社会管理”一字之差，其内涵却发生了许多变化。一是社会治理体现的是共同参与的理念，是多数人积极、主动的参与、多方力量的合作，不同于以往管理中体现的是少数人的管理，大部分人被动参与的传统做法。二是社会治理体现了更多的平等、民主管理的思想，强调社会成员的自治，而不同于以往管理中由上而下的过多的管的成分，体现出过多的强制性。三是社会治理强调重心下移，向基层转移，解决实际问题，而不同于以往管理中管理者“对上不对下”的管理困境。因此，社会治理在本质上要求全民共建共享，或者说共建共享也体现了社会治理的本质属性，具有重要的时代意义。

一是有利于和谐社会的创建。当前，社会发展进入转型期，改革步入攻坚期，在社会领域存在诸多失范现象，社会矛盾触点多、燃点低、关联性强。群众利益表达诉求渠道不畅，社会整体缺乏平等理性的协商氛围，和谐社会的建设任务还很艰巨。全民共建共享的社会治理意味着全民参与、社会自治、多元合作，让群众及时发现生产、生活中的问题并主动寻求解决；形成群策群力的氛围，集中群众的智慧来协调和均衡各方利益，让受损的权益得到及时的补偿。因此，构建全民共建共享的社会治理格局有助于社会矛盾纠纷化解体系的完善和机制调整，构建一套高效、权威、有效的社会矛盾化解机制，让其成为社会的安全阀、利益的调节器、改革的稳定剂。

二是有利于人民主体地位的确立。坚持人民主体地位，需要多方面的机制保障、平台打造和空间开辟。全民共建共享的社会治理格局，不仅取力于民、取智于民，让人民参与共建，发挥广大人民群众的积极性、主动性、创造性，而且是将共建与共享紧密联系，获利用之于民，共建共享的社会成果由人民平等共享，化解人民不同的利益纠纷，解决困难矛盾，体现人们的意愿，满足不同的需求。

三是有利于提升社会文明程度。一个社会的共享发展水平是社会文明程度的重要标志，而社会的共享发展水平与社会治理水平也是一致的。围绕维护好、实现好、发展好广大人民的根本利益这个目标，进一步激发群众的参与热情，通过探索群众易于接受的方式方法，来调动更广泛的群众为社会治理提供思路、建议和对策，形成人人参与、人人共建、人人共享的和谐社会，不断提升共享发展水平，提升社会的文明程度。

（二）构建共建共享社会治理新格局的创新举措

创新共建共享社会治理的总体要求是维护最广大人民群众的根本利益，既增加和谐因素，又增强发展活力，确保社会安定有序、人民安居乐业、人民生活幸福美满。构建共建共享社会治理新格局需要综合的创新举措。

首先，需要理念的创新。其一，建立共同体的理念，形成利益、责任、发展等不同层次的共同体。社会治理本身是多方参与、平等参与、主动参与。如何让各方参与治理，需要各方理念变革、认识达成一致。高度的认同就是一种无形动力的牵引。各方认识到相互之间是一个利益、责任、发展等不同层次的共同体，互利才能共存、互利才能共赢，否则，不但不能发展，连已经发展得好的环境也将受到损害。因此，实践中需要加强宣传教育与引导，增强人们思想上的理性认同。其二，要形成互动开放的理念。政府、企业、社会组织以及大众参与共建，必须以开放、平等、包容的心态参与到社会治理中来，是集思广益、沟通理解、达成共识的过程。其三，确立法治、道德理念。法治与德治是相互补充、相互影响的关系。要发挥法治的保障作用，以法治推动贯彻落实新发展理念。法律保障公平，维护群众合法权益。所有人在法律面前人人平等，矛盾冲突依靠法律解决，治理才能深入人心；依靠法律治理，社会治理方显规范、有序，也才能持续推进。另外，个体道德素养的提高，整个社会道德氛围的形成，有助于提高人们对法律的自觉践行，增强社会治理活动的自发性、主动性；有助于减少人际间的矛盾冲突，降低社会治理成本。

其次，需要制度的创新。一是建立现代社会组织体制，政社分开是前提、权责明确是关键、依法自治是目标。政社分开的核心是正确定位政府与社会组织的关系，建立既合作又职责分明的新型互动关系。依法自治是现代社会组织体制的目标取向，也是现代社会组织运行的基本规范。二是建立基本的社会治理制度。加强制度设计与制度供给，构建法治型、规范化的社会治理制度。三是建立有效的社会治理体制。创新领导运行机制、基层建设机制和项目推进机制，尤其要建立健全科学的利益协调、诉求表达、矛盾调处等长效机制，做到办实事符合民意、做好事不越民力。

最后，需要方式的创新。一是着力构建基本公共服务体系，为共享发展创造基本条件。基本公共服务体系建设属于根本性的源头治理。要推进教育、文化、卫生、体育等社会事业发展与体制创新，民生事业发展与改革，加快基本公共服务的均等化进程。二是构建基本公共安全体系，为共享发展创造安全环境。“健全公共安全体系，完善安全生产责任制，坚决遏制重特大安全事故，提升防灾减灾救灾能力。加快社会治安防控体系建设，依法打击和惩治黄赌毒黑拐骗等违法犯罪活动，保护人民人身权、财产权、人格权。”① 三是构建社会风险控制体系，为持续共享创造必要保障。完善应急管理机制、信息共享机制、社会参与机制、救援机制、风险评估机制、舆论引导机制等。四是加强社会心理服务体系建设，创造共享发展的社会软环境。加强共享文化建设，弘扬社会主义核心价值观，培育人们理性平和、积极向上的社会心态，形成良好的社会氛围。

① 习近平：《决胜全面建成小康社会　夺取新时代中国特色社会主义伟大胜利——在中国共产党第十九次全国代表大会上的报告》，人民出版社 2017 年版，第 49 页。

第三节 实践保障：完善制度安排

实现公平正义、推进共享发展需要完善的制度保障。共享发展不仅需要个体自觉的行动，更需要全体社会成员的主动参与。统一贯彻创新、协调、绿色、开放、共享发展，需以高效协调的制度体系予以全面保障。规范、有序、整体推进共享发展，需要经济社会等各层次、各方面制度的突破创新。

一、共享发展制度的内容体系及面临的问题

共享发展制度具有其特殊的价值，可以保障共享发展规范、有序、持续地推进。共享发展制度也是个包含不同层次的、多方面的制度体系。当下，我国共享制度保障还存在一定程度的缺失，也直接或间接地制约了共享发展的推进。

（一）共享发展制度的现实价值

"制度安排是人类发展的关键环节，人有无创造能力、有无创造活力、有无创造的物质保障……能否享有公平的分配条件，都依赖制度安排。"[①] 共享发展不仅需要个体自觉的行动，更需要全社会成员主动参与，需要完备的制度体系保障。社会主义共享发展的制度保障是指通过制度保障和法律约束，促使社会主义共享发展得到科学、规范、系统、持久的推进，进而充分保障人民群众合法的生存发展权益。共享发展从理念

① 刘翔宇：《共享发展的微观基础和制度安排——基于海南的调查与经验》，首都经济贸易大学出版社 2017 年版，第 141 页。

到落实，制度建设是关键，共享发展制度可以为共享发展理念的落实提供有力保障。

首先，制度具有导引作用。共享发展制度的内容比较明确，它告诉人们需要做什么、应该做什么，这种制度内容的导引，可以引导人们的行为方向。依靠共享发展制度的导引，可以让社会成员逐渐形成共享意识，达至共享的认同，进而自觉参与共建活动。其次，制度具有规范作用。制度本身就是一种规则，它告诉人们只需要做什么、不能够做什么。社会主义共享发展需要在制度和法律层面予以保障和支持，使共享发展制度化、法治化，充分利用制度进行规范与约束。依靠共享发展制度的规范，让全体社会成员遵守基本的规则，有序推进共建共享。再次，制度具有激励作用。制度本身蕴含着激励导向，它告诉人们哪些行为符合社会发展的现实要求和未来趋势、哪些是应该受到褒奖的。依靠共享制度的激励，在共享发展中激励人们积极践行，发挥社会成员的示范带头作用，营造良好的社会环境。复次，制度具有稳定作用，制度一旦制定出来一般不会朝令夕改，它告诉人们行为的预期及其效果，能够保障共享发展的稳定性和持续性。最后，制度具有惩罚作用，制度本身蕴含着对违规行为的惩戒，它鲜明地告诉人们不能够做什么以及相应违规行为受到的惩罚程度。依靠共享制度的惩戒，让社会成员在共享发展中守住底线、不越红线，严格遵守法治规范，抵制共享发展过程中存在的消极应对、腐败、寻租以及其他破坏行为。总之，制度的导引、规范、激励、惩戒等作用，可以为顺利推进社会主义共享发展提供根本保障。

（二）共享发展制度的内容体系

共享发展制度保障是一个系统的体系，首先它包含不同层面的制度。许艳华指出，共享发展制度主要包括：“一是作为宏观制度条件的经济、政治制度；二是作为核心制度依靠的分配制度；三是作为基础和兜底制度安排的社会保障制度和公共服务体系。”[①] 而刘铮、许胜飞指出，共享发展的制度保障体系包括社会主义基本经济制度决定的具体制度体系，以及政策、文化、习俗和自发秩序。袁祖社提出，解决收入分配不公问题，可以归为基础与非基础两个层面。基础层面具有本源性，处于分配的“顶层”，而非基础层面是具体的制度措施。如果基础层面出现不公，那么非基础层面很多办法就会失灵。[②] 我们认为共享发展制度体系主要包括宏观、中观、微观三个层面。一是宏观层面，我国基本的经济、政治、法律等制度，这些制度对整个社会秩序具有强制性的规范作用，并通过经济、政治、法律等的规范，体现国家贯彻共享发展的宏观、总体的政策、法治导向。二是中观层面，与基本制度相适应的一系列制度体系，如社会保障制度、医疗保险制度、义务教育制度等社会民生方面的制度，是国家贯彻共享发展的配套性制度体系。三是微观层面，主要指实践中各个区域、不同部门为落实共享发展而制定的具体制度，如考核评价、责任追究、激励褒奖等规定。当然，共享发展的制度体系还包括其他不同层面的制度，关涉到经济、政治、文化、社会、生态、外交、安全等多个方面。

（三）共享发展制度面临的问题

目前，我国共享制度还不完善，具体体现在如下几个方面：一是从宏观层面看，我国处于社会主义初级阶段，制度上不够成熟定型，相对于共享发展的推进，社会主义的基本经济、政治、法律制度还存在一些制度缺陷，需要进一步完善。维护公众权益方面的法治、制度尚不完备。人们的一些权利与义务还缺乏完善的法治、制度支撑，公众权益的维护还缺乏法律、制度上的保障。侵害者无法追究、受害者难以获偿的事件时有发生。二是从中观层面看，推进共享发展需要完备的经济、政治、

① 许艳华：《构建共享发展的制度保障体系》，《中国特色社会主义研究》2016 年第 4 期。

② 参见袁祖社：《马克思主义人学理论与社会发展探究》，人民出版社 2016 年版，第 191 页。

文化、社会、生态、外交、安全等方面的具体制度的支撑，制度供给还存在不足之处，造成系统完整的制度体系缺失。现实中“碎片化”的治理模式往往造成区域间条块分割、部门间互不融通，在制度上体现为无法形成整体、高效、协调的制度体系。相反，一些具体制度存在不一致甚至相互冲突的内容，造成制度的低效或失效。三是从微观层面看，多元参与、激励约束并重的制度还未完善。多元参与的激励制度还很缺乏，对一些共建共享行为的褒奖缺乏制度安排，影响了人们参与共享发展的积极性。一些地方、部门对推进共享发展的考核评价、责任追究等没有详尽的规定，约束力尚不够。

二、贯彻共享发展理念需要高效协调的制度体系

联系新的发展理念，需要将共享理念贯穿于经济社会发展的方方面面，把共享既作为发展的理念，也作为发展的行动；既作为发展的出发点，也作为发展的落脚点。五大发展理念是相互联系的统一整体，贯彻共享发展理念需要高效协调的制度体系予以保障。

创新、协调、绿色、开放发展对共享发展都具有促进作用，实现共享发展，需要统一贯彻各方面的发展。五大发展理念的相互影响、相互作用之关系，表明需要一个完整、严密的制度体系。从内在联系中把握共享发展，必须以全面、系统的思维推进各项制度。哪一个方面的制度存在问题，势必影响该方面发展理念的贯彻实施。不仅如此，一个方面的制度存在短板，也会影响到其他制度的效应发挥。这就要求在实践中构建系统完备、科学规范、运行有效的制度体系。也就是说，在促进创新、协调、绿色、开放发展的同时，也将为共享发展提供前行的动力支撑。

建立系统性的制度体系，法治规范是前提。法治具有导向与规范作用，必须善于以法治思维推动贯彻落实新发展理念。改革与法治是相辅相

成、互相制约的。推进共享发展的过程也是全面深化改革的过程。法治是治国理政的基本方式，共享发展的重大改革都要于法有据、依法而行。要依靠法治统筹社会力量、平衡社会利益、调节社会关系、规范社会行为，依法解决各种社会矛盾和问题。

一方面，为贯彻落实新发展理念，应深入分析新发展理念对法治建设提出的新要求，探索建立共享发展的系统性制度体系在法治领域遇到的突出问题。法治是保障共享发展的前提，依靠法治可以保障人们的合理权益。当下，我国不论是体制内还是体制外，存在着一些强势者对弱势劳动者权益侵犯、利益剥夺的非法现象。在一些领域，劳动者维权的成本过高，强势者违法的成本显得过低。随着社会的发展，凡是法治中落后社会共享发展步伐的领域都应该及时修正、建立、完善或者淘汰。只有有针对性地采取法治改革应对措施，才能为制度体系的改革完善提供及时、科学的法治依据。另一方面，各项制度的建立，必须以法治规范为导向、前提。共享发展体现了对民意的敬畏，但“离开法治对待民意，就有导致民粹主义的危险；离开民意对待法治，则有导致精英主义的危险。”①

建立高效协调的制度体系，要保障各类具体机制的协同运行。具体而言，推进共享发展，需要建立整体性推进机制，注重机制的内在契合与协调统一，在机制的协同运行中形成推进共享发展的整体合力。坚持系统观点，要防止、消除“碎片化”的推进模式。具体机制存在相互冲突的内容，容易造成发展成效间的相互抵消或失效。同时，坚持系统观点，还应坚持两点论和重点论的统一。各项机制的建立也不可能完全同步，在不同时期，解决的重点任务不一样、关注的侧重点也不相同。因此，在建立协同运行机制时区分时间先后、注重轻重缓急。

① 俞可平：《敬畏民意——中国的民主治理与政治改革》，中央编译出版社2012年版，第5—6页。

三、以各层次、各方面制度的突破创新，整体推进共享发展

社会主义的共建共享既需要思想文化的柔性治理，也需依靠法治、制度等规范治理。只有在各层次、各方面加大制度的突破创新力度，才能整体推进共享发展。

（一）理念引领：贯彻公平正义理念，创新制度安排

共享发展的核心价值是公平正义。公平正义主要指国内所有公民不论性别、年龄、种族、民族和教育程度、贫富差异，均平等参与实践活动并承担共建共享的责任与义务，平等享有社会发展权益。共享发展是公平正义的实际践行，反过来说，社会一旦欠缺公平正义理念，共享发展就难以实现。推进全面深化改革的根本目的，就是要促进社会公平正义。推进共享发展必须以公平正义的制度安排，引导人们正确对待共享发展，推进共享发展。

当然，公平正义理念在全社会的形成、确立不是完全自然而然的。“公平正义的充分实现还需要社会主义社会政治经济文化的全面发展，以便创造出充分实现公平正义的丰富的物质文化资源和各项先进的制度文明，也就是说，公平正义是社会主义发展的结果。”① 公平正义理念的形成、确立，从根本上依赖于社会发展进程和人的素质提升。但在具体阶段，依赖于相关政策、制度条件以及思想教育影响等。因此，需要国家政策的导引以及经济、政治、文化、法制等制度的完善，在各种制度中渗透公平正义理念，发挥制度的辐射、导向、规范与影响作用。公平的制度本身具有及其广泛的影响性、渗透性。就现实而言，每个人都生活在制度环境里，公平的制度环境具有潜移默化的教育引导作用。通过制度内容的宣传以及制

① 曹泳鑫：《公平正义是社会主义的内在要求和发展结果》，《毛泽东邓小平理论研究》2010年第11期。

度规定的执行，让人们感受正义的力量，让人们深刻认识到共享在群体间、区域间、代际间、现实与未来间的和谐发展中的重要价值，培养人的公平正义感，引导人民群众形成公平正义的价值自觉和认同自觉。

以公平正义理念引导共享发展，首先，需要确立代内正义理念。当代人的代内正义主要涵盖富裕人群与弱势群体、发达地区与落后地区、城市与乡村等方面。这就要求我们立足群体间的平等共享、区域间的均衡共享建立完善共享发展制度，实现平等创造和公正享有，切实维护不同地区、群体、阶层尤其是弱势人群的环境权益，促进不同区域间、人群间的人们公平合理地享有社会发展成果，共享美好生活。其次，需要确立代际正义理念。可持续发展理论指出，当代人的发展不应损害后代人生存发展的权利。代际正义要求我们立足代际间的持续共享，建立完善可持续的共享发展制度，引导并规制人们在享用环境时，不仅考虑当代人的生存发展需求，还要关注后代人的生存发展需求，为子孙后代留下充裕的生态资源、美好的生活环境。

维护和实现公正的制度化安排成为共享发展的主要着力点。构筑起共享发展的制度保障，需要审视各方面体制机制和政策规定，通过创新制度安排，努力克服人为因素造成的有违公平正义的现象，逐步建立社会公平保障体系。

（二）宏观层面：坚持和完善社会主义基本经济制度、分配制度和政治制度

共产主义社会没有实现之前，“在世界制度史上，没有哪一种制度能够不受挑战，长期不衰。”[①]社会主义制度也不能例外，与共享发展紧密相关的社会主义基本经济制度、分配制度和政治制度也需要随着社会发展

① 鲲水：《制度之争与制度认同》，人民出版社 2009 年版，第 183 页。

不断完善。

1. 坚持和完善社会主义基本经济制度

“基本经济制度对共享利益的实现具有决定性的作用。所有制类型对社会利益的共享性起着根本制约作用”。[①] 实现共享发展，要着力解决成果共享问题。成果共享形式上是一个分配问题，但实质上是所有制问题。因为，生产资料的所有制状况决定着分配方式。马克思说：“消费资料的任何一种分配，都不过是生产条件本身分配的结果；而生产条件的分配，则表现生产方式本身的性质。”[②]“共享发展的制度属性决定了资本主义私有制与共享发展存在逻辑矛盾，资本主义私有制不适合生产社会化的要求，阻碍经济社会的发展。”[③] 在社会主义初级阶段，坚持公有制为主体、多种所有制经济共同发展的基本经济制度，是实现共享发展的基础，也是根本的制度前提。

第一，坚持和巩固公有制的主体地位，为共享发展提供根本的保证。公有制决定着经济基础的性质，实现了人们在生产资料占有上的平等关系，消除资本主导的“强资本、弱劳动”分配状况，是人们平等享有权利、公平参与分配的经济基础。国有经济在提供基础设施和服务、调节经济运行、缓和社会矛盾、增强再分配能力方面起着其他所有制形式不可替代的独特作用。要坚定不移深化国有企业改革，加快建立现代企业制度，提升国有企业的竞争能力，增强国有企业保值增值能力。此外，要创新国有经济的收益分配制度。要推动国有资本收益更多用于保障和改善民生。完善国有资本收益上缴制度、改革利润返还制度，处理好企业自身积累发展和贡献国家、服务民生的关系，强化国有资本健全国有资本收益分享制度和公共资源收益全民共享机制，使国有资本上缴利润服务于民生的制度化保障，

① 吕健：《共享发展的社会主义政治经济学》，复旦大学出版社 2016 年版，第 122 页。

② 《马克思恩格斯文集》第 3 卷，人民出版社 2009 年版，第 436 页。

③ 邹升平、贾力：《社会主义公有制与共享发展的逻辑共性及实践途径》，《思想理论教育》2018 年第 7 期。

真正能够惠及全民，促进共享发展。同时，要认识到国有企业的主导地位不仅体现在对关键资源和重要领域的控制力上，也体现在更好地履行社会责任上，为企业从事社会公益活动提供资金和资源支持。另外，“混合所有制经济中公有制的主导作用就体现在能够把内部各种所有制成分的发展成果引导向多数人共享的目标上去，从而确保整个公有制主导的混合所有制经济促进国民经济发展的成果更多、更公平地惠及全体人民。”①

第二，推进非公有制企业进行制度改革，以共享的要求引导、规范其发展。非公有制经济是我国基本经济制度的重要组成部分，改革开放以来，非公有制经济在稳定增长、促进创新、增加就业、改善民生等方面对经济社会发展有重要的促进作用。非公有制经济有利于解放和发展生产力、有利于调动各利益攸关方面的积极性，也有利于推动我国形成橄榄型收入分配格局。当前，非公有制经济发展面临一些困难，我们要为非公有制经济发展提供公平的制度环境。公有制经济与非公有制经济发展不是对立的，而是相互促进、彼此互补、有机统一的。但非公有制经济存在雇佣劳动关系，“它会产生分配不公、出现贫富分化的负面效应。”② 从世界范围来看，以私有资本为主体的市场经济，都存在贫富分化。因此，在促进非公有制经济持续发展的同时，还需加强对其的正确引导，以共享发展的要求规范其发展。“我国应鼓励和引导私营企业开展职工持股的改革，以推动劳资两利，共同富裕。”③

2. 改革收入分配制度

发展成果由人民共享是共享发展的落脚点，而收入分配是改善民生、

① 邹升平、贾力：《社会主义公有制与共享发展的逻辑共性及实践途径》，《思想理论教育》2018 年第 7 期。

② 卫兴华：《中国特色社会主义经济理论的坚持、发展与创新问题》，《马克思主义研究》2015 年第 10 期。

③ 程恩富：《要坚持中国特色社会主义政治经济学的八个重大原则》，《经济纵横》2016 年第 3 期。

实现发展成果由人民共享最重要最直接的方式。实现共享发展，必须作出有效的制度安排，加强收入分配制度改革，逐步缩小收入差距，给人民群众带来实实在在的获得感。

第一，调整和优化国民收入分配结构，提高居民收入的比重。改革收入分配制度，要调整国民收入在三大部门间的分配关系，提高居民收入在分配结构中的比重，居民收入和劳动报酬在国民总收入中的占比逐步提高。为此，需要健全科学的工资水平决定机制、工资正常增长机制，保持居民收入增长与经济增长同步。要使劳动者也能拥有非劳动生产要素，如资本、技能等，也能获得非劳动要素的收入。完善资本、技术、管理等生产要素按贡献参与分配的体制机制，多渠道增加居民的财产性收入。

第二，贯彻按劳分配原则，改革初次分配制度。初次分配机制发生在生产领域，具有再生性和自我强化功能，初次分配决定的收入格局一旦形成，既定的分配秩序会随着社会生产的重复进行而不断得到巩固。贯彻按劳分配的主体地位是实现初次分配公平的一个基本前提。实现共享发展，必须贯彻按劳分配的原则改革收入分配制度。“在坚持按劳分配的主体地位的同时，要以人民为中心，不断扩大人民的劳动权能，构建劳动权益下的全民共享国有资本收益机制，让劳动者参与企业分配”。① 要把工资收入分配纳入到法治化框架之内，形成体系完备的工资分配法律化体系。逐步消除体制性因素对用工和薪酬的影响，扩大中等收入者比重。

第三，健全利益调节和补偿机制，合理进行再分配。再分配的重要任务是“提低、扩中、控高”三管齐下，进一步扩大中等收入群体。再分配担负着缩小收入差距、促进社会公平的重要职能。在税收政策上要完善税收再分配调节机制，形成有利于结构优化、社会公平的税收制度。在保障政策上要完善社会保障再分配调节机制，完善社会保障体系。“由于低收

① 贾力、邹升平：《我国分配制度对共享发展的效应及提升途径》，《改革与战略》2018 年第 1 期。

入者和困难群体的收入水平较低，因而他们获得社会保障资金的几率较高，这就形成了普遍征收与重点支付的再分配格局，有利于实现居民收入再分配和缩小收入差距，是社会财富再分配的‘调节器’。”① 不断完善社会保险、社会救助和社会福利制度，逐步提高保障水平。财政政策上完善转移支付再分配调节机制。优化财政支出结构，健全财政转移支付制度，更多地把财政资金投向城乡低收入群体、农村和中西部地区，更多投入到公共产品、公共服务和民生领域，加大对贫困地区和弱势群体的财政转移支付力度，实施精准扶贫，帮助贫困人群实现脱贫致富，分享国家发展成果。除了这些直接措施，发展教育事业、实施乡村振兴战略、促进地区之间协调发展，创造良好的市场环境等，都将对缩小收入差距起到潜移默化的作用。

3. 推进政治体制改革，健全协商民主制度，完善基层民主制度

人民当家作主是社会主义民主政治的本质要求。人民当家作主的政治制度规定了人民平等的地位和权利，为人民共享发展提供了政治保障。“保障全体社会成员具有分享社会发展成果的平等权利与机会，这是实现共享发展的基本前提。”② 实现共享发展，需要推进政治体制改革，健全人民民主制度，保障国家的一切权利属于人民。“如果没有健全而合理的政治制度，民意就可能被阻挡，被遮盖，被扭曲，被滥用，被不适当地代表，有时甚至变得软弱无助。”③

第一，完善人民代表大会制度。人民代表大会制度是人民当家作主的制度安排，人民若能完全当家作主，就能够促使政府主动作为，积极推进

---

① 贾力、邹升平：《我国分配制度对共享发展的效应及提升途径》，《改革与战略》2018 年第 1 期。

② 苗瑞丹、代俊远：《共享发展的理论内涵与实践路径探究》，《思想教育研究》2017 年第 3 期。

③ 俞可平：《敬畏民意——中国的民主治理与政治改革》，中央编译出版社 2012 年版，第 5 页。

共享发展。要改革选举制度，提升代表选举的民主化水平，优化代表结构，引入候选人竞选机制；要完善代表联系群众制度，建立健全人大代表与选民的沟通机制，支持和保障代表依法执行职务，了解、掌握、反映人民群众的诉求；提高代表议案和代表建议的工作效率，把办理代表议案与立法、监督工作结合起来；建立健全选民对人大工作的监督机制，扩大代表对常委会、专门委员会活动的参与，人大代表要就关涉群众切身利益的公共事务向群众作出情况说明，听取群众意见，接受群众质询。

第二，积极发展协商民主和基层民主。就国际制度而言，“共享价值有利于促进互动由等级制向合作与相互影响方面转变。”① 我国的协商民主以社会主义制度为基础，从领导力量、经济与政治制度等方面确保协商决策指向最广大人民群众的根本利益。协商民主与选举民主互相促进、共同发展。协商民主有助于在实践中“形成一种宽容、理解、对话、倾听和理性的民主氛围。”② 要推进协商民主广泛多层制度化发展，加强政党协商、政府协商、政协协商，开展人大协商、基层协商、人民团体协商、社会组织协商等，构建完整的协商民主体系。要分层次推进协商民主，扩大公民有序政治参与，坚持有事多商量，遇事多商量，做事多商量。区分不同的政治事务，依据利益相关程度、信息掌握程度和责任连带程度，引导人民群体分层次的政治参与。

基层民主是社会主义民主制度的重要组成部分，是人民民主最广泛最直接的民主实践。要健全村民委员会，完善村民有序参与农村民主政治实践的村民自治制度；要健全城市居民委员会，完善以维护居民利益为中心的城市社区自治制度；要健全企事业单位职工代表大会，完善以维护企事业单位职工利益为中心的工会制度，为基层民主打牢组织基础。也要积极

① ［美］B. 盖伊 · 彼德斯：《政治科学中的制度理论：“新制度主义”》，王向民、段红伟译，上海人民出版社 2011 年版，第 147 页。

② 陈家刚：《协商民主与国家治理》，中央编译出版社 2014 年版，第 36 页。

搭建基层群众政治参与和社会参与的平台，以多样化的民主形式扩大公民政治参与和社会参与，不断推进共享发展。

（三）中观层面：保障弱势群体，完善社会民生制度

共享发展，一是凸显了民生改善的普惠性，“不让一个人掉队”，缩小城乡、区域之间的差距；二是体现了民生改善的充分性，共享经济、政治、文化、社会、生态等全方位的建设成果，实现公正合理的、充分的共享；三是确保共享的参与性，充分发扬民主，广泛汇聚民智，调动全体人民推动发展的积极性、主动性和创造才能；四是把握共享的渐进性，民生共享水平的提高必须与经济发展水平相适应并逐步提高。

保障弱势群体，增进人民福祉，是落实共享发展的重要方面。当前，我国发展面临着一系列突出矛盾和挑战，在民生问题上还有不少困难和问题。“穷人的损失远比富人的损失更难弥补，获取的困难总是随着需要的增长而加强。”① 人民群众尤其是弱势群体的直接现实利益由于得不到完善的制度保障，严重影响了人民群众的实际生活。推进完善民生工程、提高民生建设水平需要深化改革。民生建设的内容涉及各个方面，各个方面也是相互影响的。因此，需要坚持系统思维，统筹安排民生建设相关制度。“民生绝不只是传统的吃饭、住房等问题所能涵盖的，而是一个复杂的社会系统，它既意味着人们的物质条件的改善、社会财富的公平正义分配，又意味着权利的保障和平等的服务，从而使社会成员能够体面而有尊严地生活。”② 缺少一个方面，都会影响到民生质量，影响到群众的生活质量，需要注重整体的推进。

具体而言，民生工程关涉的内容很多，一是提高教育质量。保障 14

① ［法］卢梭、刘晓枫：《政治制度论》，崇明等译，华夏出版社 2013 年版，第 178 页。

② 虞崇胜、周理：《民主与民生——共享发展政治学的深层逻辑》，《江苏行政学院学报》2017 年第 1 期。

亿人民享有更好更公平的教育，让其获得发展自身、奉献社会、造福人民的能力。二是坚持就业优先战略，实施更加积极的就业政策。完善创业扶持政策，鼓励以创业带就业。三是扩大中等收入群体，缩小收入差距。实行有利于缩小收入差距的政策；增加财政的民生支出，把公共资源出让收益更多用于民生保障。四是建立更加公平更可持续的社会保障制度，完善社会保险体系，统筹推进城乡社会救助体系建设，支持社会福利和慈善事业发展，广泛动员社会力量开展社会救济和社会互助、志愿服务活动。五是推进健康中国建设。要建立健全覆盖城乡居民的基本医疗卫生制度，优化全民医疗保障制度；积极应对人口老龄化，推进健康治理的现代化。

（四）微观层面：完善考核评价、目标管理制度

随着社会的发展，实践中要依据各地实际，结合实情，完善经济社会发展考核评价体系。“公民的幸福指数，应当成为评价政府民主治理的一个重要指标。政府应当建立一系列的制度和机制，履行对人民幸福生活的承诺和责任。”[①] 把共享发展、民生建设放在经济社会发展评价体系的突出位置，力求将资源利用效率、人居环境指数、社会民生建设效果等涉及共享发展的内容纳入政府绩效评价体系。完善领导干部目标责任考核制度，落实损害责任终身追究制度。对违法、违纪行为做到及时惩治，以最大限度地保证共建共享推进过程的合法性。另外，可选择基础条件相对扎实的区域，鼓励大胆的制度创新，给予更多优惠政策创建共建共享示范区。在乡村建成富于地方特色与风情的新型乡村生活环境；在城市培育以共建共享社区，创建生态人居环境，提升城市品质。通过示范区创建，为全国推进共建共享提供有益的经验借鉴。

① 俞可平：《敬畏民意——中国的民主治理与政治改革》，中央编译出版社 2012 年版，第 242 页。

第四节　实践个案：苏南经验

改革开放40多年来，我国苏南地区发生了历史性巨变。在短短的40年时间里，苏南通过率先推进并不断深化市场经济改革，大力发展多种所有制经济，综合经济实力得到显著增强，城乡面貌发生深刻的变化。苏南已经成为我国经济增长最快、活力最强的区域之一，现在已成为我国现代化建设的示范区域。苏南全面、健康、快速发展，在推进共享发展方面采取了可行的措施，也积累了很多有益的经验。

一、推进共享发展的主要措施及成效

（一）实施创新驱动发展战略力求高质量发展，不断提升共享发展水平

共享发展以发展为前提，共享发展的基础是保持经济又好又快地发展。只有高质量的发展，才能生产高质量的产品，促进经济发展效益，进而提升共享发展的水平。改革开放以来，苏南从实际出发，因地制宜谋发展、求特色，充分发挥市场在资源配置中的基础性作用，大胆探索与社会主义初级阶段基本经济制度相适应的创新创业机制。推动产业提档升级，经济结构不断优化，促进经济增长方式从粗放型向集约型转变。近几年来，苏南以实施创新驱动发展战略，力求高质量发展，不断提升共享发展水平。

“十二五”以来，江苏把创新驱动确立为经济社会发展的核心战略，着力推动全省经济社会发展走上创新驱动，使得创新成为经济转型升级的

主要驱动力。近年来，苏南各市牢牢把握机遇，瞄准“创新驱动发展引领区、深化科技体制改革试验区、区域创新一体化先行区”的战略定位，凝聚各方智慧和力量扎实推进示范区建设步伐，依靠创新驱动努力打造“新苏南模式”。其中，南京高新区的软件产业、苏南工业园区的纳米产业、无锡高新区的传感网产业、常州高新区的太阳能光伏产业等已形成先发优势，产业创新链日益完善，成为转变经济发展方式和调整经济结构的重要引擎。

实施创新驱动发展战略，科技与人才是关键。苏南各市深化科技体制改革，努力建设国家自主创新示范区，推动形成创新驱动发展的体制机制。苏南通过一流研发平台、队伍的建设和创新机制的建立，打造了一批积聚全球重大基础研究成果的专业研究所，实现了从科学到技术转化的“专业苗圃”。“苏州市落实研发费用加计扣除等政策，推动企业研发投入增长 10%，全社会研究与试验发展经费支出占地区生产总值比重预计达到 2.82%。”苏南抓住建设人才管理试验区的机遇，深入实施“双创”计划，“333”工程，科技镇长团等品牌人才工程。苏南组织实施省高层次创新创业人才引进计划，形成了南京的 321 人次计划、无锡东方硅谷人才计划、苏州“姑苏人才计划”等国内知名引才品牌。“苏州市至 2017 年新增高层次人才 2.25 万人、高技能人才 2.2 万人；新增国家“千人计划”人才 18 人，总数达到 237 人。”

苏南地区深入推进供给侧结构性改革，推动产业结构向中高端迈进。苏南优化产业结构，提高经济发展质量和效益。例如，苏州提出以“新兴产业”为第一方略推动全市工业经济转型升级的决策，引导和促进新兴产业的跨越发展，有力助推支柱产业提档升级。无锡确立并实施产业强市战略，加快打造新兴产业、先进制造业、现代服务业。2017 年南京市现代金融、文化创意等高端服务业成为支柱产业。

（二）大力推进城乡一体化建设，为实现全民共享创造条件

实现全民共享，必须创造必要的条件。苏南完善城乡一体化体制机制，推进城乡要素平等交换和公共资源均衡配置，让广大农民平等参与共享发展的进程。近年来，苏南正在加快形成功能互补、特色鲜明、优美宜居的现代城乡形态，是共享发展的突出亮点。

一是强化规划引领，构建城乡一体化发展的空间布局。苏南各市按照新型城镇化和城乡一体化发展要求，坚持城乡规划的刚性约束，统筹安排生产、生活和生态空间，合理确定村庄发展规划，引导公共资源均衡配置，推动镇村布局、村庄建设、农业发展、乡村旅游、水系规划的有机衔接，做到规划“一张图”“一盘棋”。苏南各地在实施江苏省主体功能区规划和城镇体系规划的基础上，按照新形势，积极优化城镇规划体系、优化规划内容、空间布局、推进时序、发展目标，推进经济社会发展规划、国土利用规划、城镇建设规划和生态保护规划的有机统一，使得城乡全体居民共享经济社会发展成果。

二是加强城乡基础设施统筹对接。南京市全面推进农村公路提档升级工程，有序推进“四好农村路”建设，配套实施安保和绿化工程。苏州高度重视环境保护职能向农村延伸、环境治理设施向农村拓展，环境检测向农村覆盖，强化城乡涉水事务的统筹规划与管理，加强供水、排水、污水处理、再生水利用和城市雨水资源化利用的行业管理和技术指导。无锡统筹推进城乡公共服务“六大体系”建设，电力、路桥、供水等基础设施基本实现城乡大接轨、大贯通。常州不断完善农村基础设施建设，着力实施农村道路提档升级工程。在融合地域经济发展和人文特色的基础上，开展了乡村道路样板路建设的先河。镇江开展农村环境整治，推动农村环境质量改善。苏南美丽乡村建设示范工作稳步推进，突出为民惠民，农民居住条件进一步改善，提高农民生活质量。

三是推进城乡基本公共服务均等化。苏南各市在政策体制上积极探索，注重城乡基本公共服务的制度衔接、资源共享，基本建成了城乡一体化的公共服务体系。首先，着力推进城乡出行基本公共服务均等化。苏南加快便捷直达的国际客运、更加快速多样的城际客运、更具吸引力的城市公交和更加普惠的城乡客运，将基本公共交通服务扩大到行政村，凸显了城乡公共交通的民生导向。其次，进一步推进户籍制度改革，从 2015 年 7 月 1 日起，江苏省实施省辖市范围内本地居民户口通迁制度，积极为就地转移的农业人口到城镇落户创造条件。苏南五市均已经制定出台流动人口居住证制度实施办法，建立以居住证制度为载体、与居住年限等条件挂钩的基本公共服务提供机制。最后，建设城乡一体的就业服务平台。苏南五市通过建立和健全就业城乡一体化组织管理体系、统筹规划城乡就业服务和管理工作，实现了就业政策城乡同步；通过推进就业政策向农村的延伸，实现了就业政策城乡普惠平等，初步实现了城乡居民就业服务均等化目标。

四是实现城乡社会保障制度逐步接轨。苏南各市加大财政资金投向农村地区的力度，实施社会保障制度改革，在城乡社会保障对接并轨上寻求突破，基本上形成了城乡一体的养老、医疗保障体系。首先，建立城乡一体的社会养老保险制度。2017 年苏州养老服务设施建设加快推进，“居家和社区养老服务改革、医养融合、长期护理保险三项国家试点工作积极开展，新增养老机构床位 1043 张，护理型床位比重达到 53.5%。”其次，建立城乡统一的社会基本医疗保障制度。南京市医疗卫生事业加快发展，新城新区公共卫生资源布局不断完善。苏州实现覆盖范围、保障项目、待遇标准、医疗救助和管理制度在城乡的“五统一”，完成新型农村合作医疗保险制度同社会基本医疗保险制度的衔接。最后，建立城乡一体的最低生活保障体系。苏州城乡低保实现并轨，全市所有城镇、农村低保对象享受相同标准的最低生活保障待遇。

（三）优化城乡居民收入结构，保障人们的均衡共享

城乡居民收入增收状况直接反映了居民的经济支配能力，城乡居民收入结构体现了人们的均衡共享状况。苏南各市在优化城乡居民收入结构方面下足了功夫，体现在努力拓展居民增收渠道、扩大中等收入群体、建立城乡困难群众精准帮扶机制等多方面。

一是拓展居民增收渠道。努力拓展居民增收渠道，稳定增加工资性收入，保障人们的收入水平稳步提升。苏南各市采取的主要措施包括：完善职业技能培训体系，实现就业水平与工资水平联动提升；健全工资决定机制、增长机制和支付保障机制，扩大企业职工集体协商覆盖面；加强农民工工资支付保障，提高技术工人待遇。提升经营性、财产性收入。实施全民创业工程，发挥创业致富的示范作用，大幅提高经营性收入。规范健全资本、产权、债券、房屋租赁等各类市场，丰富拓展租金、股息、红利等有效投资渠道。引导居民参与参股创办企业或者投资经营项目，稳步推进员工持股、岗位分红权激励，提高股权红利收入。实施农民收入倍增计划，加快农业、就业、创业、物业“四业”富民。启动农民创业工程，增强就业和创业能力。

二是扩大中等收入群体。苏南五市完善劳动、资本、知识、技术、管理等要素按照贡献参与分配的初次分配机制，切实提高劳动报酬在初次分配中的比重。强化政府主导作用，健全再分配调节机制，完善税收、社会保障、转移支付为主要手段的再分配调节功能。实施就业优先战略，加强财税、金融、产业、贸易等经济政策与就业政策的配套衔接，鼓励发展吸纳就业能力强的产业，逐步建立公共投资和重大项目建设带动就业的评估机制。进一步健全失业动态监测制度，防控失业风险。实施技能人才振兴工程，提升农村转移劳动力素质，提高低保家庭人均收入，确保居民收入增长与经济增长同步。

三是建立城乡困难群众精准帮扶机制。对不同人群分类开展帮扶工作，实行低保政策和帮扶政策衔接，对贫困群体应保尽保。“苏州建立了困难家庭‘一户一档一策’精准帮扶机制和低保对象就业成本扣减机制，加大医疗救助力度，落实困难残疾人生活补贴和重度残疾人护理补贴政策，困难群众托底保障网更加牢固。”

（四）加强公共服务体系建设，促进多方面的社会共享

推动共享发展，加强公共服务体系建设，创新社会管理体制。苏州市形成了“党委领导、政府负责、社会协同、公众参与、法治保障”的社会建设格局，构建“多元主体共治、多层协商共谋、多方联动共推”的城乡社区治理机制。

推进各类教育协调发展。苏南各地大力支持学前教育普惠优质发展，促进义务教育均衡发展，加快推进名校集团化，切实缩小校际差异。近年来，南京全市域创成全国义务教育均衡发展区。常州教育现代化水平保持全省第一方阵，学前教育综合改革取得新进展。

集中完善基本医疗保障制度。苏南地区加强基本公共卫生服务，健全医疗服务体系，完善公立医院法人治理机制，探索医疗集团“建、管、用”有效运作方式。强化医疗卫生监管，改革药品供应保障体系。加快建立以分级诊疗为核心的现代医疗卫生体系，鼓励社会资本进入医疗卫生领域，大力发展康复、老年护理和多元医疗健康服务业。常州市全面启动“健康常州”建设，深入实施幸福康养示范工程。

深入推进平安城市建设。苏南各市牢固树立安全发展理念，切实加强企业生产安全、道路交通安全、消防安全保障、逐步完善立体化信息化社会治安防控体系。改革安全评审制度，加大监管执法力度，及时排查安全隐患。健全社会安全事件预防和应急处置机制，构建社会化、专业化相结合的应急保障体系。近年来，苏州市严格落实安全生产责任制，深化安全

隐患大排查大整治。立体化信息化社会治安防控体系逐步完善。推进信访突出问题包案化解，加大矛盾纠纷调处力度。

（五）增加公共文化产品和服务供给，促进人们的文化共享

随着经济社会的快速发展，人们对文化精神方面的需求越来越高。苏州市成为国家首批公共文化服务体系示范区。以苏州市为代表，加强“文化苏州”建设，加强文化基础设施建设，完善公共文化服务网络，推动公共文化资源向基层延伸、向农村覆盖、向困难群体倾斜，丰富人民群众的精神文化生活。

深入实施文化惠民提升工程。不断提升文化惠民活动质量，使得基层公共文化服务供给网络得到全方位完善。合理配置公共文化资源，支持个人、团体、社会组织开展面向特殊群体的公共文化服务，丰富农民工、老年人、未成年人、残疾人等的精神文化生活。加强公共文化产品的创作生产。南京基本建成四级公共文化服务体系，建成首批“江苏省书香城市建设示范市。

（六）打造良好人居生态环境，促进人们的生态共享

苏南在共享发展的推进中，在人居生态环境建设方面注重绿色、低碳生态环境建设，重视生态环境和生态系统的保护和恢复，结合经济社会发展中涌现的新技术、充分运用信息化、网络化平台，开展了智慧城市建设，在减少城市碳排放的同时，丰富了促进生态共享的实践内涵。

一是建立资源节约型、环境友好型社会。以无锡为例，太湖综合治理长效机制基本建立，生态安全屏障基本形成，生态产品供给持续增加。生态文明制度体系供给更加健全。镇江市以低碳城市建设为抓手，整体推进低碳产业、低碳交通等“九大行动”，成为全国首批“国家低碳计量试点城市”。苏州市积极创建国家循环经济示范城市、国家低碳试点城市，建

成了首个国家生态城市群和首批国家生态园林城市。

二是建立生态宜居的绿色发展体系。苏南以国家低碳试点城市、循环经济示范城市建设为契机，以严格的生态保护制度为准绳，以转型升级、节能减排为抓手，着力建立绿色发展体系。以苏州市为例，苏州市大力推进绿色发展、循环发展、低碳发展，积极应对气候变化，持续降低能耗强度，有效控制温室气体排放，走出了一条经济发展和生态文明相辅相成、相得益彰的发展道路。通过打造低碳交通、推广低碳建筑、创建低碳社区等工程，引导形成绿色低碳消费理念。

三是加大生态系统的保护与恢复。苏南各市全面实施山林水田湖自然生态系统保护与修复，有序推进主要生态系统休养生息。镇江市"坚持'生态优先、特色发展'，环境保护在加强。树立'绿水青山就是金山银山'的理念，以'263'专项行动为抓手，坚决打好污染防治攻坚战，加强生态环境治理与保护"。无锡市"新增城市绿地面积205万平方米，全市林木覆盖率达到27%……全市自然湿地保护率达到50%，率先在省内建成全市域湿地群"。

二、苏南推进共享发展的主要经验

苏南各市在推进共享发展中，充分重视以科学的发展理念为指导，积累了一些经验，带给我们一些启示。

（一）重视五大发展理念的有机统一

苏南各市在推进共享发展的过程中，没有孤立地推进共享发展，而是将共享发展与创新发展、协调发展、绿色发展、开放发展紧密结合，协同推进，始终贯彻五大发展理念的有机统一。

发展是第一要务。近几年来，苏南各市大力推进创新发展、开放发展，扎实推进供给侧结构性改革，努力提升经济发展的效益与质量。苏南经济在规模总量和质量效益方面实现“双提升”，取得重大成就。通过全面深化改革，不断提升开放水平，科技创新能力以及发展动力与活力不断增强；改革开放取得重大突破，提升了苏南城市的知名度和影响力；注重经济与社会的协调发展，深入贯彻以人民为中心的发展思想，大力推进社会民生建设，狠抓民生保障改善，人民生活不断提升；加强社会组织建设，创新社会矛盾化解机制；注重经济发展与生态文明的均衡统一，以提升经济发展效益为突破口，淘汰一批污染严重的落后企业，环境综合整治取得新进步。坚持绿色发展理念，完善生态文明制度，建设美丽城乡，生态环境质量明显好转。

（二）处理好公益性与市场化的关系

推进共享发展中，要正确认识公益性与市场化的关系，处理好公平与效率之间的关系。苏南各市在共享发展中，逐步厘清政府的责任边界，区别了政府与市场、个人的责任，探索履行责任的路径和方式。

一方面，探索了市场化的运行机制。坚持多元主体参与，加强市场竞争机制，提高公共服务的质量。在基本公共服务建设中，政府采取适当的采购模式和招标制度；吸引社会投资，鼓励企业、社会的投入，减轻政府负担和财政压力；在公共文化服务、教育服务、福利方面，都不同程度地引入了市场化机制，降低政府成本。另一方面，发挥政府的主导性作用。“市场机制的理性适用于私人物品（就像苹果或衬衫），而不是公共物品，（就像无疟疾环境），而且可以证明，可以有很好的理由去超越私人市场所能做到的而提供公共物品。”① 公共服务产品、社会民生建设的很多方面，完全依靠市场是不现实的。不能片面依靠市场化、民营化，以此来推卸政

① ［印］阿马蒂亚·森：《以自由看待发展》，任赜、于真译，中国人民大学出版社 2002 年版，第 124 页。

府的责任。就公共服务产品的供给来说，苏南各市逐步推进政府采购、委托生产、项目外包以及税收减免、定向资助、项目补贴等政策措施参与公共服务建设。

（三）调整并不断优化各方面的结构，缩小收入分配差距

解决收入分配差距，要解决因结构原因导致的收入不平衡问题。苏南在推进共享发展中，注重资本、资源和劳动等要素的平衡发展模式，合理调整资本与劳动要素的利用结构，充分利用劳动力，扩大就业，从而改善不同要素所有者之间的收入初次分配的差距。“着重用资本和资源密集推动经济发展，而劳动力实际的失业率较高……一个结果，必然是资本和资源所有者与劳动者之间的收入分配差距越拉越大。”① 推进城乡一体化建设，加快城镇化建设，优化城乡结构，不断提升农民的收入水平；大力发展第三产业，扩大服务领域的生产和就业，防止劳动力过剩，增加就业率。优化产业结构，大力发展劳动密集型的中小企业，鼓励民众积极创业就业。这样就破除了过去错误的观念，即个体私营经济是导致收入分配不公和两极分化的根本原因的思维。②

（四）转变政府职能，优化服务方式

转变政府的职能定位。政府不是万能的，要从直接参与经济发展中退出来，将更多的精力投入到公共服务、社会民生建设中来。苏南各级政府要求不仅要为群众提供均等的公共服务、民生服务，还要追求优质的服务，从人民美好生活需要出发，优化服务方式，提高服务水平。

拓宽服务领域、优化服务流程。提供现代服务技术，推进“互联网 +”服务，构建信息共享平台。依据群众的需求，开展网上咨询、预约服务，

---

① 周天勇：《中国梦与中国道路》，社会科学文献出版社 2011 年版，第 365 页。
② 参见周天勇：《中国梦与中国道路》，社会科学文献出版社 2011 年版，第 357 页。

实行一卡通。鼓励基层组织、基层群众开展共建、共治。防止各级政府“幸福工程”的形式主义，完善投诉受理机制，重要的公共服务、民生建设内容，均向群众公开服务内容、服务对象、服务标准、服务方式等，接受群众的监督，加强管理的监督责任。

第七章　共享发展理念的价值旨向与实践依循

“马克思主义历史观是历史观和价值观的统一，体现着人文关怀的取向与历史尺度的坚守。”① 共享发展理念蕴含着多重价值旨向，有其实践依循。基于人本向度，坚持以人民为中心的发展，体现了社会主体价值；基于和谐向度，坚持人、自然与社会间的协调发展，反映了社会客体价值；基于可持续向度，坚持科学发展，体现了自然环境价值；基于文明向度，以构建真实的共同体实现真正的共享为目标，反映了人类终极价值追求。

第一节　以人为本：社会主体价值旨向

党的十八届五中全会首次提出以人民为中心的发展思想，这一发展思想不是一个抽象的、玄奥的概念，必须体现、贯穿在共享发展的各个环节，以实际践行深入落实。共享发展理念鲜明地体现了以人为本的社会主体价值旨向。

① 杨耕：《马克思主义历史观研究》，北京师范大学出版社 2012 年版，第 138 页。

一、社会发展的价值依循：以人为本

马克思在论述人类社会发展规律时指出，人类社会发展遵循着从原始社会、奴隶社会、封建社会、资本主义社会、社会主义与共产主义社会的由简单到复杂、由片面到全面的演进历程。马克思抛开纷繁复杂的社会现象，揭示了社会运动发展的一般规律，指出人类社会发展的根本动力来自于生产力与生产关系的矛盾运动。马克思在揭示社会发展具有不以人的意志为转移的客观规律的同时，还揭示了社会运动发展的特殊性，即社会发展总是离不开社会主体的目的、欲望和追求。社会发展有其自身的价值依循，必须以人的价值作为价值世界的中心。“一切价值归根结底都是对人的价值，人是一切价值活动的出发点，也是一切价值运动的归宿。”①

社会为什么能够发展？社会到底向何处发展？我们知道，社会发展背后的规律性关涉到社会发展的动力，揭示了社会为什么能够发展；社会发展有其自身的价值依循，关涉社会发展的目的、方向问题，揭示了社会到底向何处发展。二者是紧密关联的，因为社会发展是主客体交互作用的结果。社会如何健康有序发展？马克思曾表明，不能取消生产力尺度的合理性，而应探讨如何在不阻碍社会发展和不损害人的长远发展的前提下，最大限度实现生产力尺度与人的发展尺度的有机结合。过去的一切剥削阶级社会，是少数人对多数人的统治，社会发展违背了绝大多数人的利益，违背了以人为本的目的。因此，阶级社会中总是充满了无数次的统治阶级与被统治阶级之间的利益斗争。“至今一切社会的历史都是阶级斗争的历史。”②（当然不包含原始社会）阶级对抗的剥削社会说到底是背离大多数人健康发展的畸形社会，偏离了人的发展尺度，失去对社会主体价值的尊重，必然最终被人民所抛弃、被历史所淘汰。

① 马俊峰：《马克思主义价值理论研究》，北京师范大学出版社2012年版，第147页。

② 《马克思恩格斯选集》第1卷，人民出版社1995年版，第272页。

社会主义社会消灭了剥削、阶级对抗的经济根源，确立了崭新的社会主义制度。因此，社会主义社会能够遵循以人为本的价值旨向，更好地做到对社会主体价值的尊重，最大限度实现生产力尺度与人的发展尺度的有机结合。“从广泛意义上说，以人为本的价值追求贯穿于党领导中国革命和建设的整个过程。可以说，坚持以人为本，是中国共产党历届领导集体一贯的基本立场。”① 以人为本成为社会主义社会发展的价值引领，引领着社会主义社会不断沿着健康发展的方向前进。

二、共享发展的价值追求：发展为了人民

发展既表明一种历史事实的延续，也必然蕴含着一种价值追求、价值评判。“马克思关于人的发展和社会发展一致性的理论不仅为我们提供了认识社会发展的理论根据，而且也为我们建树了评价社会发展的价值目标。”②20 世纪 60 年代以后，社会发展的价值评价经历了一个从单一的经济增长到以社会的综合发展、从以物的发展到以人的发展为中心的转变。新的发展观注重从人的发展视角去评判社会发展。实际上，任何一个社会，不论其发展速度有多快，如果不能做到有益于全体社会成员的素质、能力、创造力的提升，那么就难以促进人的生存状态的改善，这样的社会就不能说是真正进步与发展的社会。共享发展将人的发展与社会发展一致性的美好价值理性根植于现实的实践活动之中，为人的发展和社会发展的有机结合不断创造条件。

发展为了人民是中国共产党人的价值追求。共享发展体现了我们党全心全意为人民服务的根本宗旨。追求和实现人民幸福始终是中国共产党立

① 李安增等：《历史与经验——中国共产党与当代中国发展》，中央编译出版社 2009 年版，第 295 页。

② 金建萍：《人的发展和社会发展的一致性研究》，中国社会科学出版社 2013 年版，第 128 页。

党为公、执政为民的内在、必然要求。“毛泽东同志要求全党同志必须全心全意为人民服务，邓小平同志要求我们做工作必须考虑群众拥护不拥护、赞成不赞成、高兴不高兴、答应不答应，江泽民同志提出我们党要始终代表中国最广大人民根本利益，胡锦涛同志提出必须把实现好、维护好、发展好最广大人民根本利益作为一切工作的出发点和落脚点，我们这一届党中央明确提出‘人民对美好生活的向往，就是我们的奋斗目标’，是一以贯之的。”① 改革开放以来，我国经济社会快速发展，我们摆脱了贫穷落后的状态。社会发展的脚步永不停歇，人民群众对美好生活的追求也不会止步。

中国梦是人民群众的共享之梦。每个人都有不同的梦想，中华民族共同的梦想是实现中华民族伟大复兴的中国梦。马克思主义认为，社会发展不是为了外在的物，而是为了人本身，为了推动人的全面发展。共享发展蕴含的公平、正义、平等范畴是应然性与实然性的历史统一。“作为理想性的价值目标，始终以高于现实的理论张力引导和调试着现实性的实践；作为现实性的发展诉求，始终以根植于人类理想性的发展张力开启和拓展着探索性的实践。”② 实现国家富强、民族振兴，其根本落脚点是让人民共享社会发展成果，让人民过上幸福生活。

三、共享发展的力量之源：发展依靠人民

共享发展体现了人民是推动发展的根本力量的唯物史观。人是社会发展的主体，整个人类社会的发展过程是人通过自身的劳动不断生成的历史过程。社会发展不能脱离现实的个人、不能离开他们的生产实践。共享发展是一个共建共享的过程，依靠人们的共建，尊重人民首创精神，从群众

① 《习近平关于社会主义社会建设论述摘编》，中央文献出版社 2017 年版，第 6 页。
② 刘占虎：《共享发展理念的社会主义特质与实践彰显》，《浙江社会科学》2017 年第 7 期。

中汲取无穷的智慧和力量，才能实现共享的目的。因此，共建共享过程中需为各行业、各方面的劳动者创造有利于他们发挥作用的舞台和环境。

人们的需求满足是激发人们推动共享发展的重要动因。现实的人总是同实际的生活利益紧密联系的，驱使人和人们活动的内在动机是现实的利益和需要。没有利益认同、利益共识、利益共享，共享发展主体就难以有主动性和积极性。只有保障人人享有，才能激发人们参与共建的激情与能量，促使人们主动、自觉地参与共享发展。利益共享是人们获得物质成果、环境福祉、身心健康、幸福生活的重要前提。缺少共享发展，就难以满足人们生存发展的需求，难以实现人们对公平正义的价值追寻，也难以丰富人们的生活内容与提升生活质量。由此，人们的共建动力必然减损乃至于丧失。以共享引领并促进共建，必须以“公平正义”作为关键环节，抓住影响共享发展过程中的突出矛盾，以利益共享的需求满足解决人们日益关注的社会民生矛盾，最大限度地激发和保护社会的创造活力，激励人们推动共享发展。

没有高水平的共建就没有高质量的共享。首先，高水平的共建需要激发社会活力，举全民之力推进中国特色社会主义事业，不断把“蛋糕”做大。要营造鼓励人们干事业、支持人们干成事业的社会氛围。只有广泛共建，才能为全面共享提供充足的动力保障与支撑。其次，高水平的共建中，科技人员发挥着不可替代的作用。科技在高水平共建中具有特殊功能，只有依靠科技创新，才可能建设低成本、广覆盖、高质量的公共服务体系。最后，高水平的共建，还离不开教育的优先、优质发展。中国将坚定实施科教兴国战略，始终把教育摆在优先发展的战略位置。

就现实而言，共享发展需要政府、企业、公众各方力量的汇聚。共享发展需要政府、企业、公众各方有高度的价值认同，拥有明确的使命意识和责任意识，形成使命共同体、责任共同体；需要各主体的相互协商、共同协作、彼此监督、利益分享，在政府、企业和公众之间构建利益共同体、发展共同体与享受共同体。就政府而言，应重点发挥政府在共享发展中的主导性作用。政府的一个重要任务是合理协调人与人、人与自然、人与社会的关系，将共建共享作为政府的重要责任。应出台相关政策或措施，开展区域协作、部门合作、城乡协同，将区域整体的产业布局、社会建设、文化环境、环境治理等纳入共建目标，引导地方政府加大对和谐社会、民生建设的力度。就企业而言，需以改善民生质量为导向，建立相关激励制度引导企业行为。通过税收、补贴制度等引导企业选择有利于共享社会建设的生产方式，促使企业不断进行技术革新，推进产业发展，引领经济社会活动。就公众而言，共建共享需要包括公众在内的多方参与。公众应增强共建共享意识，自觉提升文化意识，践行绿色生活、消费方式；积极参与社会治理、文化建设、生态建设各个环节中，发挥有效的监督作用。总之，只有不同主体间形成强有力的不同类型的共同体，尽力满足不同区域、不同阶层人们的共享需求，才能形成推进共建共享的意识自省与行动自觉。

就理想目标而言，共享之梦必须紧紧依靠人民来实现。改革开放30年后的中国，获得了举世瞩目的成就。今天，中国梦的实现不再是遥不可及的幻想，而是具有了实现其目标的强大的综合国力基础，具有现实性。“现在，我们比历史上任何时期都更接近中华民族伟大复兴的目标，比历史上任何时期都更有信心、有能力实现这个目标。”[①] 当然，在看到中国梦的实现具有现实可能性的同时，还要清醒地认识到实现中国梦的未来之路任重道远，依然充满着很多艰辛与困难，需要依靠人民的合力而推进。人民群众是实现中国梦的力量源泉，失去人民群众的支持，梦想的实现就会变成无源之水、无本之木。每个人都是中国梦的参与者、推动者和创造者，每个人都应成为推动国家发展、民族振兴和人民幸福历史合力的一分

① 《习近平总书记系列重要讲话读本》，学习出版社、人民出版社2016年版，第7页。

子。只有人人参与、人人创造，才能汇集实现中国梦想的巨大合力。因此，实现中国梦必须凝聚中国力量，汇聚人民的智慧，激发人民的潜能。一句话，中国梦是依靠人民的合力之梦。实现中国梦，每个人都不应不负其责、坐享其成、不劳而获。实现中国梦必须共同努力、共同建设。中国梦是依靠人民的合力之梦，如果每个人都成为中国梦的参与者、推动者、创造者，就一定能实现中国的共享之梦。

四、共享发展的根本目的：发展成果由人民共享

共享发展体现了社会主义制度的优越性。邓小平提出了社会主义本质理论，消除两极分化、追求共同富裕是社会主义的本质特征之一，也是社会主义优越性的体现。在私有制社会中，由于始终存在着剥削阶级，剥削阶级必然以牺牲被剥削阶级的利益来获得自己的优势地位。由于资本主义私有制的局限性，其无法完全实现社会公平，难以有真正意义上的社会共享，也就无法达到共同富裕的目的。社会主义制度能够在社会发展基础上不断推进人自身的全面发展，最大限度地促进社会发展与人的发展的根本一致，实现社会发展与人的发展相互促进之良性循环。社会主义制度为广大人民群众共享改革发展成果提供了制度前提，也凸显了社会主义制度的优越性。

从共享发展的过程看，共享发展的过程也是全面深化改革的过程。坚持全面深化改革，维护人民群众根本利益，逐步实现发展成果由人民共享。以人民为中心的发展理念要求全面深化改革，反过来说，全面深化改革的纵深推进，必须坚持以人民为中心。我国的共享发展从理念到实践、从理想到现实，尚需要一个长期的改革完善过程。改革的源泉来自人民群众、也着眼于并归于人民群众，所有改革的举措都是为了更好实现发展成果由人民共享。改革必须以人民群众最关心、最直接、最现实的需求为导

向，从人民群众的需求中寻求改革的动力。共享发展必然要求坚持公平公正，只有倡导共享发展，实现公平正义，做到贡献与满足、权利与义务、责任与享受的统一，才能保证人们公正地享有经济权益、政治权益、文化权益等各项权益。

共享发展不仅与特定的经济制度有关，还与政治制度结合在一起。保障人民群众的共享发展，必须落实人民群众“当家作主”的地位。我国的共享发展需要政府的推动，基本民生保障若没有政府的推动是难以落实的。共享发展是发展权利、发展机会和基本民生上的共享，人民的各项民主权利若得不到保障，共享发展的实现也最终落入空洞口号，至少是难以持续的。因此，推进共享发展不仅仅局限于经济、社会领域，在根本上还需要民主法治建设水平的提升。社会主义民主政治的体制、机制、程序、规范以及具体运行上还存在一些不完善的地方，需要继续加以完善。民生问题不能靠运动式治理，共享发展内在要求完善人民民主权利保障制度。在多方面确立人民群众的“当家作主”地位，按照以人为本的要求，瞄准民生领域的重点问题，通过完善的制度体系保住基本、补上短板、兜好底线，不断满足人民群众的民生共享诉求。

中国梦的实现过程就是共享发展成果的过程。国家、民族和个人是紧密联系的共同体，每个人的前途命运都与国家和民族的前途命运紧密相连。人民的梦想与国家、民族的梦想紧密关联，在中国梦的实现过程中，同时也实现着每个人的个人梦想。中国梦有其共享属性，“生活在我们伟大祖国和伟大时代的中国人民，共同享有人生出彩的机会，共同享有梦想成真的机会，共同享有同祖国和时代一起成长与进步的机会。”① 总之，中国梦是全国人民的共享之梦，共享之梦的实现表明国家富强、民族振兴与人民幸福是完全统一的。

① 《十八大以来重要文献选编》上，中央文献出版社 2014 年版，第 235 页。

第二节　社会和谐：社会客体价值旨向

“和谐是在不同层次整合力的作用下不断升华的结果，不同事物内在与外在关系的和谐既是事物存在的最佳状态，也是事物发展的最佳途径；所有存在的发展共进则又是和谐的必然指归，发展既是事物变化的最优方向，也是事物存在的最优态势。”① 共享发展内在地包含着人与自身、人与人、人与社会、人与自然之间的和谐价值意蕴，是理想的社会发展态势；社会和谐也是共享发展的价值目标与追求，体现社会发展变化的最优方向。同时，基于社会和谐视域，共享发展具有重要的理论与实践价值意义，体现了广大人民群众的根本利益和共同愿望。

一、和谐：共享发展的内在价值意蕴

共享发展内在地包含着和谐的价值意蕴，主要体现为人与自身的和谐、人与人的和谐以及人与自然的和谐。共享发展促进人与人的和谐，大力提倡诚信友爱、团结互助、宽容谦和，形成促进人人有责、人人共建、人人共享的生动局面。

首先，共享发展蕴含着人与自身的和谐。人在本质上是一切社会关系的总和，探讨人与自身的和谐实际上离不开人的社会生活环境。一方面，人是世界上最具有能动性的高级生物。但另一方面，人总是在既定的社会条件、环境下而生活。对此，每个人都有无可选择的受动性。从个体层面来看，人与自身保持生理、心理上的和谐，需要一定时期社会条件、生活

① 卢风、刘湘溶：《现代发展观与环境伦理》，河北大学出版社 2004 年版，第 71 页。

环境的保障。

人与自身保持和谐除了基本的物质保障之外，还需要良好的社会、文化、道德氛围。这是因为人的需求是多层次的，有物质需求、情感需求、归属需求、道德需求、价值实现需求等多个方面，而且人的需求本身也是随着社会发展而发展变化的。一定时期，社会生活条件具备、生活环境良好，能够满足人的多层次需求及其发展变化的需求，人与自身就容易保持和谐。当然，这需要社会首先提供足够的物质生活资料，只有在满足每个人的物质资料、解决基本的生存基础之上，才能有更多的条件、空闲去享有精神文化，追求更美好的生活。也由此，作为社会主体的人，才能不断地得到和谐发展。共享发展倡导每个人都平等地享有社会发展成果，不断缩小人们之间的收入差距，力求从根本上打造基于个体个性自由、和谐发展的社会基础。不仅让每个人都能过上体面、尊严的生活，而且创造公平的机会与条件保证每个人在自己的努力下自由追求更高层次的生活，使幼有所育、壮有所用、老有所养，使人人皆可成才、皆可在社会中找到自己合适的位置。不仅如此，共享发展还倡导一种宽容、协商、民主、平等、互助的社会氛围，实现社会的安定有序，促进人自身能够心情舒畅，保持一种生理和谐、心理和谐以及思想认识上的和谐，促使人们的生活都走向幸福、祥和。

其次，共享发展蕴含着人与人、人与社会的和谐。民生问题，是构建社会主义和谐社会的根本问题。人民群众的根本利益由多方面要素构成，人与人之间的矛盾也是由多方面原因引起的。当下，社会保障制度是否健全、社会是否公平正义、收入分配是否合理、社会治理是否安定有序、社会风尚是否良好以及人们的聪明才智是否充分发挥等都是人与人、人与社会能否达到和谐的重要影响因素。其中，同人民群众反映比较集中的社会热点民生问题是人与人、人与社会矛盾冲突的最主要根源。民生这一主要矛盾化解了，人民群众就容易友好相处、心情舒畅，过上幸福的生活，这就是社会和谐的重要标志。

社会保障体系不完善，是影响社会和谐的一个突出矛盾。共享发展就是要建立健全与经济发展水平相适应的社会保障体系，能够保障群众基本生活现实需要，从而消除不和谐的制度根基。收入分配是构成群众物质利益的第一要素，是维系群众生活最基础、最核心的部分，直接影响着人与人的和谐关系。共享发展促进分配制度的完善，让人民群众的收入日益增加，全体人民走向共同富裕，从而消除不和谐的利益矛盾之根基。人与人之间的和谐，除了直接的物质利益外，社会的公平正义，也是影响社会和谐的重要方面。共享发展有利于实现社会的公平正义，有效保障每个人的自身权利和利益。社会的安定有序，是保障社会和谐的基础环节。共享发展有利于创新社会治理体制，完善社会治理体系，融合社会治理与民生发展，提高社会治理水平。良好社会风尚、文化氛围是促进社会和谐的重要因素。共享发展有利于良好社会风尚的树立，促进人群之间形成融洽的人际关系，不断增强社会的亲和力、凝聚力。更高层次的和谐社会应当是全体人民各尽所能、充满活力的社会，是人民的聪明才智、创造力得到充分发挥和全面发展的社会。共享发展倡导共建共享，为共建共享提供制度支撑、物质条件、社会保障，创造公平的机会让人民群众在共建中共享、在共享中共建，保持活力之源，不断达到更高层次的和谐状态。

最后，共享发展蕴含着人与自然的和谐。“人与自然的关系，如同人与社会的关系一样，是一种客观的和必然的关系。”① 从共享的必要条件看，社会是个有机整体，经济、政治、文化、社会、生态等各方面紧密联系、不可分割，又有各自独特的地位和发展规律。生态文明是维系经济、政治、文化、社会建设成果的基本前提。只有保持人与自然的和谐，

① 方世南、曹峰旗、王海稳：《马克思恩格斯弱者权益保护思想》，上海三联书店 2012 年版，第 193 页。

保持社会整体协调发展为前提，才能保障人们的基本共享。否则，离开生态文明建设，生态系统问题必然导致社会机体出现紊乱甚至衰败。人们的生存都会出现问题，就更不用谈论丰富的生活共享了。从共享的可持续性看，共享发展不仅仅是当代人的共享，更是代际间的共享，是可持续的共享。"从和谐到发展，再经过发展达到新的和谐，在和谐中实现发展，在发展中寻求和谐，在更高层次的和谐中寻求新的意义上的发展，如此循环往复，便使生态系统不断递进到新的质态。"① 和谐与发展的因果之网内在要求人与自然保持和谐之状态，以促进发展的递升演进与共享的可持续性。从共享的丰富内容看，共享是全面的共享，共享发展本身要求经济、政治、文化、社会、生态等各方面的有机统一。生态权益是人权的重要内容，人们有利用自然环境的生存需求和享受生态环境美的精神需求。生态民生、生态共享是共享发展的重要内容。加强生态保护，改善生活环境，促进人与自然和谐相处，才能满足人的生态权益，提升人的共享质量。

二、和谐：共享发展的社会价值目标

共享发展作为科学的发展方式同和谐社会互为目的和手段，共享发展是实现社会和谐的重要路径。同时，社会和谐也是共享发展的价值目标，贯穿其中的人的全面发展则是共享发展与和谐社会共同的逻辑归宿和价值追求。

和谐是社会主义社会的本质属性。从社会客体视域看，和谐社会是一个历史的进程，共享发展将社会主义和谐社会视为价值目标，把推进人的全面发展贯穿于共享发展的全过程，落实到各项工作之中。

① 卢风、刘湘溶：《现代发展观与环境伦理》，河北大学出版社 2004 年版，第 80 页。

（一）共享发展对民主法治的要求

人民当家作主是社会主义的本质要求，也是社会主义民主政治的核心内容。共享发展不是少数人的发展，而是全面、全民的共享发展，必须体现人民群众的意志，保证人民当家作主。因此，共享发展内在要求民主法治水平的提高。

共享发展的过程是共建共享的过程，如何发挥人民群众的积极性参与共建，如何让人民群众更好地共享，需要以尊重人民群众的独立人格和民主权利以及尊重并维护公众的知情权、参与权、表达权、监督权为前提。在充分发扬民主的基础上，使得全社会各方面的积极性得以广泛调动。为此，要改革和完善决策机制，推进决策的科学化、民主化。要大力发展基层协商民主，重点在基层群众中开展协商。全面依法治国是加快推进社会主义现代化的重要保证。要把体现人民利益、反映人民愿望、维护人民权益、增进人民福祉落实到依法治国全过程，使法律及其实施充分体现人民意志，对于涉及老百姓利益的案件，要增强主动公开。

（二）共享发展对公平正义的要求

公平和正义是人类追求美好社会生活的永恒主题。公平正义是和谐社会的重要保证，也是和谐社会的基本原则。共享发展表明了对公平正义应然与实然要求的统一,一方面，共享发展需要现实中公平正义制度的保障；另一方面，共享发展本身也不断追求公平正义，共享发展是实现社会主义公平正义的发展路径。因此，从这个意义上说，共享发展与和谐社会具有根本的一致性。

当下，我国处于社会转轨时期，利益关系和社会矛盾呈现多元交织、错综复杂的局面。提出共享发展战略，迫切需要公平正义的价值引领。首先，共享发展要求的公平正义是社会主义性质的真实的公平正义。共享发展要求建立一系列社会公平保障制度，为实现最广大人民群众真正意义上的共享奠定坚实基础。其次，共享发展要求维护社会公平正义的主体不是社会中的一部分人，而是全体人民群众。一切公平正义的事业只有深深厚植于人民的土壤之中，依靠人民实现社会公平正义，才能最终真正实现。最后，共享发展要求以满足人民的利益需要作为检验公平正义的实现程度。不同历史时期，人们对公平正义的评价标准不一样。在当前共享发展推进过程中，人们对社会公平正义的内容、程度和效果必然以共享红利的增加、利益分配的均衡、人民福祉的增进作为现实考量。

（三）共享发展对诚信友爱的要求

诚信友爱是和谐社会的道德基础。从个体上看，和谐社会是人与人之间的平等相待、友善相助、融洽相处。失去了人与人之间的诚信友爱，就不可能构建一个和谐社会。共享发展需要每个人道德素质的提升，需要整个社会文化、道德氛围的养成。只有每个人都自觉主动地关心他人，尤其是富人群体对弱者的人文关怀，共享的社会才能形成。因此，从这个意义上说，共享发展对社会诚信友爱也有着特殊的要求，诚信友爱是共享发展的道德基石。

首先，共享发展需要政府、社会、企业、个人等各个主体的通力协作，形成强大的合力。但相对于整体的合力，每个主体都有自己的优势，也存在一定的缺陷。也就是说，每个主体都有一定的功能边界，单独依靠任一主体，并不能解决所有问题。相反，过分依靠某一主体的作用力量，反而达不到预期甚至会产生破坏的效果。因此，共享发展之所以能够做到共享，除了政府、企业等社会组织发挥积极作用外，还需要每个个体具备诚信友爱等道德素养，发挥每个人的主动自觉性。其次，共享发展需随着发展进程，及时制定完善有关共享的法治、制度。倘若没有整个社会对诚信友爱的呼唤，没有人民群众道德舆论的监督，法治、制度的完善进程就会受阻。再次，尽管有关共享的法治、制度能够及时制定完善，具体的政策、措施能够及时到位，但相对于变化发展的社会现实，法治、制度总有其滞后性，大量的共享生活内容还留有空白空间而无法规制。这些空白空间也需要道德力量去协调。最后，再好的法治、制度等，其最终都需要人去执行、落实。在一个缺乏道德基础的社会，每个人不讲诚信友爱，那么不论是法治、制度，还是具体的政策、措施，其贯彻落实都将大打折扣，出现寻租、贪污现象，甚至发生侵害人民基本权益的事件。

（四）共享发展对充满活力的要求

充满活力是和谐社会发展的源泉，是建设和谐社会的重要基础。和谐社会是个规范有序的社会，也是个动态发展的社会，需要不断增强全社会的创造活力。

共享发展对充满活力有着紧迫的要求。共享发展是共建共享相统一的发展，没有共建，即没有人民群众积极性、主动性、创造性的发挥，共享就是一句空话。共享发展要求高质量发展，必须加强创新推动。要进一步推动市场化改革，完善市场经济体制，激发全社会的创造力和发展活力，不断解放和发展生产力。反过来说，也只有共享发展，才可能拥有一个充满活力的社会。

（五）共享发展对安定有序的要求

安定有序既是和谐社会的前提，也是和谐社会的目标。深入分析和准确判断当前世情国情党情，从战略高度审视和解决转型时期各种社会矛盾和安全问题，遵循治理规律，加强和创新社会治理，健全处理人民内部矛盾的机制，确保社会既充满活力又安定有序。

共享发展的前提是拥有一个安定有序的社会局面，而且，共享发展本身也有利于促进社会的安定有序。在共享发展过程中，维系安定有序的社会局面，首先，应增强发展的全面性、协调性、可持续性，做好民生改善工作。人们安居乐业才会有社会的安定有序。做好各项民生保障和改善工作，保障基本民生，消除人群间的利益冲突，可以从源头上预防或减少社会消极性质的矛盾产生。其次，要维护人民群众的合法权益。落实维护群众合法权益的体制机制，完善和落实社会稳定风险评估机制，预防和减少利益冲突。再次，要健全公共安全体系。加快健全公共安全体系，必须建立健全长效机制。着重抓好源头性、基础性工作，创新社会治安防控体系，优化公共安全治理社会环境，着力解决影响社会安定的深层次问题。最后，要发动人民群众力量，拓展人民群众参与社会安全治理的有效途径。社会治理的重心要落到城乡社区，尽可能把资源、服务、管理放到基层，深化拓展网格化管理，更好地为群众提供精准有效的服务和管理。

（六）共享发展对人与自然和谐相处的要求

从客观系统看，人类作为客体本身是自然界的一部分，人类的生存和发展依赖于自然界。从整体关系看，人作为特殊的主体，并不在自然之上，也不在自然之下，而是在人与自然整体关系之中，人与自然是一种平等的和谐共生关系。人与自然的关系与人与人的关系始终是交织在一起的，人与自然的关系在本质上是人与人的关系在自然领域的延伸与拓展，人与自然的矛盾反过来也会强化人与人的矛盾冲突关系。人们是否能够公正地获得环境资源、环境权益，关系到人与人之间的融洽关系与和谐程度。

共享发展可以通过人与人之间的和谐相处促进人与自然的和谐共生。共享发展是生产发展、生活富裕、生态良好三者有机统一的发展状态。生活富裕是生产发展的根本目的，只有在生产发展中保持良好的生态，才能达到生活富裕。生态良好是生产发展、生活富裕的前提。没有良好的生态，可持续的生产就无法进行，生活质量也就得不到保障，更不用说过富裕生活了。反过来说，在科学的发展中保障人们生活富裕，利用自然规律为我们的生产和生活服务，协调人们之间的友好关系，可以以人与人的和谐进一步促进人与自然的和谐，达到生态良好之效果。总之，在共享发展的进程中，实现生产发展、生活富裕、生态良好三者的最佳结合点，需要科学认识并把握三者之间的辩证关系。

三、和谐视域下共享发展的重要意义

基于社会和谐视域，共享发展对建设一个什么样的社会，怎样建设社会主义和谐社会时代命题进行了新的有益探索，具有重要的理论与实践价值意义。

（一）继承与发展了马克思主义的社会发展与社会和谐理论

实现社会和谐与幸福生活始终是人类追寻的社会理想。马克思、恩格斯创立了唯物史观之后，透过复杂的社会表象，科学地揭示了社会发展的规律，揭示了社会发展的动力及其方向。自此，人类社会的和谐理想不再是空想而有了科学性。马克思论述了未来共产主义社会的目标是实现人与人、人与自然的双重和解和人的自由全面发展。实现人的自由全面发展必然要求以人与人、人与自然的和谐为前提。

共享发展新理念与新实践，逐步解决好人与自然、人与人之间的矛盾关系，将马克思、恩格斯关于未来和谐社会的科学构想与中国的当代实际相结合，将其变成社会发展的现实目标和具体发展路径，符合人类历史发展规律要求与价值取向标准。“共享发展理念用共享来规定和理解发展，体现了发展必须立足于人与自然、人与人矛盾关系的解决，将人与自然、人与人和谐关系的建构置于发展过程和发展成果中，以验证发展的效果”。[①]共享发展内在包含并不断追求社会关系以及人与自然关系的和谐，科学把握了二者之间的关联。既阐明了对和谐社会的价值追求，又抓住了实现和谐社会的根本即利益的公平分配和权益的公正实现，指出了实现社会和谐目标的有效途径，从而丰富和发展了马克思主义的社会发展、社会和谐理论。

（二）为化解矛盾、实现人民利益、协调社会关系提供了有效的路径

改革开放以来，人民的生活状况也有了较大的改善。但是，我国社会一些不和谐、不稳定的因素也在发展中不断涌现，尤其是由于社会分配不合理而导致的贫富悬殊问题日益突出，这种情况已经引起了广大人民群众的不满。从区域来看，我国的东部地区、中部、西部地区、城乡之间发展差异很大；从人群收入来看，人均国民收入处于世界中等偏上行列，但人群之间的收入差距仍然较大，社会上存在一些相对弱势群体。社会分配不公这一问题得不到妥善解决，将会引发一系列连锁的社会问题，成为我国主要的不稳定、不和谐因素。同时社会分配不公的现象也严重背离了社会主义的本质要求，这一问题解决不好，将极大地挫伤广大人民群众的积极性，将会给我国的改革开放和现代化建设带来巨大的负面影响。

共享发展理念的提出，为化解矛盾、实现人民利益、协调社会关系提供了有效的路径。提出共享发展，就是有效协调各方利益，形成能让群众及时表达利益、平衡利益、整合利益的机制，妥善处理各种社会矛盾。在共享发展过程中，以共享促进发展，以完善社会主义市场经济为中心，创造更好的社会条件，促进经济效率的提高；同时又尽力防止和

① 范迎春：《共享发展：马克思社会学说的当代表达》，《河南社会科学》2017 年第 6 期。

克服市场经济的盲目性和弊端。共享发展以实现人的全面发展为终极价值原则、价值标准，解决许多诸如就业、教育、医疗、住房、社会保障、收入分配、公共事业、社会安全、社会公平等重大问题，这些问题完全依靠市场是无法解决的。共享发展既利用市场又规制市场，避免了资本主义制度下市场经济容易产生的两极分化的弊端，探索了实现社会和谐的新路径。新时代，我们党从广大人民群众的根本利益出发，认真倾听群众的呼声，顺应群众的要求，反映群众的愿望，并根据我国的实际情况，作出了共享发展的新举措，不断推进社会主义向更高级的和谐社会迈进。

（三）深化了对中国特色社会主义和谐社会的认识

共享发展理念的提出，深化了对中国特色社会主义和谐社会的认识，具体而言：

一是将全民共享与社会和谐结合起来。只有全民共享社会发展成果，才能保持和谐的状态。共享发展可以有效阻断贫困代际传递，提升个体的能力，保持持续的和谐。共享发展中，在加强对部分弱势群体物质扶贫、支持的同时，更加注重教育、能力培训，加强人力资本提升，切实提升弱势群体的社会适应能力，避免贫困的代际传递。市场经济的竞争机制会不断打破既定的利益分配格局，社会资源和财富分配在不同群体间不断地发生变动。利益的不断分化和利益主体的多元化，导致人们社会地位也在相应地发生变化，一些群众因预期得不到满足而产生非理性心态，导致不和谐的话语和行动。“个体只有享有一定的成就感、获得感和富足感，才更愿意将自己创造的成果与他人共享；另一方面，公民的‘社会责任感’需要一个稳定和可期待的鼓励与信任机制”。[①] 对此，在全社会倡导平等、

① 张艳涛、张瑶：《“共享发展”：当代中国发展的目标和归宿》，《前线》2017 年第 6 期。

包容、理性的文化氛围，引导人们及时调整心理预期，促使人们形成应对发展变化的积极的社会心态。

二是将全面共享与社会和谐相关联。随着社会的发展，对如何促进社会和谐也应该有新的认识。共享是全面的共享，只有满足人们多方面的需求，才能促进社会的和谐进程。共享发展以利益为中心，但不局限于经济、物质利益，而是超越了收入分配制度改革的层面，涉及社会保障体制改革、民主政治与法治进程、文化建设、生态建设等多个层面。不仅体现在收入水平和物质财富分配方面的共享，还体现在社会地位、精神文化生活、政治参与的满意度、生态民生、幸福指数与幸福感等方面的共享。共享发展拓展了和谐社会的内涵，指出了和谐社会建设的整体思路、多维路径。

三是将共建共享与社会和谐相关联。和谐不是静止的，而是运动变化发展的。和谐有一个过程，由低级到高级演化。和谐社会离不开人的参与与推动，只有人民群众积极参与、协作配合、共同推动，才能有不断升级的可能。共享发展超越了对经济发展成果的分配层次，强调了在社会发展过程中发挥人民群众的主体地位，是在共享中的参与共建，也是在参与共建中的共享，体现了共享改革开放成果与参与改革开放过程的统一。共享发展提供平等的机会，努力让全体人民主动参与。因此，共享发展深化和谐社会的内涵，不仅指出了和谐社会的目标追求，还指出了和谐社会建设的主体参与性。

四是将渐进共享与社会和谐相关联。和谐是矛盾中的和谐，和谐社会是不断产生矛盾、又不断化解矛盾的过程。和谐社会离不开经济发展，但经济发展了，不一定就能促进社会和谐。如果只有少数人财富获得增加、生活水平得以大幅度提升，而大多数人没有改变，社会依旧不和谐，甚至会产生更多的矛盾，导致社会更加不稳定、不和谐。共享发展将全体人民的民生改善作为重要内容，特别是将民生改善与经济发展联系起来，以民生改善促进经济发展，实现二者的内在统一。在渐进共享的过程中，通过民生改善，保障人们“各安其位、各尽其才、各得其获，同时又使各个阶层个体都有生存并且向上流动的希望和途径。”① 通过实施民生改善政策，缓解经济转型升级带来的社会压力，促进经济持续健康发展。这样在发展中逐步满足人们的美好生活需求，又能渐进推动社会前进发展，进而促使和谐社会的高层次演进。

第三节　可持续向度：自然环境价值

当今人类的共生共存面临两大问题：“一是发展‘不够’的问题，二是发展‘不和’的问题。发展‘不和’问题更甚于发展‘不够’问题。”② 所谓“不和”，是指发展中人与人之间、人与自然之间以及人自身身心方面的关系不和谐、不协调。可以说，共享发展理念是为了实现人们的共生共存而着重解决人与人、人与自然发展“不和”之问题。基于可持续向度，生态共享本身是共享发展的内在逻辑要求，要走出“不和”之困境，实现可持续的共享，必须充分重视自然环境价值。

一、生态共享：共享发展的内在逻辑要求

所谓生态共享，主要指社会发展一定时期，在人们共同参与、协作下，尽力保持人与自然的和谐关系，保障人们生态权益公平地实现，促进

① 赵诗、黄德林：《论和谐秩序、科学发展与共建共享的有机统一》，《人民论坛》2015 年第 7 期。

② 邱耕田：《发展哲学的五大前沿课题》，《人民日报》2016 年 3 月 21 日。

人群间的平等共享、区域间的均衡共享、代内与代际间的可持续共享、现实与未来的永续共享，从而让人们能够平等地享有生态环境公共资源、共同享受美好自然环境。共享发展是全面的共享，生态共享是共享发展的内在要求。共享发展的前提、动力、价值、目标等均与生态共享有着紧密联系。没有生态共享，共享发展就是不完整的。不仅如此，共享发展从根本上也难以得到实现。

（一）从共享发展的前提看，生态共享所指向的自然环境是共享发展的根本前提

社会生产力发展离不开人们的生产实践活动。在马克思全面生产理论中，人类的生产活动应包括物质、精神、社会关系、人口、生态生产等在内的全面生产。物质、精神、社会关系、人口生产与再生产都同生态生产与再生产有着紧密联系，它们相互制约、相互作用、相互契合。只有在包括生态生产在内的全面生产推动下，社会生产力方可获得稳定有序的推进，才谈得上人们的共享发展。

马克思主义认为，人的本性是自然属性与社会属性的统一。尽管人的本质属性是社会属性，但人本身来自于大自然。人对大自然有着特殊的亲近、真诚的热爱乃至于拥抱归属之情感。人们的情感精神生活与自然、生态环境不可分割。无论社会发展到何种程度，人的这种自然属性都不可能泯灭。生态环境不仅为人类提供了基本的物质需求，也为人类精神生活提供了直接或间接的天然素材，甚至可以说其本身已经融入并成为人类物质与精神生活不可分割的一部分。现代社会快速发展，虽然物化的生活内容日益丰富，但与此同时，人们对适宜人居环境、对生态美的渴求越发强烈。总之，从共享发展的前提看，生态共享所指向的自然环境是共享发展的根本前提。

（二）从共享发展的动力看，生态共享的需求满足是激发人们推动共享发展的重要动因

共享必须共建，人人参与、人人尽力，以共建推动共享。共享发展的基本动力来自于人们的社会实践活动，获取共享发展的最大推动力来自于人际合力的形成。只有在公平的社会里，才能提高人们投入各项建设的积极性，从而为生产效率的提升提供动力源泉。生态共享的前提是每个人承担相应的环境保护、生态建设的职责与义务，发挥出每个人应有的智慧与能量。离开人际合力的推动，共享发展就成了无源之水、无本之木。

现实的人总是同实际的生活利益紧密联系。只有保障人人享有，才能激发人们参与共建的激情与能量，促使人们主动、自觉地参与共享发展。生态共享是人们获得物质成果、环境福祉、身心健康、幸福生活的重要前提。缺少生态共享，就无法满足人们生存发展的需求，难以实现人们对公平正义的价值追寻，也难以丰富人们的生活内容与提升生活质量。由此，人们的共建动力必然减损乃至于丧失。以共享引领并促进共建，必须以“生态正义”作为关键环节，抓住影响生态共享过程中的突出矛盾，以生态共享的需求满足解决人们日益关注的生态民生矛盾，最大限度地激发和保护社会的创造活力，激励人们推动共享发展。因此，生态共享是人们参与、支持、推动共享发展的一个重要动因。

（三）从共享发展的价值看，生态共享所蕴含的生态公正是共享发展的内在价值遵循

对于人类社会而言，社会公正是一个永恒的话题。生态公正表面上反映着人与自然之间的利益关系，但本质上却反映着人与人的利益关系。如果人与人之间的矛盾冲突解决不了，那么人与自然的矛盾冲突也无法从根本上予以解决。“作为在本质上反映人与人利益关系的公民生态权益问题，

总是与特定的经济、政治、文化等制度结合在一起，与一定时期社会公正、平等观念联系在一起。”① 可以说，生态公正实际是社会公正观念在生态环境领域的延伸和拓展。

生态共享必然要求坚持生态公正，生态公正关涉到不同人群间、不同区域间、代内与代际间生态、经济等利益的正当满足，关涉到人们的切身、现实与直接的利益。共享发展本身包含了对公平正义的价值追求，离开了生态公正，社会正义的内容是不完整的。不仅如此，也必然会影响社会正义的最终实现。只有倡导生态共享，实现生态公正，做到贡献与满足、权利与义务、责任与享受的统一，才能保证人们公正地享有生态权益，并在此基础上更好地保障人们平等享有经济权益、政治权益、文化权益等其他权益，也才能更好地实现社会的公平正义。总之，生态共享所蕴含的生态公正是共享发展的内在价值遵循。

（四）从共享发展的目标看，生态共享的水平提升是共享发展的重要目标追求

在社会发展到一定阶段，共享发展不可能一步到位、一蹴而就。共享发展是多层面的，不仅包括经济权益的共享，还包括社会权益和生态权益的共享。随着社会发展水平的提升，人们对生活的质量、层次，对幸福程度的要求越来越高。相对于人们不断增长的需求，共享发展的内容需不断丰富、空间范围需不断拓展、质量层次需不断提升。

在社会主义初级阶段，虽然共享发展水平还是初级的甚至片面的，但其本身有一个不断提升的目标追求过程。生态共享为人们提供优美的生活环境，有利于提升共享发展的质量；生态共享为人们提供生态美的精神享受，有利于丰富共享发展的内容；生态共享在人与自然达到和谐的基础上

① 部军等：《论新时代公民生态权益的内涵、特征及其实现机制》，《湖南大学学报（社会科学版）》2018 年第 2 期。

反过来促进人与人的和谐，有利于为共享发展奠定坚实的社会基础。总之，共享发展是全面的共享，生态共享是共享发展包含的不可或缺的重要内容。只有人与人、人与自然的双重关系达到较高程度的和谐，共享发展的质量、层次方可最终得以提高。

二、共享发展视域下生态环境之价值

习近平指出："良好生态环境是最公平的公共产品，是最普惠的民生福祉。"① 在保护生态环境基础上不断改善生态环境，在保护生产力基础上不断发展生产力，更好地促进社会可持续发展，让后代人享有蓝天绿地，获得更多幸福感。

（一）生态环境与民生福祉

人类来自大自然，不管人类的主体能动性有多强大，人类始终无法摆脱自然界规律的制约。在自然界的规律面前，我们只能尊重、遵循和利用，而不能任意违背。人与自然是和谐相处、相互依存的共生关系。如果过分夸大人类的力量，盲目对自然界不停地任意开发、索取，而不注重保护与建设，那么自然环境总会有一天会报复人类，伤及我们自己。

改革开放以来，我国经济建设取得了重要的成就，人民生活水平得到了很大提高。但与此同时，由于发展理念的落后、生态制度体系的不健全以及受着生态科技方面的制约，产生了大量的生态环境问题。各类环境破坏、污染的高发态势，不仅制约了经济社会的可持续发展，而且直接影响到人民群众的生命健康、生存发展。生态环境作为重要的民生问题，一是反映了生态破坏、污染问题的严重性。生态环境影响到了人

① 《习近平关于社会主义生态文明建设论述摘编》，中央文献出版社 2017 年版，第 4 页。

民群众的生产，成为发展中明显的短板；影响到了人民群众的生活，成为民生之患、民心之痛。二是反映了治理环境污染、建设生态文明的重要性。生态环境与人民群众生活的幸福感、获得感紧密相连。建设美丽家园，拥有绿水青山，已经成为人民的普遍愿望和生活理想。三是指出了生态环境问题的关联性。民生建设是个系统工程。生态文明建设不是单独孤立的事业，而是要按照绿色发展理念，将生态文明建设融入到经济、政治、文化建设的等各方面和全过程中，以系统、整体、长远的视角加强生态民生建设。

随着人民生活水平的不断提高，“人民群众对干净的水、清新的空气、安全的食品、优美的环境等的要求越来越高，生态环境在群众生活幸福指数中的地位不断凸显，环境问题日益成为重要的民生问题。”① 重视当代人的民生福祉，要重点解决损害群众健康的突出环境问题。要重视当代人的民生福祉，还要关乎民族的未来发展。保护好生态环境，关系到中华民族发展的长远利益。因此，需要以增进人民福祉、关乎民族未来的长远眼光来建设好生态文明。

（二）生态环境与生产力

共享发展以发展为前提，必须大力发展生产力。生态环境的问题不仅关乎共享，也关乎发展，关乎生产力的进步。“保护生态环境就是保护生产力、改善生态环境就是发展生产力。”②

从生产力的视域认识生态环境问题，凸显了治理生态环境问题的重要性和紧迫性。其一，我国的生态环境问题目前已经开始影响到生产力的进一步发展。一些地方、一些领域为了经济快速发展，不惜以破坏自然、污

① 《习近平总书记系列重要讲话读本》，学习出版社、人民出版社 2016 年版，第 232—233 页。

② 《习近平总书记系列重要讲话读本》，学习出版社、人民出版社 2016 年版，第 233—234 页。

染环境为代价，导致资源消耗严重，环境问题日益严重，对生产力的发展已经产生了阻碍甚至一定程度的破坏性。其二，环境是不可替代的公共产品，如果不很好地保护生态环境、改善生态环境，能源资源将难以支撑，生态环境将不堪重负。矛盾问题积重难返，治理起来将更加困难，有些资源不可再生，必然会影响未来经济的可持续发展，影响我国发展的空间和后劲。其三，我们的国情决定了不能走发达国家“先污染后治理”的老路，而应该探索一条环境保护的新路。西方传统工业化的迅猛发展，在带给人们丰硕物质财富的同时，也付出了沉重、昂贵的环境发展代价。我国能源资源相对不足，生态环境的承载力并不强。经济的快速发展，导致环境问题在短期内集中显现，新老问题堆积、各种困境交织。只有探索经济发展与生态文明协调发展的新路，宁可暂时牺牲某些领域的经济发展，也要以保护、改善生态环境为前提、为根本，这样才能彻底解决问题。其四，生态环境问题在根本上就是经济发展方式问题。经济发展与生态文明是相辅相成、相得益彰的。经济发展方式的改变，淘汰落后的产业，发展新兴的环保产业，必将推进生态环境问题的逐步消除；而生态环境的改善本身，有利于资源的持续保障和生产、生活环境的提升，也必将促进经济的发展。要“让良好生态环境成为人民生活质量的增长点、成为展现我国良好形象的发力点，让老百姓切实感受到经济发展带来的实实在在的环境效益”。[①] 其五，我国生产力的快速发展，已经有能力治理、改善环境问题。过去，生产力落后，为了解决温饱问题，我们没有足够的条件和能力解决环境问题，甚至一些地方为了解决生存问题而不得不以破坏环境为代价。而现在我国经济快速发展，具备了解决环境问题的条件和能力，一边破坏一边治理的现状应该彻底扭转，同时还要提供更多优质生态产品以满足人民的优美生态环境需要。

① 《习近平总书记系列重要讲话读本》，学习出版社、人民出版社 2016 年版，第 236 页。

（三）生态环境与持续发展

共享发展离不开生态环境，生态环境不仅是当代人的共享资源，也是后代人的共享资源。生态环境作为特殊的共享资源，具有其特殊性：一是自然性。生态环境虽然经过了人的能动改造，打上了人的实践印记，但其相对于其他产品而言，更具有自然性。二是基础性。生态环境相对于所有人的共享而言，具有前提性的基础地位，不可替代，也不可轮换、颠倒其位置。离开了自然环境，人们的生存发展都存在问题。三是普惠性。生态环境本身是一个系统整体，相对于生存其中的人类来说，具有广泛的普惠性。四是平等性。相对于其他的物质产品，生态环境更具有平等性。虽然有市场的参与，某些区域的自然环境（严格意义应该称为自然之物）也具有市场的特性，打上了商品的符号。但总体而言，生态环境具有平等地保障每个人的生存与发展的特性。五是质量的变动性。生态环境的质量是相对于人的需求而言的。人的需求提升，对生态环境的质量要求也相应提高。除了基本的生存需求以外，还有精神上的需求，对生态美的需求。由于人的实践活动的参与，生态环境的质量也在发生或好或坏的变化。

生态环境保护是功在当代、利在千秋的事业。生态环境是关系党的使命宗旨的重大政治问题。党的使命宗旨是全心全意为人民服务，为中国人民谋幸福。不仅是当代人，我们后代人随着生活水平的提升，对生态环境质量的关注必将越来越强烈，对生态环境质量的要求也将越来越高。生态环境问题，归根到底是当代人的过度开发资源、粗放利用、奢侈消费造成的。环境资源的开发利用既要支撑当代人过上幸福生活，也要为子孙后代留下生存根基、幸福源泉、发展空间。

生态文明是工业文明发展到一定阶段的产物，是人类社会进步的重大成果。倡导人与自然和谐共生，让子孙后代共享生态环境，必须坚持走绿色发展和可持续发展之路。

三、以生态民生改善促进可持续共享

生态与民生紧密相连，二者相互影响、相互作用。我们可以基于生态民生的视角，科学改善生态民生，不断促进持续共享。可持续共享既要提升当代人的共享水平，也要保障后代人的共享水平。既不能为了后代人能够共享而刻意牺牲当代人的共享水平，也不能为了当代人的共享而肆意牺牲后代人的利益。

（一）以生态民生改善提升当代人的共享水平

首先，以生态民生改善优化人们的生存状态。自然环境作为一个整体，是相互联系、相互作用的有机整体。人们赖以生存的生态环境，具有自我循环、自我净化能力。相对于人类生存而言，生态环境具有重要的生存价值。人类自身相对于整体的自然界而言，只是一个有机组成部分，需要自然整体的健康运行为前提。当人类过分开发资源、污染环境，超出自然本身的自净能力，破坏了生态的平衡系统，那么生态危机就将产生。只有加强生态文明建设，维系生态环境自身的平衡系统，促进生态环境的生存价值，才有利于优化人们的生存状态，保障基本民生。

其次，以生态民生改善提升物质生活水平。人民生活的改善离不开经济的发展，而经济的发展与自然环境直接或间接地发生关系。或者说人类的一切物质生产都直接或间接地来源于自然环境。因此，相对于人们的生活改善，生态环境具有经济价值。以良好的生态环境为基础，才能创造更优质的生态产品，从而满足人们不断增长的美好生活需要。否则，生态环境遭受破坏、污染，经济发展必然会受到限制，物质产品的质量也必然会受到影响，这样，就不利于民生的改善。只有加强生态文明建设，维系良好的生态环境，不断提升生态环境的经济价值，才有利于提升当代人的物质生活水平。

再次，以生态民生改善促进人们的精神生活。人类的很多精神生活，其实都离不开生态环境。就人的本性而言，人来自于大自然，对大自然有着天生的友好情感，这种情感又同人们的社会生活交织一起。人们的文学、影视、剧作、音乐、美术等活动，都同大自然有着不可分割的联系。甚至可以说，离开大自然，人类的一切艺术等精神活动便失去了重要的根基，人类丰富的精神生活也必将变得索然无味。生态环境本身具有美的价值，这种美是自然的美、和谐的美、崇高的美。热爱、追求、享受生态环境的各个层次的美是人类的较高层次生活需求。虽然人的实践活动在不断改造自然，但改造过的人化自然世界不能超越一定的限度。过分改造必然会破坏生态环境整体的自然的美、和谐的美，其崇高的美也必将丧失。因此，改造自然只有服从自然整体美的标准，才能被人们所接受。只有加强生态文明建设，适度地改造自然，提升生态环境的美的价值，才有利于促进人们的精神生活。

最后，以生态民生改善促进人们的社会和谐关系。如前所述，人与自然关系的矛盾，其实在本质上反映着人与人之间的矛盾。人与自然的矛盾根源于人与人、人与社会的关系，而人与自然的关系也强化了人与人、人与社会的关系。生态环境方面的产权归属、治理责任、权利享用等关系处理恰当，必将有利于促进人与人、人与社会之间的和谐。因此，生态环境具有重要的社会价值。只有加强生态文明建设，协调处理好生态环境的矛盾关系，促进人与人、人与社会之间的和谐，必将利于良好人际关系的建立。

（二）以生态民生改善保障后代人的共享质量

首先，以生态民生理念引领可持续共享。理念是行动的先导，我国的生态保护、可持续共享理念在全社会还很缺乏。人们过分看重当下利益、自我利益，而对社会的责任意识、对子孙后代利益兼顾意识还很不够。这就需要在全社会培育生态民生理念，因为生态民生理念与人们的生活贴近，与子孙后代的利益贴近，更容易让人们接受。因此，需要加强教育、宣传，充分发挥网络媒体、学校、影视等多方力量通力合作，以常态化的宣传、教育，通过思想引导，让民生生态理念深入人心，形成全社会的共识。在生态民生理念引领下，让所有人自觉践行可持续共享。

其次，以生态民生制度保证可持续共享。制度是可持续共享的稳定、可靠、永续的保证。在共建共享过程中，要坚守底线思维，依靠制度标准检测生态环境的治理效果，保障生态文明建设的规范有序开展。首先，各区域、各部门要建立统筹推进机制，围绕生态民生建设，完善生态环境治理制度和体系建设，明确各自的权与责，坚决避免相互间的掣肘。其次，实施科学的评估制度，着力解决与民生有关的突出环境问题。建立绿色发展评价体系，推进发展方式的优化升级。再次，建立全民共治的环境治理体系。构建由生态服务型政府、低碳型企业、绿色型社会组织以及广大公众共同参与的环境治理体系，大力开展人居环境整治行动。最后，建立健全公众生态权益保障制度。创造条件提升民众的参与程度，切实维护和保障好人民群众的环境知情权、建议权和监督权。

最后，以生态民生科技支撑可持续共享。对于我国而言，推进可持续共享，当务之急是要大力发展与民生相关的生态科技。尽管我们已经具备一定的环境保护意识、制定了环境保护的法治、制度，也在努力地开展环境保护活动，但仍然存在着一边在加大保护力度，一边又不得不陷入污染与破坏环境的窘境。究其原因，是我们的生态民生科技发展还很不到位。在节约资源方面，我们需要降低能耗、物耗，实现生产系统和生活系统的循环链接的科学技术；在保护环境、自然恢复方面，我们需要污染控制和修复的关键技术支撑；在绿色生产方面，满足人们日益增长的美好生活需要，生产出优质的生态产品，需要完善的绿色技术创新体系。因此，大力发展与民生相关的生态科技时间紧迫、任重道远。

第四节 文明向度：人类终极价值旨向

文明标识着人类的进步程度和状态，是人类历史发展的产物。恩格斯说："文明时代是学会对天然产物进一步加工的时期，是真正的工业和艺术的时期。"① 共享发展是人类文明发展到一定历史阶段的产物，同时人类文明也是共享发展的终极价值旨向。共享发展既遵循人类文明发展的内在规律，也蕴含着对人类文明的价值追求，人类文明是检视共享发展程度的终极标尺。

一、共享发展以社会生产力发展为前提，依循了人类文明发展的内在规律

社会发展其内在的动力规律是什么？一方面，从客体角度来看，生产力是社会发展的根本动力。马克思通过毕生的研究揭示了社会发展的根本规律，即生产力的发展促使整个社会的变化，社会进步的根源在于生产力的发展；而当社会一旦处于停滞不变状态之时，意味着社会生产力的发展产生了种种障碍，这时社会变革就要到来。社会有其基本的结构："人们在自己生活的社会生产中发生一定的、必然的、不以他们的意志为转移的关系，即同他们的物质生产力的一定发展阶段相适应的生产关系。这些生产关系的总和构成社会的经济结构，即有法律的和政治的上层建筑竖立其上并有一定的社会意识形式与之相适应的现实基础。"② 人类的社会结构中，生产力起着决定性作用，生产关系虽然具有反作用，但在根本上受制

① 《马克思恩格斯选集》第 4 卷，人民出版社 1995 年版，第 24 页。
② 《马克思恩格斯选集》第 2 卷，人民出版社 1995 年版，第 32 页。

于生产力的发展程度。马克思指出："社会的物质生产力发展到一定阶段，便同它们一直在其中运动的现存生产关系或财产关系（这只是生产关系的法律用语）发生矛盾。于是这些关系便由生产力的发展形式变成生产力的桎梏。那时社会革命的时代就到来了。随着经济基础的变更，全部庞大的上层建筑也或慢或快地发生变革。"① 生产力与生产关系的矛盾运动成为社会发展的历史动因，马克思说："我们判断这样一个变革时代也不能以它的意识为根据；相反，这个意识必须从物质生活的矛盾中，从社会生产力和生产关系之间的现存冲突中去解释。"②

另一方面，从主体角度来看，社会发展的动力从根源上看来自于人们的需要。马克思说，人的需要"即他的本性"。虽然物质生产活动是人类生存和发展的前提和基础，但这都是由人的生存需要所推动的。不仅如此，人的一切活动都来源于人的需要。"任何人如果不同时为了自己的某种需要和为了这种需要的器官而做事，他就什么也不能做"。③ 人作为能动的存在物，具有不断超越自我的本性，其需要是无限的，是不断超越的。人正是通过自身的实践活动满足自身需要的同时，也创造新的需要。需要与生产一起构成历史活动的前提，人类历史就是人的需要不断满足并不断生成的历史。"人的活动源于人的需要，并不是说人的需要是人的活动背后的动力，这不是两个问题，而是同一个问题的两个方面。"④ 人的需要和人的实践活动共同推动了历史的发展。

马克思依据社会生产力的发展状况将社会发展划分为不同的阶段。马克思认为："大体说来，亚细亚的、古代的、封建的和现代资产阶级的生产方式可以看作是经济的社会形态演进的几个时代。"⑤ 马克思以"经济的

① 《马克思恩格斯选集》第2卷，人民出版社1995年版，第32—33页。
② 《马克思恩格斯选集》第2卷，人民出版社1995年版，第33页。
③ 《马克思恩格斯全集》第3卷，人民出版社1960年版，第286页。
④ 孙正聿等：《马克思主义基础理论研究》，北京师范大学出版社2011年版，第485页。
⑤ 《马克思恩格斯选集》第2卷，人民出版社1995年版，第33页。

社会形态”为标准对人类社会发展过程进行了进一步的划分。人类社会是一个能够创造历史的社会，历史就是发展过程，是以生产力为基础的不断进步的过程。人类由低到高的五种社会形态，都各有自己的特征，都是社会历史发展中的各个不同阶段。马克思在后来在《1857—1858年经济学手稿》中，依据人的发展进程将人类社会时代划分为三大社会形态。他说：“人的依赖关系（起初完全是自然发生的），是最初的社会形式”，“以物的依赖性为基础的人的独立性，是第二大形式”，“建立在个人全面发展和他们共同的、社会的生产能力成为从属于他们的社会财富这一基础上的自由个性，是第三个阶段。”① 但是，马克思此时将人的需求、人的发展与生产力的发展结合起来，特别是他强调了人的“自由个性”依赖于生产力的高度发展，个人能力的全面发展之需求不是主观愿望、短期所能实现的，而是要经历一个长期的社会发展进程，即生产力的累积与进步的过程。

共享发展以社会生产力的发展为前提，依循人类文明发展的动力规律。从手段意义来看，共享也是社会发展的一种手段，共享发展是促进生产力发展的重要方式。坚持共享发展，能够为每一个人提供平等的发展机会、发展平台、发展权利，提升人们的素质与能力，让每个人在劳动创造中更好地实现人生价值，更好地推动发展。坚持共享发展，能够更好地增进人民群众之间的和谐相处、团结一致，形成推进发展的强大历史合力；坚持共享发展，满足各个阶层人们的合理利益需求，提升社会公平感、增进幸福获得感、增强生活安全感，能够更好地激励人们参与改革发展实践活动。通过能动的实践活动，更好地改造自然、改造社会、改造人本身，不断促进生产力的发展。从目的意义上看，共享发展要求保障人们的全面发展权益，促进人的全面发展。共享发展将发展手段与发展目的结合起来，以人的发展为目的检视社会发展存在的问题。从满足人的全面发展权

① 《马克思恩格斯文集》第8卷，人民出版社2009年版，第52页。

益需求出发，在过程中不断弥补社会发展的短板，促使社会全面发展与人的全面发展达至相互促进。从过程视角来看，共享发展有一个从低级到高级的演变历史过程，有一个从不均衡到均衡的持续提升过程。一定时期，共享与发展具有一致性，共享的范围和水平、广度和深度都与既定的生产力发展水平、经济社会发展阶段相适应，既不应落后也不能超越发展的客观进程。共享发展依据于现实国情，依据于生产力发展的水平而渐进推动从而顺应了生产力发展。从相互作用来看，共享与发展紧密相关，它们之间相互制约、相互作用。生产力的发展水平决定社会主义共享发展制度的完善状况，生产关系、共享发展制度反作用于生产力的发展。共享发展制度有一个不断完善的过程，其根本原因在于其要适应并促进生产力的不断发展。

二、共享发展以社会主义制度为保障，遵循了人类文明发展的演进逻辑

社会发展的根本目的是促进人的全面发展，人类文明也以人的全面发展实现程度为最终判断标准。当然，促进人的全面发展，不能仅仅局限于生产力的角度，还应基于系统的视角，联系现实的社会矛盾关系，加强制度文明建设。可以说，制度文明是促使人的全面发展的价值理念转化为一种现实的人的生存状况的重要保障。这是因为，从社会有机体来看，社会发展各方面的文明不是孤立作用的，相反，是相互影响、相互渗透、相互交织的。社会发展各方面的文明的进步有利于促进制度文明，而物质文明、精神文明、社会文明、生态文明等方面的建设也需要制度文明的保障。可以说，完善社会主义制度的过程，就是不断促进制度文明的过程。

就根本制度而言，社会主义制度的建立，遵循了人类文明发展的演进逻辑。资本主义制度代替封建制度，因其在制度设计上体现出了更多的

文明性，具有重要的历史进步意义。“资产阶级在它的不到一百年的阶级统治中所创造的生产力，比过去一切世代创造的全部生产力还要多，还要大。”① 社会主义代替资本主义制度是人类文明发展到一定阶段的必然产物，社会主义合乎逻辑地改造、吸纳及发展了资本主义文明及其成果，是一种比资本主义制度更加优越的新型社会制度。社会主义制度相对于资本主义制度来说，具有更多的优越性。这种优越性最终体现在能更好、更快地推动生产力的发展，实现人民的共同富裕，为促进人的全面发展提供现实可能性。

制度文明建设的最深层价值意义在于促进人的全面自由发展。共享发展以社会主义根本制度为保障，没有社会主义根本制度的保障，共享发展就难以实现。在私有制社会，尤其是资本主义社会的福利共享具有重要的历史进步意义，但由于私有制本身的局限性，决定了社会共享在本质上都带有虚假的成分，不能实现真实的共享。社会主义公有制的建立，保障了共享发展的逐步实现，更好地促进了人的全面发展。因此，从这个意义上说，共享发展本身是社会主义制度文明的一个重要体现。

我国作为社会主义国家，发展的历史时间很短，社会主义制度还显得不完善、不成熟、不定型。“摆在我们面前的一项重大历史任务，就是推动中国特色社会主义制度更加成熟、更加定型，为党和国家事业发展，为人民幸福安康、为社会和谐稳定、为国家长治久安提供一整套更完备、更稳定、更管用的制度体系。”② 坚持社会主义根本制度，并不否认社会主义具体制度还存在一些不完善的地方。从制度文明视角看，社会主义制度建立以后，其本身的制度文明也有一个不断提升的过程。共享发展是对发展价值的检视与升华，完善共享发展制度可以更好地推动中国特色社会主义制度走向更加成熟、更加定型。一是将共享发展理念融入系

① 《马克思恩格斯选集》第 1 卷，人民出版社 1995 年版，第 277 页。
② 《习近平谈治国理政》，外文出版社 2014 年版，第 104—105 页。

统化、科学化、规范化的制度建设中去，可以为现有制度提供科学的价值引领。任何制度体系实际上都蕴含着某种价值理想，同时也接受这种价值观的评判。这种价值为制度提供了价值目标与方向，引导着制度的变迁与发展。完善和发展中国特色社会主义制度，一个首要问题是需要坚守社会主义制度的价值准则和目标追求。共享发展的制度设计与安排，坚持以人为本、尊重人民主体地位，促进人的全面发展这一核心价值集中体现了中国特色社会主义制度以人民为中心的价值取向、回应人民美好生活期待的目标追求，同以生产资料私有制为基础的西方“福利共享”制度有着本质的区别。二是共享发展制度紧密结合中国国情，解决中国经济、社会发展中的现实问题。共享发展制度的制定与完善可以直接弥补或完善现有制度体系上的某些缺陷甚至空白，破除体制机制上的一切弊端，防止背离社会主义共同富裕行为偏向的发生。三是社会主义共享发展以制度保障社会公平正义，确保最广大人民的根本利益，这是完善中国特色社会主义制度的根本目标。围绕共享发展，加强经济、政治、文化、社会、生态等各方面的制度改革与完善，逐步建立相互衔接、相互契合、整体一致的体制与机制，有利于推动形成更加完备、更加稳定、更加成熟的中国特色社会主义制度体系。也可以说，以社会主义共享发展制度为中介，通过其传导作用会带来一系列相关制度的改革、完善，有利于促进社会主义制度文明程度的提升。

三、共享发展以世界各国合作共赢为原则，把握了人类文明发展的当代意蕴

社会主义制度作为一种崭新的社会制度，是人类迄今为止最高类型的社会文明制度。马克思经过深入研究，揭示了私有制并非是人类最终的理想，资本主义社会必然走向衰败直至灭亡。资本主义社会的衰败不是主观

的设想，而是由社会生产力发展水平决定的。生产力决定了经济结构和政治结构，资本主义文明的发展特别是生产力的发展，加速了资本主义社会生产的社会化与资本主义私人占有之间的矛盾。建立在社会化大生产基础上的资本主义私有制最终会阻碍生产力的发展，生产力与生产关系的矛盾激化必然导致资本主义经济、政治、文化、社会、生态危机等多重危机的集中爆发。

资本主义私有制在本质上是为资产阶级服务的，是为少数人谋利益的。资本主义私有制的本质必然有其现实的表现。在现实中，资本主义国家体现出如下特性。一是扩张性。资本的逻辑就是为了一己私利，为了利润的最大化不断地肆意扩张，甚至不惜发动侵略战争，强制要求他国服从自己的统治，以谋取最大利益。西方文明发展理念是一种资本的扩张逻辑，其原因“一是，在西方国家中，政治生活只是对整个社会起引导和服务作用，而经济生活却起着决定性作用，所以经济生活的理念——资本的扩张逻辑也就具有了根本性意义。二是，资本之所以具有扩张性特征，这是由西方个人主义和利己主义所激发出来的普遍发财欲造成的。”[①] 二是自私性。资本主义国家的扩张性与其自私性是紧密联系在一起的。这种自私性是资产阶级的内在要求并且以国家意志的形式而体现，如制定不平等的国际秩序、建立军事同盟、以武力相威胁等。为了满足自己的利益需求经常牺牲他国的利益为代价，在世界上制造了种种不平等；为了暂时转移国内危机，往往会开历史的倒车，将危机肆意转移到世界其他国家。三是短视性。资产阶级对物质利益有着执着、狂热的偏爱，这也必然限制了他们的全局、长远视野。资产阶级国家不能真正站在全球的视域思考人类平等发展问题，解决全球治理问题，相反，却带来很多治理难题。四是狭隘性。离开了社会交往，人的发展就受到极大的限制。随着生产力的发展，

① 王国坛、侯明辰：《合作共赢：人类文明发展的新理念》，《上海行政学院学报》2018 年第 2 期。

人们的交往范围日益扩大，在与他人的社会交往中不断促进人的个性、能力的丰富和发展，人的主体性发展最终得以实现。然而，当下的世界，美国掀起的逆全球化思潮及其行为，表明了资产阶级国家有着极端的狭隘性。为了一己私利或眼前的利益，逆全球化的思潮及其倒行逆施的行为，违背了社会发展的规律及人类文明发展的根本趋势。

在国内我们提出共享发展理念，在全球范围我们提出构建人类命运共同体的全球共享理念。共享发展以世界各国合作共赢为原则，把握了人类文明发展的当代意蕴。就国家发展而言，任何一个国家要想得到长期的可持续增长，必须是合作共赢、互惠互利、共同发展的。“基于共在、共生、共创、共享的新的生存宗旨，确立以均衡性、公平性、普惠性等为根本原则的新的发展价值，有助于一种新的发展文明的创生。”① 从人类文明进步的角度讲，社会主义的文明性无疑高于资本主义的文明性。社会主义的中国始终站在全球高度与全人类视野，探索和思考人类发展的大趋势，充分考虑各国人民的共同发展需求。中国共产党人构建合作共赢为核心的新型国际关系，赢得了世界各国人民的赞同。中国倡导人类命运共同体并为之付出了积极的行动，正是合作共赢、全球共享理念的具体表现。在合作共赢、全球共享理念引导下，通过广泛的交流合作，促进世界各国的共同发展。共享发展“本质上是人类探索更美好社会制度的一种‘中国方案’，这对于人类开启新型的文明，是值得期待的。”② 全球共享，不仅推动了生产力的发展，而且会巩固人类和平发展的已有成果，开创未来和平、和谐发展。坚持全球共享的理念，就能顺应和引领时代发展潮流，全球就会更加安定，世界民族就会更加团结，各国各民族就会更加幸福。

---

① 袁祖社：《“共享发展”的理念、实践与人类命运共同体的价值建构》，《南京社会科学》2017 年 12 期。

② 张艳涛、张瑶：《“共享发展”：当代中国发展的目标和归宿》，《前线》2017 年第 6 期。

四、共享发展以实现社会整体文明为目标，坚持了人类文明发展的根本路径

马克思在研究社会时，从客观的系统整体去把握社会，将社会看作是一个有机统一体。① 从同时态角度看，社会有机体的内部是由不同层次的子系统按照一定次序建立起来的相互契合、彼此制约的严密系统。从历时态角度看，社会有机体作为一个系统整体，以生产为基础，在开放交往中不断总体化，不断丰富自己而呈现转换升级的演进过程。

如前文所述，马克思站在生产结构视角分析指出，社会生产是全面的生产。其中，物质生活资料的生产和再生产、人类自身的生产是其他生产和再生产得以进行的前提和基础，位于基础层面。物质生活资料的生产对其他生产起决定性作用也主要是从基础、前提意义上说的。没有人口的生产与再生产，就没有其他任何生产与再生产。精神生产对其他各种生产既具有能动的反作用又具有相对的独立性，精神生产促进、规范、引导其他生产，在整个生产中位于最高层面；精神生产为物质生产和社会进步提供理论观点、科学知识、价值观念、行为规范、实践理念等，保证人类社会发展的合规律性和合目的性。② 社会关系生产与物质生产、精神生产有着本质的联系，是其他生产得以进行的必要条件，是促进物质生产、精神生产的重要媒介，位于中介层面。社会关系的生产介于生活的生产和精神生产之间，既与物质生产具有始源性，又对精神生产起着决定性作用，在整个结构中起着极为重要的中介作用。③

除了这种一般性结构外，不同的历史时期社会还有其自身的特殊生产结构。马克思采用历史性的考察方法，揭示了社会的特殊性生产结构。在不同

① 参见《马克思恩格斯文集》第1卷，人民出版社2009年版，第604页。
② 参见景中强：《马克思精神生产理论研究》，中国社会科学出版社2004年版，第4页。
③ 参见俞吾金：《被遮蔽的马克思》，人民出版社2012年版，第397页。

形态的有机体中，四种生产在整体生产中各自的地位发生着历史性变化，由此呈现社会生产结构的差异性和特殊性。在简单形态的有机体即前资本主义社会中，人的生产能力只是在狭窄的范围内和孤立的地点上发展着，物质生产极不发达，社会关系生产比较简单。对社会发展起决定作用的是受血族关系制约的人类自身的生产，人口生产比物质生产的地位更加重要。随着劳动的发展，人口生产逐渐被物质生产活动中生发出来的经济必然性所排挤而居于次要地位。此时，精神生产还没有从物质生产中独立出来。在过渡形态有机体即资本主义社会中，随着人口数量的增加，以及生产范围和生产规模的扩大，人口自身生产在社会整体生产中的地位逐渐被物质生产所代替。在资本主义社会，物质生产成为最重要的、占支配地位的主导因素，其他一切生产都从属于物质生产。伴随物质生产的发展，建立了以物质交换为基础的复杂社会关系。物质劳动与精神劳动已经分离，精神生产地位逐步上升。由于物质生产占主导地位，其他生产都附属于物质生产，因此，资本主义的生产本质上是片面生产。片面生产具有异化特征：人与人的社会关系被物与物的关系所代替；精神生产沦落为物质生产的重要工具；人口生产没有成为社会生产的直接目的，相反成为服务于社会物质生产的手段、一种特殊商品。在全面形态有机体即未来共产主义社会中，随着社会生产力高度发展，四种生产的整体性、融合性、有机性达到了全新的高度。此时，物质生产仍然处于基础性地位，但已经不是主导地位。只有扬弃了物质生产占据主导地位的历史发展阶段，自由人的联合体才能出现，“使社会的每一个成员都能完全自由地发展和发挥他的全部才能和力量，并且不会因此而危及这个社会的基本条件。”① 以精神生产为主导的自由、自觉、自主活动上升为社会发展的主导地位。人口生产已作为社会生产的目的，社会关系生产丰富而全面。精神生产代替物质生产的主导地位意味着“人在一定意义上才最终地脱离了动

① 《马克思恩格斯全集》第 42 卷，人民出版社 1979 年版，第 373 页。

物界，从动物的生存条件进入真正人的生存条件。”①

社会文明发展的一个基本方向就是不断增强其整体性、协调性。共享发展继承并发展了马克思关于社会有机体整体特性的论述，坚持社会的全面、协调、可持续发展，以社会整体文明实现为目标，坚持了人类文明发展的根本路径。一是共享发展要求全面共享，强调以社会的全面发展为前提。共享发展内容涉及社会发展中人、自然、社会各个方面，重视经济、政治、文化、社会、生态、民族、国防、祖国统一、外交和党的建设各领域的相互关联与相互作用。二是共享发展要求均衡发展与非均衡发展的有机统一。一方面，强调均衡发展。共享发展将统筹兼顾作为根本方法，统筹各方面利益关系，协调好社会发展的各个方面。强调社会各领域、各人群的均衡发展，逐步消除各区域共享不均、共享不足问题。另一方面，共享发展也注重非均衡发展。就我国而言，各区域有一个差异均衡的动态发展过程。差异发展是发展不平衡原理在现实中的体现：强调完善市场经济，推进差异的均衡、非同步的发展；注重全面协调中的重点突破，以经济建设为中心，及时弥补社会、生态建设中的短板，并逐步加强文化建设，提升社会精神文明水平。三是共享发展要求可持续发展。共享发展要求加快形成新的经济发展方式，大力提升发展的效益与质量，推动物质文明与生态文明的协调发展。以物质文明保障生态文明发展，以生态文明促进物质文明的提升，分阶段持续推进。共享发展坚持代内共享与代际共享的统一，以社会整体文明的实现保障可持续共享。四是共享发展的根本目的是促进人的全面发展。“人的文明在整体文明中处于核心的地位，起着向导和标尺的作用。”② 共享发展以人的发展为中心，将人的文明发展与社会整体文明发展紧密结合一起，以人的全面发展为目标波浪式地推进社会整体文明进步，坚持了人类文明演进的根本路径。

---

① 《马克思恩格斯选集》第3卷，人民出版社1995年版，第633页。

② 邱耕田：《哲学视域中的科学发展》，新华出版社2014年版，第227页。

主要参考文献

一、主要著作

1.《马克思恩格斯选集》第1—4卷，人民出版社1995年版。

2.《马克思恩格斯全集》第1卷，人民出版社1995年版。

3.《马克思恩格斯全集》第1卷，人民出版社1956年版。

4.《马克思恩格斯全集》第2卷，人民出版社1957年版。

5.《马克思恩格斯全集》第3卷，人民出版社1960年版。

6.《马克思恩格斯全集》第16卷，人民出版社1964年版。

7.《马克思恩格斯全集》第18卷，人民出版社1964年版。

8.《马克思恩格斯全集》第20卷，人民出版社1973年版。

9.《马克思恩格斯全集》第21卷，人民出版社1965年版。

10.《马克思恩格斯全集》第23卷，人民出版社1972年版。

11.《马克思恩格斯全集》第31卷，人民出版社1998年版。

12.《马克思恩格斯全集》第32卷，人民出版社1998年版。

13.《马克思恩格斯全集》第42卷，人民出版社1979年版。

14.《马克思恩格斯全集》第46卷上，人民出版社1979年版。

15.《马克思恩格斯全集》第46卷下，人民出版社1980年版。

16.《马克思恩格斯文集》第1—10卷，人民出版社2009年版。

17.《列宁全集》第10卷，人民出版社1987年版。

18.《列宁全集》第36卷，人民出版社1985年版。

19.《毛泽东选集》第一卷，人民出版社1991年版。

20.《邓小平文选》第一、二卷，人民出版社1994年版。

21.《邓小平文选》第三卷，人民出版社 1993 年版。

22.《江泽民文选》第一、二、三卷，人民出版社 2006 年版。

23.《习近平谈治国理政》，外文出版社 2014 年版。

24.《习近平谈治国理政》第二卷，外文出版社 2017 年版。

25.《习近平总书记系列重要讲话读本》，学习出版社、外文出版社 2016 年版。

26. 卢德之：《论资本与共享》，东方出版社 2017 年版。

27. [德] 弗兰茨—克萨韦尔 · 考夫曼：《社会福利国家面临的挑战》，王学东译，商务印书馆 2004 年版。

28. [德] 克劳斯 · 奥菲：《福利国家的矛盾》，郭忠华译，吉林人民出版社 2006 年版。

29. [英] 诺曼 · 巴里：《福利》，储建国译，吉林人民出版社 2005 年版。

30. [古罗马] 塔西佗：《历史》，商务印书馆 1981 年版。

31. [美] 道格拉斯 · C. 诺思：《制度、制度变迁与经济绩效》，杭行译，格致出版社、上海人民出版社 2008 年版。

32. [美] B. 盖伊 · 彼德斯：《政治科学中的制度理论："新制度主义"》，王向民、段红伟译，上海人民出版社 2011 年版。

41. [法] 卢梭、刘晓枫编：《政治制度论》，崇明、胡兴建、戴晓光等译，华夏出版社 2013 年版。

42. [印] 阿马蒂亚 · 森：《以自由看待发展》，任赜、于真译，中国人民大学出版社 2002 年版。

43. [美] 塞缪尔 · 亨廷顿：《文明的冲突与世界秩序的重建》，周琪等译，新华出版社 2010 年版。

44. 马俊峰：《马克思主义价值理论研究》，北京师范大学出版社 2012 年版。

45. 杨静：《通往共享之路——马克思社会共同需要思想的当代阐释及运用》，经济科学出版社 2016 年版。

46. 易小明：《社会差异研究》，湖南人民出版社 1999 年版。

47. 杨耕：《马克思主义历史观研究》，北京师范大学出版社 2012 年版。

48. 袁祖社：《马克思主义人学理论与社会发展探究》，人民出版社 2016 年版。

49. 俞可平：《敬畏民意——中国的民主治理与政治改革》，中央编译出版社 2012 年版。

50. 俞吾金：《被遮蔽的马克思》，人民出版社 2012 年版。

51. 王庆五：《共享发展》，江苏人民出版社 2016 年版。

52. 王云龙等：《福利国家：欧洲再现代化的经历与经验》，北京大学出版社 2010 年版。

53. 王玲玲、冯皓：《发展伦理探究》，人民出版社 2010 年版。

54. 乌杰：《系统辩证学》，中国财政经济出版社 2005 年版。

55. 吴忠民：《社会矛盾新论》，山东人民出版社 2015 年版。

56. 高兆明：《制度公正论——变革时期道德失范研究》，上海文艺出版社 2011 年版。

57. 高鹏怀：《历史比较中的社会福利国家模式》，中国社会出版社 2004 年版。

58. 柴尚金：《变革中政党：国内外政党建设的经验与教训》，经济科学出版社 2013 年版。

59. 丰子义：《发展的呼唤与回应——哲学视野中的社会发展》，北京师范大学出版社 2009 年版。

60. 丰子义：《马克思主义社会发展理论研究》，北京师范大学出版社 2012 年版。

61. 方世南、曹峰旗、王海稳：《马克思恩格斯弱者权益保护思想》，上海三联书店 2012 年版。

62. 夏东民：《现代化原点结构：冲突与转型》，中国社会科学出版社 2007 年版。

63. 权宗田：《中国共产党对实现共同富裕的探索与制度设计创新研究》，人民出版社 2014 年版。

64. 刘森林：《重思发展——马克思发展理论的当代价值》，人民出版社 2003 年版。

65. 刘翔宇：《共享发展的微观基础和制度安排——基于海南的调查与经验》，首都经济贸易大学出版社 2017 年版。

66. 倪愫襄：《制度伦理研究》，人民出版社 2008 年版。

67. 彭华民等：《福利社会：理论、制度和实践》，中国社会科学出版社 2016 年版。

68. 景中强：《马克思精神生产理论研究》，中国社会科学出版社 2004 年版。

69. 金建萍：《人的发展和社会发展的一致性研究》，中国社会科学出版社2013年版。

70. 贾康、苏京春：《中国的坎——如何跨越中等收入陷阱》，中信出版社2016年版。

71. 卢风、刘湘溶：《现代发展观与环境伦理》，河北大学出版社2004年版。

72. 李安增等：《历史与经验——中国共产党与当代中国发展》，中央编译出版社2009年版。

73. 孙正聿等：《马克思主义基础理论研究》，北京师范大学出版社2011年版。

74. 赵汀阳：《天下的当代性：世界秩序的实践和想象》，中信出版社2016年版。

75. 韩庆祥、董振华、段培君：《五大发展理念——创新协调绿色开放共享》，中共中央党校出版社2016年版。

76. 吕健：《共享发展的社会主义政治经济学》，复旦大学出版社2016年版。

77. 邱耕田：《哲学视域中的科学发展》，新华出版社2014年版。

78. 张琦等：《中国共享发展研究报告》（2016），经济科学出版社2017年版。

79. 曹全喜：《均衡论》，华龄出版社2007年版。

80. 陶希东：《共建共享：论社会治理》，上海人民出版社2017年版。

责任编辑：孔　欢
封面设计：汪　阳
版式设计：东　昌

图书在版编目（CIP）数据

新时代共享发展理念的哲学底蕴与实践路向研究 / 罗健 著 . —北京：人民出版社，2024.4

ISBN 978 – 7 – 01 – 026476 – 9

I. ①新…　II. ①罗…　III. ①哲学理论 – 研究　IV. ① B0

中国国家版本馆 CIP 数据核字（2024）第 070587 号

新时代共享发展理念的哲学底蕴与实践路向研究

XINSHIDAI GONGXIANG FAZHAN LINIAN DE ZHEXUE DIYUN YU SHIJIAN LUXIANG YANJIU

罗　健　著

人民出版社 出版发行
（100706　北京市东城区隆福寺街 99 号）

北京九州迅驰传媒文化有限公司印刷　新华书店经销

2024 年 4 月第 1 版　2024 年 4 月北京第 1 次印刷
开本：710 毫米 ×1000 毫米 1/16　印张：22.5
字数：297 千字

ISBN 978 – 7 – 01 – 026476 – 9　定价：89.00 元

邮购地址 100706　北京市东城区隆福寺街 99 号
人民东方图书销售中心　电话（010）65250042　65289539